대순종학원론

대순종학원론

초판 2쇄 2013년 6월 25일 ● 지은이 이경원 ● 펴낸이 김기창 ● 펴낸곳 도서출판 문사철 ● 표지디자인 정신영 ● 본문디자인 호문목 ● 주소 서울 종로구 명륜동 2가 93번지 두리빌딩 206호 ● 전화 02-741-7719 ● 팩스 0303-0300-7719 ● 홈페이지 www.lihiphi.com ● 이메일 lihiphi@lihiphi.com ● 출판등록 제300-2008-40호

ISBN 978-89-93958-60-7

* 이 저서는 2013학년도 대진대학교 학술연구비 지원에 의한 것임.
* 값은 뒤표지에 있습니다.

대순종학원론

이경원 지음

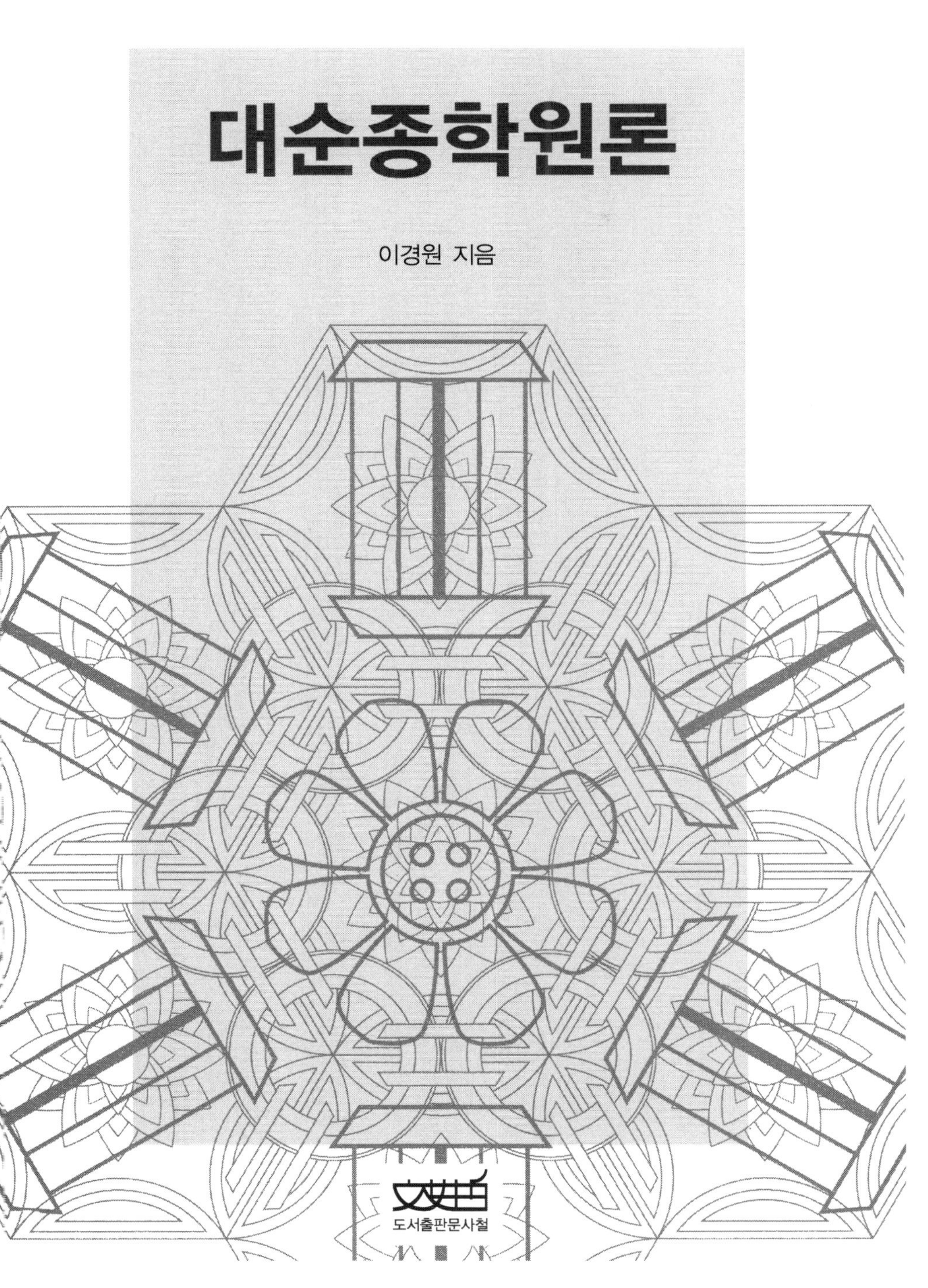

文史哲
도서출판문사철

책머리에

하나의 학문이 이 세상에 출현하여 이름을 얻기까지 짧게는 몇 백 년, 길게는 몇 천 년의 세월을 필요로 한다. 인간의 정신적 유산이자 지혜의 보고라고 할 수 있는 학문의 세계는 이성을 지닌 인간이 이룩한 업적으로 가장 위대한 것임에 틀림없다. 그만큼 학문하는 일이 가치가 있고 또한 그렇게 쉽게 이룩할 수 없는 것도 사실이다. 오늘날 현대사회가 첨예하게 분화되고 고도의 통신 기술의 발달로 인해 수없이 많은 정보가 쉴 새 없이 쏟아져 나오고 있는 상황에서 학문은 더욱 전문화되고 세분화될 수밖에 없다. 그러나 이 세계는 한편으로 지구촌문명을 지향하면서 학문분야에서도 새로운 소통과 통섭의 분위기가 있으므로 신생학문의 역할과 사명은 그 어느 때 보다도 중요하다 할 것이다.

대순종학이라는 이름은 역사로 보면 분명 신생학문에 속한다. 오늘날 한국종교로서 대순진리회 종단의 역사를 비추어볼 때 미처 한 세기를 넘지 않는 비교적 연륜이 짧은 학문이다. 그 연원으로 보면 1871년에 강세하신 강증산 구천상제께서 대순하신 진리를 조정산 도주께서 1925년에 최초로 종단을 창설하시면서 교리를 정립하고, 1969년 박우당 도전께서 현대 종단으로 계승하신 것이 계기가 된다. 그리고 1992년에 종합대학으로서 대진대학교를 개교하고 1995년에 대순종학과가 창설되기까지 종단 대순진리회는 국내에서 실로 괄목할만한 성장을 하였다. 이제 21세기에 들어와서 세계종교로의 발돋움을 하면서 무엇보다도 중요한 '종학宗學'의 문제에 직면해 있다.

대순종학은 기본적으로 대순진리회 신앙을 배경으로 한 것이다. 하나의 신학이 그러하듯이 '종학'도 일종의 신학(Theology)으로서 이성적 접근을 필요로 한다. 이성은 언제나 이해를 필요로 하고 있으며 신앙도 이러한 이해의 기반을 통해 완전해 질 수 있다. 따라서 신앙과 학문은 상호 보완적인 관계에 놓여 있다고 해도 과언이 아니다. 이러한 활동은 영성과 이성을 동시에 지닌 인간의 실존적 운명에 해당한다. 그만큼 대순종학은 대순진리회 신앙과 불가분의 관계에 있다.

대순종학의 방법론에는 여러 가지가 있으나 기존의 학문방법론을 응용하기 이전에 현재의 원전原典을 기초로 한 주요 이론의 정리가 우선적이라고 할 수 있다. 왜냐하면 하나의 종교현상을 다룰 때 특정한 기존 학문의 관점에 치우치게 되면 일종의 환원주의적 오류에 빠져서 본질과 멀어질 수 있기 때문이다. 여기서 본질이란 원전에 충실하여 기존의 현상을 있는 그대로 체계적으로 드러내고자 하는 관점에서 나온 말이다. '원론原論'이라는 용어도 이런 연장선상에서 사용될 수 있다고 본다. '대순종학원론'은 오늘날 대순진리회 신앙을 긍정하고 그 원전의 토대 하에서 제 이론분야를 체계적으로 정리하고자 시도된 것이다.

본서의 구성은 크게 세부분으로 이루어져 있다. 제 1부에서는 대순종학입문으로서 그 주요 학문적 용어에 대한 정의 및 인접학문 그리고 기본 원전과 이론분야를 간략히 정리하고자 하였다. 대순종학이라는 학문을 어떻게 접근할 것인가에 대한 문제의식을 토대로 그 서론적 구상과 소개를 하는데 역점을 두었다. 제 2부에서는 대순종학의 주요이론을 개괄적으로 다루고 있다. 이와 같은 이론은 크게 다섯 부분으로 나뉘는데, 첫째는 신앙론으로서 대순진리회 신앙의 체계를 각각의 명제와 함께 분류해 본다. 둘째는 종단사로서 대순진리회 신앙에 대한 역사적인 접근을 다룬다. 시기별로 상이한 사실史實에 기초를 두고 있지만 하나의 신앙적 관점에 입각하여 역사를 이해한다는 점에서 종단사연구의 중요성을 드러내고자 하였다. 셋째는 교리론에 관한 것이다. 오늘날 종단에서는 하나의 지적인 정합성整合性 하에서 신앙이 이루어지고 있다는 점에서 무엇보다도 교리에 대한 이해가 중요하다. 여기서는 이러한 교리의 문제를 체계적으로 서술하고자 하였다. 넷째는 수도론이다. 이 부분은 주로 종교의례에 관한 것으로서 현재 종단의 특별한 정체성을 드러내고 있는 부분이다. 여기서는 의례행위와 종교상징의 관점에서 기존의 자료를 정리하고 사상적인 해석을 시도하고자 하였다. 다섯째는 포덕 · 교화론이다. 이 주제는 대순진리회 신앙공동체의 구체적인 대외활동을 주제로 하고, 이러한 신앙의 확산을 위한 방법론을 나름대로 모색한 것이다. 이상의 다섯 가지 분야는 모두 포괄적인 서술로서 관점에 따라 더욱 세분화될 수 있다는 특징을 지니고 있다. 제 3부에서는 대순사상을 다루고 있다. 대순사상은 하나의 종교사상으로서 크게 세 가지 분야로 나눌 수 있는데, 신관, 인간관, 세계관이 그것이다. 본서에서는 그 대체를 소개하는 것으로 마무리하고자 하였다. 이상과 같은 순서로 포괄적이나마 본서의 체계를 삼고자 한다.

본서의 제목을 감히 '대순종학원론'으로 쓰고자 하는데 있어서는 천견박식淺見薄識의 필자로서 송구한 마음을 금할 수 없다. 언설로서도 형언하기 힘든 종교적 진리를 미진한 글로써 규정한다는 것이 오직 수도에만 전념해 온 많은 선각자분들께 누를 끼치는 것임을 잘 알고 있다. 하지만 이렇게 글을 쓰는 것은 학자로서 짊어진 멍에라고 할 수 밖에 없다. 신앙인으로서 이성적 과제를 만나는 것이 필연이라면 이 또한 수도의 일부로 받아들여지기를 바랄 뿐이다. 아울러 본서의 제목을 필자가 자처하기보다는 앞으로의 학문적 발전에 하나의 문제의식을 제기하고자 하는데 역점을 둔 것이므로 학자 제현의 많은 질정과 보다 나은 양서를 기대한다.

본서가 나오기까지 관심을 갖고 도와주신 분들에게 이 자리를 빌려 감사의 인사를 드리고자 한다. 대순진리회 교무부에서 불철주야로 연구 활동에 매진하고 계시는 여러 팀장 연구위원 분들은 본서를 자세히 읽고 친절한 교정을 해 주었다. 본인들의 바쁜 업무에도 불구하고 열의를 갖고 지적해주신 데 대해서 한

분 한 분 감사의 뜻을 전하고 싶으나 미처 일일이 성함을 거론하지 못하는 것을 더욱 죄송스럽게 생각한다. 모쪼록 같은 연구자로서 보은할 기회를 가질 수 있기를 바란다. 또한 본서의 출판을 흔쾌히 허락해주신 도서출판 문사철의 김기창 사장님께도 감사를 드린다. 언제나 인문학의 발전과 양서출판을 위해 노력하시는 모습은 학자들에게 분발과 감동을 주기에 충분하다고 본다. 우리 21세기는 인문학의 시대가 되기를 바라면서 출판사업 또한 발전하기를 바라마지 않는다.

2013년 2월
계사년 원단의 길목에서
이경원

차례

제3부 대순사상

제1부

대순종학입문

1. 대순종학의 의미

대순종학이란 종단宗團 대순진리회大巡眞理會의 신앙을 중심으로 학문적 체계를 갖춘 것을 말한다. 여기서 '대순大巡'은 본 종단의 신앙대상인 구천상제九天上帝의 역사役事를 총괄하는 용어이며, 그 위대한 역사 속에 담긴 진리의 내용을 모태로 하여 오늘날의 종단이 성립되었다. 우리 대순진리회 수도인은 상제님의 대순하신 진리를 신앙하고 이를 생활 속에 실천함으로써 수도의 목적을 달성하고자 한다. 대순종학은 수도인의 신앙생활을 더욱 의미 있게 하고 우리의 신앙을 이성적으로 철저히 심화함과 동시에 이론과 실천의 조화를 이루며, 나아가 궁극적인 목적에 도달하고자 하는 총체적인 활동이다.

1) 대순大巡의 의미

종단 대순진리회의 주된 명칭이자 고유용어인 '대순大巡'의 의미를 이해하는 것은 대순종학에 있어서 그 출발점이 된다. 종단의 명칭이 유래하게 된 근거도 '대순'에서 찾을 수 있으며, 오늘날 교리 연구를 통한 그 사상적 총체도 바로 '대순'을 핵심으로 하여 이해되고 있기 때문이다. 따라서 대순종학은 먼저 '대순'의 의미에 대한 심층적인 탐구를 필요로 한다.

본래 '대순'이라는 말은 한문 고전古典에 등장하는 용어로서, 『서경書經』에 "왕이 곧 육군六軍을 대순하셨다"[1]에서 유래한다.

---

1 『書經』, 泰誓下「時厥明 王乃大巡六師…"

즉 '대순'이란 그 주체가 되는 임금과 그의 주된 활동을 상징하고 있다. 한편 대순진리회 『전경典經』에 언급된 '대순'은 주체가 되는 구천상제와 그 우주적인 대역사大役事를 가리키고 있다. 상제께서는 무상한 지혜와 무변의 덕화와 위대한 권능을 지니고 역사적 대종교가이신 강증산으로 강세하시어 세계 창생을 널리 건지기 위한 9년간의 천지공사를 단행하였다. 그 대공사大公事에서 천명闡明된 해원解冤 보은報恩 양 원리인 도리로 만고에 쌓였던 모든 원울冤鬱이 풀리고 세계가 상극이 없는 도화낙원으로 이루어지게 되었으니 이것이 바로 상제의 대순하신 결과요 진리이다.[2] '대순'은 이와 같이 상제의 존재와 그 구체적인 활동을 아우르는 총괄개념이다.

『대순진리회 요람』에서는 '대순'의 출전出典에 대해 세 가지의 『전경』구절을 들어 그 핵심내용을 요약하고 있다. 즉 "…원시原始의 모든 신성神聖·불佛·보살菩薩들이 회집會集하여 인류人類와 신명계神明界의 겁액劫厄을 구천九天에 하소연하므로 내가 서양西洋대법국大法國 천계탑天啓塔에 내려와 천하天下를 대순大巡하다가 이 동토東土에 이르러…"(교운1장 9절)의 구절은 '대순'이 곧 최고신 '구천상제의 현현顯現'임을 나타내고 있다. 둘째로 "…나는 서양西洋 대법국大法國 천계탑天啓塔에 내려와 천하天下를 대순大巡하다가 삼계대권三界大權을 갖고 삼계三界를 개벽開闢하여 선경仙境을 열고 사멸死滅에 빠진 세계世界 창생蒼生을 건지려고…"(권지1장 11절)의 구절은 상제의 절대권능으로 행하신 위대한 역사役事가 곧 '대순'임을 나타내고 있다. 셋째로 "공우公又가 삼년 동안 상제上帝를 모

2 대순진리회 교무부, 『대순진리회요람』,1969, p.8 참조.

시고 천지공사天地公事에 여러 번 수종隨從을 들었는데 공사公事가 끝날 때마다 그는 '각처各處의 종도從徒들에게 순회巡廻·연포演布하라'는 분부吩咐를 받고 '이 일이 곧 천지의 대순大巡이라'는 말씀을 들었도다."(교운1장 64절)의 구절은 상제의 대순하신 진리에 입각하여 모든 종교적 실천을 다하는 것이 또한 '대순'임을 말한 것이다.

이상에서와 같이 '대순'이란 종단의 신앙대상인 구천상제의 진리를 총괄하는 말로서 상제의 강세로 인한 천지공사의 대역사와 그에 따른 신앙 행위를 아우르는 대표용어임을 알 수 있다. 공자의 가르침을 중심으로 탄생한 종교를 '유교儒敎'라고 하고, 석가모니의 설법에 기초를 둔 종교를 '불교佛敎'라 하며, 예수의 가르침으로 인한 종교운동을 '그리스도교(Christianity)', 마호멧트의 종교를 '이슬람(Islam)'이라고 한다. 이러한 종교의 명칭들은 모두 그 성자聖者가 추구하였던 진리를 핵심적으로 나타낸 것이다. 따라서 '대순진리회大巡眞理會'라는 이름은 강세하신 강증산 구천상제의 진리를 대표하여 종단의 명칭으로 삼은 것이다.

2) 종학宗學의 의미

대순종학에서 '종학宗學'이란 여타 학문과 구별되는 특수한 배경을 가진 학문의 이름이다. 즉 종단 대순진리회의 신앙을 근간으로 하여 주어진 교리에 대한 이해를 목적으로 탄생한 '신학神學(Theology)'적 성격의 학문을 지칭하는 것으로, 종단의 신앙을 학문적으로 철저하게 반성함과 동시에 이론과 실천의 조화를 이루며, 나아가 궁극적인 목적에 도달하고자 하는 총체적인 활동을 말한다.

종학에서의 '종宗'은 본래 산스크리트어 'siddhānta' 의 번역어로 진리를 파악한 최고의 경지를 뜻한다. 흔히 19세기말 'religion'의 번역어로 사용된 '종교宗教'라는 단어는 기독교문화의 수입에 대한 불교적 번역의 결과를 나타낸다. 오늘날 현대어에서 사용되는 하나의 보편적 문화현상으로서의 '종교'는 본래의 단어 의미와는 연결이 안되지만 '종宗'자가 지닌 궁극적 가치를 추구한다는 점에서는 상통하는 바가 있다. 그렇다면 대순'종학'이란 종단의 신앙을 최상의 가치로 받아들이고 이에 대한 학문적 탐구를 하는 것이 된다.

종학에서의 '학學'은 학문을 말한다. 학문은 인간의 이성적 활동을 대변하는 용어이다. 『논어論語』에서는 이에 대해 "배우기를 널리 하고 뜻을 독실히 하며, 절실하게 묻고 가까이 생각하면 인仁이 그 가운데 있다"[博學而篤志,切問而近思,仁在其中: 子張19]고 하였다. 배우고 묻는 활동은 철저히 사변적이며 체계적인 지식을 만들어내는 과정이다. 더 이상 의심할 수 없는 지식, 모든 사실적 근거들의 총합으로서의 학문은 오늘날 고도의 인류 문명을 탄생시키는 데 기여하였다. 오직 이성을 지닌 인간만이 할 수 있고 가장 인간다운 활동으로서의 학문에 인류가 매진함으로써 내일의 새로운 문명을 창출할 수도 있다. 여기에 대순'종학'은 인류의 미래를 선도하는 학문으로서 모든 인류가 받아들일 수 있는 보편적 진리체계를 추구한다는 데 가치가 있다.

종학의 학문적 방법에는 여러 가지가 있을 수 있다. 기성의 전통학문에서 구축된 방법론方法論(Methodology)을 동원하여 대순신앙에 접근한다면 이는 '대순종학방법론'이라는 주제 하에 다양한 서술이 가능하다. 인문학에서의 철학, 종교학, 역사학, 문학 그리고 사회과학에서의 사회학, 심리학, 정치학, 경제학, 인류학 등은 그 주된 방법론이다. 여기에는 하나의 조직화된 틀과 관점이 있다. 이들 학문에 의존하여 하나의 방법론을 사용한다는 것은 종단의 신앙을 재단하여 그것이 지닌 논리적 일면을 드러낼 수 있다는 장점이 있는 반면, 자칫하면 환원주의적 오류에 빠져서 대순신앙의 본질을 간과할 수 있다는 단점도 있기 때문에 학문적 훈련을 거치지 않은 비전공자에게는 각별한 주의가 요구된다.

대순종학의 일차적 방법은 무엇보다도 주어진 텍스트에 대한 연역적 해석이 우선되어야 한다. 개별 항목이 지닌 의미맥락과 권위 있는 설명에 대한 분석적이고도 조직적인 이해 그리고 주요개념에 대한 체계적인 해설 작업을 통해 종학의 기초가 확립될 수 있다. 종학의 단계적인 발전과정을 놓고 본다면, 경전 주석과 이해→주제별 연구를 통한 이론적 근거확립→통합적 조망과 대사회적 응용 및 확산 등을 말할 수 있다. 물론 이 과정에서 특정의 학문지식과 방법론이 원용될 수는 있지만 그것은 언제나 부분적인 역할을 할 뿐이고 전체를 지배할 수는 없다. 대순종학은 그 자체로 완전한 학문이어야 하며 대순신앙이 지상至上의 가치를 지니는 만큼 모든 학문의 정점에서 만나는 학문이 되어야 한다. 이런 점에서 '종학'은 특별한 가치를 지니고 있다.

2. 인접학문으로서의 철학과 종교학

근본적으로 모든 학문은 서로 연관되어 있다는 점에서 가장 인접한 학문과의 관계를 살펴보는 것이 종학이해에 많은 도움이 될 수 있다. 대순종학을 종학 그 자체로 이해하고 분석해보는 방법도 있지만, 특히 대순종학의 주된 특징을 찾기 위해서는 인접학문에서의 이론들을 기초로 삼는 것이 훨씬 효과적인 경우가 많다. 여기서는 인접학문으로서 철학과 종교학을 통해 대순종학과의 관계성을 논해보기로 한다.

1) 대순종학과 철학

인간은 '이성적 동물(Homo Sapiens)'로서 이 세계와 인간 자신에 대한 이성적인 접근을 시도해왔다. 원시시대부터 인간은 다양한 이성적 활동을 하였으며 현대에 이르기까지도 인간은 이러한 이성을 지닌 존재로 다른 동물과 구분되고 있다. 철학은 이성을 지닌 인간의 지적인 노력 과정에서 탄생한 학문의 어머니이다. 모든 학문이 이성에 기반을 두고 있다는 점에서 철학과 분리될 수 있는 학문은 존재하지 않는다. 따라서 모든 학문은 철학으로 통한다고 말할 수 있다.

흔히 철학哲學을 '필로소피아(Philosophia)'라고 한 것은 지혜를 뜻하는 '소피아(Sophia)'와 사랑함을 뜻하는 '필레인(Philein)'의 합성어이다. 그러므로 철학은 지혜 그 자체라기보다는 '지혜를 사랑하는' 하나의 활동인 것이다. 여기서 말하는 지혜는 단순히 하나의 사실적인 혹은 기술적인 지식을 말하는 것이 아니라 어떤 통찰적인 지식을 말한다. 넓게는 인간과 세계를 통일적으로 해석해내는 지혜가 있으며, 좁게는 하나의 사물에 담겨 있는 인과적인 이치가 그것이다. 이와 같은 철학은 역사적으로 고대, 중세, 근대, 현대로 전개되어 왔고, 범주로서는 형이상학, 인식론, 가치론 등으로 나누어진다.

대순종학에 있어서 이와 같은 철학의 유용성은 매우 높다고 할 수 있다. 철학은 대순종학의 기본적인 체계와 이론형식을 이해하는 데 중요한 방법론이 된다. 즉 교리체계에 있어서 그 형이상학적 원리가 되는 것은 무엇이며, 이러한 원리는 어떤 현상 혹은 실천으로 이어질 수 있는가, 개별 분과에서 이해되어야 하는 이론과 실천의 관계는 어떠한가, 그 이론에 있어서 인식론적이고 가치론적인 명제는 무엇인가, 형이상학적 주된 대상은 무엇이고 그 존재성은 어떻게 이해되어야 하는 가 등등의 질문으로 대순종학의 이해와 서술이 가능하다고 본다. 따라서 철학은 대순종학과의 상호 긴밀한 연관관계에서 기초학문으로서의 가치를 지닌다고 하겠다.

2) 대순종학과 종교학

인간은 이성적 동물이면서 또한 '종교적 존재(Homo Religious)'이기도 하다. 종교는 인류문명과 역사를 같이 하면서 모든 문명과 문화의 기초가 되었다. 동 · 서양을 막론하고 인간은 종교와 분리되어 살았던 적이 없으며 또한 21세기에 이르러 종교 간의 융합과 새로운 종교문화의 창출이 요구되고 있는 실정이다.

하나의 학문으로서의 종교학은 역사가 그리 길지 않다. 현대종교학의 아버지로 불리는 막스뮐러(F. Max Műler, 1823—1900)가 1870년에 '종교과학(Religionswissenschaft, the Science of Religion)'을 주창하면서부터 시작된 이 학문은 오늘날 종교 간의 비교를 통해 그 공통의 본질을 파악하는 데 주력하고 있다. 대학의 종교학과는 한국 내에서는 아직 개설된 곳이 많지 않지만, 유럽 미국 등지의 대학에서는 이미 보편적인 학문으로 자리잡아가고 있다. 특히 다종교 현상이 심한 나라와 종교 간의 분쟁이 대두될 때에는 언제나 종교학의 필요성이 강조되고 있는 실정이다.

종교의 역사에 비해 턱없이 짧은 종교학의 역사 때문에 종교를 연구하는 방법론은 다양하게 대두된 바 있다. 철학, 역사학, 사회학, 심리학, 인류학, 현상학 등의 분야에서 종교에 대한 접근이 꾸준하게 이루어졌으며, 개별종교의 전통 및 지역별 종교연구 또한 활발하다고 할 수 있다. 종교를 유형적으로 분류하는 시도도 있지만 종교학은 여전히 종교 공통의 원리를 찾고 이해하기 위한 노력의 과정으로 보아야 한다.

대순종학의 이해에 있어서 종교학의 유용성은 철학만큼이나 매우 높다고 볼 수 있다. 종단 대순진리회를 하나의 종교로 이해하고 객관적으로 설명하기 위해서는 종교학적 소양과 관점이 요구된다. 특히 대순종학의 텍스트로 읽고 있는 『전경』의 내용은 동·서양의 종교적 유산을 고루 담고 있다고 본다. 기본적으로는 아시아 한자 문화권의 종교사상(대표적으로는 유·불·도 삼교)이 용해되어 있으며, 경우에 따라서는 서양 유일신 사상의 논리도 나타난다. 언어적으로는 한자·한문에 대한 독해력도 상당히 요구된다. 그만큼 현대종교로서 역사가 짧은 신종교의 경우 많은 전통적 어휘들이 융합되어 하나의 단일한 경전을 이루고 있으므로 그 이전의 종교문화적 전통을 섭렵하지 않으면 이해하기 어려운 까닭이다.

대순종학의 내용과 관련하여 종교학적 관점에서 해명되어야 할 사항이 있다면 대체로 신앙체계의 문제, 교리의 문제, 종교행위와 의례의 문제, 공동체 조직의 문제 등에 관한 것을 들 수 있다. 이 같은 사항들에 대하여 먼저 객관적으로 조명하고 이어서 그 자체의 고유한 특성을 밝혀냄으로써 대순종학의 이해를 한층 더 풍부하게 할 수 있을 것이다. 이런 점에서 종교학 또한 대순종학 이해의 기초학문이 될 수 있다.

3. 대순종학의 원전

1) 『전경典經』

대순진리회의 공식 경전인 『전경典經』은 종단의 창설 당시 도전님의 명에 따라 간행되어 오늘에 이르고 있다. 초판발행은 1974년 4월 1일이며 오탈자의 교정을 거쳐 2010년 3월 18일 현재 13판이 간행되었다. 모든 종교사상의 원천이자 신앙 활동의 근간이 되는 것은 경전이다. 대순진리회의 종교 활동에 있어서도 『전경』은 권위 있는 최고의 경전으로서 신앙과 교화의 근본이 된다. 대순진리회 수도인이라면 누구나 『전경』을 수지독송受持讀誦하며 성스럽게 보존할 필요가 있다.

대순종학 연구에 있어서도 『전경』은 가장 기본적인 원전이다. 대순종학이 대순진리회 신앙에 대한 학문적 체계인 만큼 그 신앙적 원천이 되는 『전경』은 모든 사상과 실천의 문헌적 근거로 작용한다. 하나의 사상에 대한 탐구는 문헌에 의존할 수밖에 없으며 사상적 전승 또한 문헌에 의해서만 가능하다. 이에 『전경』은 대순사상의 원전이 될 수 있고, 인간과 세계에 대한 통일적인 해석을 담고 있다. 『전경』은 또한 하나의 실천적인 가르침을 담고 있다. 『전경』은 단순한 문헌에 머물지 않고 오늘날 신앙 활동의 근간이 되는 것으로 신앙대상이신 구천상제님의 살아계신 가르침이 기록되어 있다. 강세하신 상제님의 역사가 단순히 과거 사실에 머물지 않고 후세의 신앙인들에게 현재화될 수 있는 것은 『전경』이 있기에 가능하다. 따라서 『전경』은 신앙인에게 있어 책 이상의 책으로서 성스러운 가치를 지니며, 상제님의 말씀을 들을 수 있는 유일한 길임을 보여주고 있다.

『전경』의 구성은 크게 7편 17장 839절로 이루어져 있다. 주요 편명으로는 「행록行錄」, 「공사公事」, 「교운敎運」, 「교법敎法」, 「권지權智」, 「제생濟生」, 「예시豫示」가 있다. 그 개요를 살펴보면, 첫째 행록편은 총 5장 223절로 구성되어 있다. 여기서는 강세하신 강증산께서 구천상제로서 행한 연대기적인 사실들을 기록하고 있다. 상제께서는 유년시절, 청년시절, 주유천하周遊天下와 천지공사 그리고 화천化天에 이르기까지 역사적 존재로서의 삶을 보여주었으며 그 생생한 내용을 '행록편'에서 전하고 있다. 둘째, 공사편은 총 3장 106절로 구성되어 있다. 여기서는 구천상제의 위대한 역사에 해당하는 9년간의 '천지공사天地公事' 기록을 중심으로 그 주요내용을 전하고 있다. 셋째, 교운편은 총 2장 133절로 구성되었다. 여기서는 구천상제 가르침의 정수와 함께 종통계승에 따른 역사적인 전개를 다루고 있다. 넷째, 교법편은 총 3

장 173절로 되어 있다. 여기서는 수도생활의 규범이 될만한 내용을 중심으로 상제께서 남기신 교훈적인 가르침들을 전하고 있다. 다섯째, 권지편은 총 2장 71절로 되어 있으며 상제께서 재세시에 지녔던 초월적 권능權能과 예지叡智의 내용을 전하고 있다. 여섯째, 제생편은 총 1장 44절로 이루어져 있으며 상제께서 행하신 수많은 민생구제民生救濟의 역사를 담고 있다. 일곱째, 예시편은 총 1장 89절로 이루어져 있으며 상제께서 이룩하시고자 하는 미래 세계 즉 후천선경의 실상을 전하고 있다.

이상과 같이 『전경』은 대순진리회의 경전이자 대순종학의 주요 원전으로서 그 고유한 체계와 사상적 가치를 지니고 있으며 학문적 연구의 기초자료가 된다.

2) 『대순지침大巡指針』

대순종학 원전의 하나로서 『대순지침大巡指針』은 대순종단의 창설자이신 박우당朴牛堂 도전都典님의 훈시말씀을 기록한 책이다. 이 책의 발간 취지에 대해서는 그 첫 페이지에 '훈시의 대지大志'를 통해 알 수 있다. 즉 '도전님께서 "나의 말을 바르게 인식하고 실천하여 생활화되도록 하라"는 말씀이 계셔서, 1980년 1월부터 1984년 3월까지 도인들에게 내리신 훈시를 중앙종의회의 요청에 따라 교무부가 그 요의要義를 정리하여 대순지침으로 삼은 것이다.'라고 하여 이 책의 중요성을 밝히고 있다. 박우당 도전께서는 1958년 음력 3월 6일 도주 조정산으로부터 유명遺命으로 종통을 계승하여 약 40년 가까이 종단을 영도하며 획기적인 종단발전을 이룩하였다. 이에 모든 수도인들은 도전의 가르침 하에 수도활동을 하고 종단사업에 진력하였으므로 도전의 역할과 지위는 절대적인 것이었음을 알 수 있다. 『대순지침』은 이와 같은 도전의 가르침을 수도인 누구나 생활화하기 위해 편찬되어졌으며, 그 가르침의 연원은 강증산 구천상제와 조정산 도주에 있는 것이다. 따라서 『대순지침』은 대순진리회 신앙의 지침서가 된다는 점에서 오늘날 대순종학의 원전으로서의 가치를 충분히 지니고 있다고 본다.

『대순지침』의 구성은 크게 다섯 부분으로 이루어져 있다. 첫째는 신앙체계의 정립에 관해서이다. 여기서는 신앙대상으로서의 구천상제에 대한 이해와 그 종통계승의 관계 나아가 올바른 실천을 위한 실천방안, 해원상생 등을 다루고 있다. 둘째는 수도 · 공부에 관한 내용이다. 바른 수도생활의 지침을 설명하고 여기에 특히 신조의 중요성을 강조하고 있다. 셋째는 조직기구에 관한 부분이다. 종단의 조직에 있어서 각 부서의 임무를 정하고, 종단 체계에 있어서 임원들의 직분과 예의 실천의 문제를 다루고 있다. 넷째는 처사의 모본으로서, 실생활에서 있을 수 있는 다양한 경우를 들어 수도인의 자세를 일깨우고 있다. 다섯째는 종단의 사업을 언급한 부분이다. 종단사업의 취지를 바르게 인식하고 3대 중요사업의 알찬 추진을 위해 진력할 것을 강조하고 있다.

이상에서처럼 『대순지침』은 대순종학의 원전으로서 『전경』과 더불어 대순종학 이해를 위한 필수자료라고 할 수 있다.

3) 『대순진리회요람大巡眞理會要覽』

대순종학의 원전 가운데 대순진리회요람大巡眞理會要覽은 일종의 종단 소개서 형식을 띠고 있다. 이 책은 비교적 짧은 분량으로 이루어져 있고 간단한 요약 중심으로 서술되어 있다 보니 하나의 원전으로서의 중요성을 간과하기 쉽다. 하지만 대순진리회요람은 종단창설시점인 1969년에 발간되어 오늘날 대순종학의 학문적 체계를 이끌어 낼 수 있는 핵심적인 사항을 종단 창설자의 권위에 입각하여 정리하고 있다. 따라서 어떤 자료 못지않게 종학연구의 주요원전이 될 수 있다고 본다. 더구나 대순진리회요람은 하나의 종단으로서 갖추어야만 하는 전반적인 형식을 요약 설명하고 있으므로 종단에 대한 객관적인 설명에도 기여하고 있다. 이러한 요람의 가치에 입각해서 대순종학의 체계를 세울 수 있는 주요골자를 언급하면 다음과 같다.

첫째는 대순진리회 종단의 유래와 그 명칭에 대한 의미다. 대순종단 창설이 있기까지 종교활동의 효시가 되는 인물은 바로 도주道主 조정산趙鼎山(1895~1958)이며, 이에 그 종통을 계승하신 도전都典 박우당朴牛堂(1917~1996)께서 오늘날의 대순진리회를 창설하였다. 이 때 강증산姜甑山 상제上帝께서는 종단의 신앙대상으로서 종통계승의 연원이 된다. 따라서 대순종단은 기본적으로 강증산 상제로부터 조정산 도주 그리고 박우당 도전으로 이어지는 연원관계에 의해 탄생한 굴지의 한국 종교임을 명시하고 있는 것이다. 그리고 종단의 명칭을 특별히 대순진리회라고 한 그 대순의 의미는 상제의 삼계대순三界大巡 개벽공사開闢公事의 뜻에서 취하였음을 밝히고 있다. 이 부분은 대순종학에서 하나의 입문에 속한다고 볼 수 있다.

둘째는 신앙대상의 문제이다. 이는 모든 종교의 출발점이자 가장 근간이 되는 사항이다. 여기서는 신앙대상의 호칭과 그 뜻을 자세히 서술하고 있다. 즉 신앙대상은 구천상제(구천응원뇌성보화천존강성상제)이며, 그 뜻은 최종적으로 전지전능한 하느님의 존칭을 일컫고 있다. 이 문제를 집중적으로 다루고 있는 대순종학의 분야는 바로 신앙론이며 또한 그 핵심에 해당하는 이론이 바로 구천상제론이라고 할 수 있다.

셋째는 취지와 연혁에 관한 내용이다. 이것은 대순종단의 연원에 따른 역사적 전개와 그 지향점에 대한 설명을 포함하고 있다. 대순종단은 하나의 종교적 실체로서 뚜렷한 사회현상을 지니며 역사적으로도 분명한 기원을 갖고 있다. 또한 오늘날 대순종단의 종교활동은 앞으로 인류가 맞이해야 할 이상세계를 구현하기 위해 체계적인 수도와 중요사업을 행해 나가고 있다. 이에 대순종학은 종단의 역사적 전개에 대하여 역사학적 접근방법으로 시대적 추이를 파악할 필요가 있으며, 대순종단의 신앙에 입각하여 종단사를 정리함으로써 역사 속에 구천상제의 의지가 구현되는 과정을 확인하게 되는 것이다.

넷째는 교리에 관한 것이다. 대순종단은 하나의 체계적인 교리를 갖추고 있으며 그것은 크게 종지・신조・목적으로 이루어져 있다. 종지는 대순진리로서 모든 사상적 총체를 담고 있으며 종단의 핵심 이념을 표방한 것이다. 신조는 이와 같은 이념을 구현하기 위한 방법론으로서 실천을 위한 지침 혹은 내면적 자세를 명시하고 있다. 목적은 종교 활동의 궁극적이고도 최종적인 도달점을 나타낸 것이다. 여기서는 인간 내적인 차원에서의 정신의 문제, 총체적인 인간의 문제 그리고 세계의 문제에 있어서 이룩되는 개벽의 경지를 설정하고 있다. 이로써 대순종학은 크게는 교리론으로, 부분적으로는 각각 종지론 · 신조론 · 목적론이라는 주요한 이론을 포함하게 되는 것이다.

다섯째는 수도에 관한 것이다. 수도는 종교현상의 주요 분야로서 의례에 해당하는 내용을 담고 있다. 즉 기도와 수련, 공부 등은 대순종단의 주요의례이면서 수도활동을 대변하는 것이다. 하나의 종교에 있어서 의례가 차지하는 비중은 지적인 형태로서의 교리만큼 중요한 표현양식이다. 신앙인으로서 하나의 의례에 참여한다는 것은 곧 그 신앙공동체의 일원임을 나타낸다. 그만큼 종교의례는 공동체 구성원을 단일화하며 행위 그 자체의 상징성을 지향하고 있다. 대순종학에 있어서 이와 같은 종교의례는 수도론이라는 이론을 통해 그 상징체계를 탐구하고 나아가 이념적 가치실현을 위한 매개로서의 기능을 확인하는 작업을 하게 된다.

여섯째는 훈회와 수칙을 위주로 한 포덕 · 교화에 관한 이론이 있다. 하나의 진리는 단지 추상적 관념에 머물러서는 그것의 진정한 가치를 증명할 수 없다. 개인이 터득한 진리는 타인의 동의를 필요로 하며 이 사회와 세계의 변화를 통해 비로소 진리의 위대함이 드러난다. 여기에 대순종단의 훈회와 수칙은 수도인으로서 언제나 사회의 모범이 되고 타인의 감화를 이끌어 낼 수 있는 행동지침을 설정한 것이다. 그러한 행동의 총체는 포덕과 교화라고 하는 종단활동에서 극명하게 드러난다고 본다. 포덕과 교화는 단지 전도傳道활동에 머무르지 않으며 사회계몽과 사회참여를 위한 주요사업들이 모두 이 범주에 속한다고 본다. 따라서 대순종학의 포덕·교화론은 종단의 진리를 구현하기 위한 총체적 사회활동의 이론화라는 점에서 중요성을 지니고 있다.

이상에서 살펴본 바와 같이 『대순진리회요람』은 대순종학의 제이론을 양산하는 기본 골격을 갖추고 있고 그 주요 개념을 명시하고 있다는 점에서 대순종학의 주요 원전이라고 할 수 있다.

4. 대순종학의 주요이론

대순종학의 학문적 체계는 기존의 핵심교리서인 『대순진리회요람』을 통해 정립될 수 있다. 종단의 소개로부터 시작하여 모든 종교의 출발점이 되는 신앙의 대상 그리고 종단의 역사, 교리개요, 수도, 훈회·수칙 등으로 이어지는 항목들은 하나의 종교로서 갖추어야 할 기본적인 체계를 담고 있으며 여기에 각각의 항목들은 오늘날 종학의 주요 이론분야로 다루어질 수 있다고 본다. 이를 체계적으로 분류해보면 다음과 같다.

먼저 대순종학원론은 대순종학이해의 기본이 되는 개념 및 주요 분과에 대한 총론적 이론을 다룬다. 이어서 각론에는 다음과 같은 이론이 있다.

신앙론

신앙의 대상, 신앙의 진리, 신앙의 실천, 경전 등 신앙체계에 관한 이론

종단사

종교사적 관점에서 바라본 대순종단의 역사적 이해

교리론

종지 · 신조 · 목적을 중심으로 그 의의 및 해석에 관한 이론

수도론

종교의례적 관점에서 바라본 종단의 각종 수도의례와 그 해석에 관한 이론

포덕 · 교화론

종교적 실천학으로서의 포덕과 교화활동에 관한 이론 및 응용

이상의 개별분야는 대순종학의 각론이기도 하지만 그 자체로 하나의 원론이 될 수도 있다. 특히 신앙대상으로서의 구천상제, 경전으로서의 『전경典經』에 관한 이해는 종교의 근간이 되는 것으로 하나의 독립된 학문분야로 다루어지기에 충분한 주제이다. 이외에 교리론에서 종지와 신조 그리고 목적은 다시 교리원론에 대한 각론으로서 심도있는 연구와 이해가 필요한 부분이다. 대순종학의 학문목표는 이와 같은 제이론을 체계적으로 이해하고 올바른 실천으로 연결될 수 있도록 교수 · 학습하는 것이라고 할 수 있다. 다음에 그 개요를 간략히 소개하고자 한다.

1) 신앙론

대순진리회의 교리는 유신론有神論적 신앙을 바탕으로 하고 있다. 모든 유신론적 신앙에 대한 합리적 이해의 학문은 신학神學(Theology)이며 곧 종학宗學이다. 대순종학은 대순진리의

신앙을 최고 가치로 설정하고 이에 대한 합리적 이해를 추구한다. 따라서 대순진리회 신앙의 문제를 체계적으로 이해하는 것은 대순종학의 출발점이 된다.

대순진리회의 신앙체계는 다음의 네 가지 항목으로 대별될 수 있다. 첫째는 신앙대상의 문제이며, 둘째는 신앙내용의 문제이고, 셋째는 신앙적 실천의 문제이며, 넷째는 신앙의 경전의 문제이다.

여기에 대해 종단을 창설하신 도전님의 『대순지침』은 다음과 같이 요약하고 있다. 첫째, 신앙의 대상은 강증산 구천상제이시다. 본 주제는 대순신앙론의 연장선상에서 다루어지는 특수주제이며 특히 신앙의 대상에 대한 심층적인 이해를 위해 탐구되어야만 한다. 신앙의 대상은 모든 종교의 궁극적인 실재이고 그 종교를 성립시키는 근본적인 출발점이다. 따라서 대순진리회 신앙에서 신앙대상에 대한 이해는 대순종학의 체계에서 주요한 영역을 차지하고 있다. 구천상제론의 주된 내용은 상제신앙의 연원, 구천상제의 역사적 강림, 구천상제의 대역사, 천지공사, 종통계승 등이 있다.

둘째, 신앙내용으로서 상제께서는 천하를 대순하시고 광구천하·광제창생으로 지상선경을 건설하시고자 인세에 강세하셔서 전무후무한 진리의 도道를 선포하셨다. 이러한 진리가 표방된 구체적인 역사가 바로 '천지공사天地公事'다. 천지공사는 오직 구천상제의 권능으로써만 진행되는 천지인 삼계개벽의 공사다. 인간뿐만 아니라 천지 안에 존재하는 모든 사물이 천지공사의 결과에 순종하고 나아가 인간을 위해 가장 이상적인 낙원이 지구상에 건설될 것이라는 새 진리를 선포하신 역사를 말하고 있다.

셋째, 신앙적 실천으로서 해원상생·보은상생의 양대 진리가 마음에 배고 몸으로 행하도록 실천하여야 한다는 것이다. 특히 해원상생은 대순진리회 종지의 하나로서 실천원리이자 새로운 이념으로 다루어진다. 해원상생이야말로 구천상제님께서 선포하신 대순진리의 핵심이며 모든 인간관계 및 사회현상 그리고 전 우주를 관통하는 보편적 원리로 규명되어야 한다. 대순신앙은 이와 같은 해원상생을 자발적으로 실천하고자 하는 데서 그 세계적 가치가 드러나고 있음을 알 수 있다.

넷째, 대순진리는 소의경전所依經典으로서의 『전경典經』을 근본으로 하여 참다운 도인이 되도록 하여야 한다. 대순진리회 신앙의 경전이라고 할 수 있는 『전경』은 책 이상의 가치를 지닌다. 신앙대상이신 구천상제님의 말씀을 기록하고 이어서 그 종통이 계승된 전거典據를 들어 모든 신앙적 실천이 이루어지게끔 하는 힘을 지닌 책이다. 이처럼 하나의 경전이 가지는 권위에 입각하여 『전경』에 대한 이해를 체계적으로 하는 것이 또한 대순종학의 주요한 분야가 된다.

『전경』은 크게 7편으로 구성되어 있다. 「행록行錄」, 「공사公事」, 「교운敎運」, 「교법敎法」, 「권지權智」, 「제생濟生」, 「예시豫示」 편에 대해 그 의의와 구성 등을 개괄하는 것이 본 주제의 내용이 된다.

『전경』에 대한 심층적인 이해를 위해서는 많은 분량의 고전古典을 확보해야 하며 시詩, 산문散文, 고경古經의 예를 들어 한문 구절에 대한 집중적인 이해와 해석을 할 필요가 있다. 단 한문 해석에 있어서는 단일한 의미규정보다는 문리文理적인 이해를 위주로 하여 다양한 해석이 나올 수 있도록 독해력을 기르는 것이 요구된다.

이상의 이론을 중심으로 대순진리회 신앙을 철저히 이해해 나가는 것이 대순종학의 과제가 된다.

2) 종단사

역사란 무엇인가. 인간은 곧 역사적 존재로서 오늘의 시간을 의미있게 해석하며 또한 내일을 예견하고자 한다. 인간은 역사를 떠나서 살 수 없다. 어떤 역사학자는 역사에 대해 정의하기를 '과거와 현재의 끊임없는 대화'라고 하였듯이, 인간은 역사를 통해 반성하고 성숙하면서 내일의 위대함으로 나아가고자 한다. 역사 이해에 있어서 중요한 것은 하나의 사관史觀이다. 종단사는 이와 같이 역사를 바라보는 관점으로서 대순진리회 신앙을 기저로 하는 것을 말한다. 한국의 역사 속에 대순진리회 종단은 어떻게 태동하였으며 또한 어떻게 발전하였는가. 세계의 역사는 동시대에 어떻게 전개되고 한국사와 어떤 연관을 가지고 있는가. 모든 역사적 사실은 대순종단의 신앙적 관점에서 해석하여야 하며, 이는 일반 역사론의 관점과는 구별되는 것이다. 대순종단 자체의 역사적 전개는 언제나 주변 역사와 연관되어 있으며 하나의 역사적 사실을 해석하기 위해서 이를 바라보는 관점이 필요하다. 여기에 대순신앙이 하나의 주요한 사관史觀이 될 수 있다는 것이다. 따라서 '대순종단사'를 중심으로 한국사와 세계사가 새롭게 해석되는 것을 목표로 하여 그 주요사건들을 탐구하는 것이 본 주제의 학습목표가 된다. 『대순진리회요람』에 나타난 취지와 연혁의 항목은 이 주제의 주된 자료다.

3) 교리론

□ 종지

종지宗旨란 '최상의 가르침'이라는 뜻으로 그 종교가 지향하는 핵심적인 진리를 나타낸다. 대순진리회의 종지는 그 자체가 대순진리로서 인간과 사회 그리고 세계에 대한 통일적인 해석을 담고 있다. 종지에 대한 이해는 곧 대순진리회의 근본교리에 대한 이해이며 모든 사상적인 설명이 여기서 나온다.

종지의 구성은 음양합덕陰陽合德, 신인조화神人調化, 해원상생解冤相生, 도통진경道通眞境의 네 가지 항목으로 이루어져 있다.

□ 신조

신조信條는 진리를 구현하기 위한 실천 방법이며 수도의 요령이다. 신조에 의해 수도하며, 수도의 결과로 목적에 도달할 수 있다. 대순진리회 신조에 대한 이해는 주어진 진리를 어떻게 행동으로 옮길 것인가를 과제로 하여 수도인의 자세를 탐구하고, 그 실천요목에 대한 깊이있는 이해를 통해 생활과 진리가 하나 되도록 하는 데 있다.

신조의 구성은 크게 사강령四綱領과 삼요체三要諦로 나뉜다. 사강령에는 안심安心 · 안신安身 · 경천敬天 · 수도修道가 있고, 삼요체에는 성誠 · 경敬 · 신信이 있다.

□ 목적

목적目的이라 함은 모든 실천이 지향하는 바의 결과이며 궁극적인 도달점을 가리킨다. 모든 종교는 저마다 지향하는 바의 최종적 이상이 있다고 할 때, 대순진리회의 종교적 목적은 크게 세 가지 영역으로 설명된다. 첫째는 인간의 정신세계이며, 둘째는 전인적인 인간의 모습이며, 셋째는 세계의 모습이다. 이를 표현하기를 무자기無自欺·정신개벽精神開闢, 지상신선실현地上神仙實現·인간개조人間改造, 지상천국건설地上天國建設·세계개벽世界開闢이라고 하였다. 대순진리회 교리를 이해하는 데 있어서 이 세 가지 항목을 통해 종단의 목적이 드러나며 기성종교와 구별되는 고유한 가치관이 있음을 발견하게 된다.

4) 수도론

수도修道는 하나의 종교행위다. 어떤 종교적인 경험과 진리에 대한 이해를 토대로 하여 이를 어떻게 표현할 것인가의 문제는 다양한 종교행위로 표출될 수 있다. 일상적인 행위와 달리 종교적 상징성을 지닌 이러한 행위는 흔히 '의례儀禮'라는 모습으로 가시화된다. 하나의 행위가 그 행위와 관계없는 또 다른 목적을 지니는 것이 아니라 행위 그 자체가 상징적인 의미를 지님으로써 종교적 진리와 합치되고자 할 때 이를 종교의례라는 형태로 이해할 수 있다. 대순진리회 수도는 그 주요한 항목으로서 대표적인 종교의례가 있으니 공부工夫와 수련修鍊, 기도祈禱가 그것이다. 여기에는 고유한 의미와 절차가 있으며 종교적인 목적을 구현하는 데 필수불가결한 과정으로 받아들여진다.

대순종학의 주요한 분야의 하나인 '수도修道'를 체계적으로 이해하고 올바른 실천을 행하기 위해서는 이에 대한 학습이 필요하다.

5) 포덕 · 교화론

대순종학은 학교의 울타리에 갇힌 학문이 아니라 세계를 향해 열린 학문이다. 대순종학의 목적은 학문과정을 통해 대순진리를 이 세계에 구현하는 데 있다. 따라서 개인의 학습은 언제나 이웃과 사회 그리고 세계에 대한 관심으로 대순진리를 실천하고 나아가 세계를 진리화하는 데 앞장서야 한다. 여기에 필요한 학문분야가 바로 포덕과 교화의 이론이다.

포덕은 구천상제님의 '천지대순天地大巡'이라는 말씀에 입각하여 타인을 진리의 세계로 인도하고 해원상생 대도의 참뜻을 전하는 것을 말한다. 포덕천하布德天下가 되어야만 광제창생廣濟蒼生이 되고, 광제창생이 됨으로써 비로소 대순진리가 이 세계에 실현된다. 이를 위해 수도인은 어디서나 덕화德化 선양宣揚에 힘쓰고 솔선수범하여 타인의 신뢰를 받아야 하며, 종단의 사업에 헌신적인 참여를 통해 대순진리가 드러나도록 하여야 한다.

교화敎化는 입도한 도인에게 대순진리를 자인自認 자각自覺하도록 교육하는 활동으로서 진리를 깊이 생각하고 올바로 실천할 수 있도록 지도하는 제반 행위다. 이러한 활동은 주로 선각자先覺者와 후각자後覺者 사이에서 이루어진다. 교화는 선각자의 모범적이고도 책임 있는 처세로 상대를 감화感化시킬 줄 알아야 하며, 성실한 가르침으로 혹세무민하는 일이 없어야 한다.

이상과 같은 포덕과 교화의 이념에 입각하여 이를 체계적으로 이해하고 대타적 대사회적 실천의 방법론을 탐구하여 실력자로 거듭나는 것이 본 이론의 학습목표가 된다.

제2부

대순종학의 주요이론

1장
신앙론

1. 머리말

'신앙信仰'이라는 단어는 주로 하나의 종교현상에 있어서 그 구성원들의 일정한 태도와 성향을 일컫는 말이다. 본래 한자단어는 불교고전에 언급되어 있지만,[3] 그 유래는 영어 '훼이쓰(faith)'에 대한 번역어로 사용된다. 영어의 기원이 되는 라틴어에서는 '휘데스(fides)'라고 하여 '믿다', '신뢰하다(trust)'의 뜻을 지니고 있다. 즉 무언가를 '믿는다'고 할 때 여기에 따른 모든 행동 양태를 총괄하여 '신앙'이라고 부른 것이다.

신앙의 개념에 대해서는 종교적으로 또는 학문적으로 많은 논의가 있어왔다. 기독교 전통에 있어서 신앙은 '하느님과 인간의 올바른 관계'를 말하며, 불교에서는 'ŚRADDHĀ'라고 하여 불타에 대해 바치는 행동을 말한다. 정토불교에서 '정토淨土'는

3 화엄경 14에 "人天의 等類가 信仰을 같이 한다"고 하였다. 「一切仙人殊勝行 人天等類同信仰 如是難行苦行法 菩薩隨應悉能作」

흔히 'The way of faith'로 알려져 있다. 이슬람교에서 '신앙'에 해당하는 ĪMĀN은 때때로 이슬람(islām=allegiance to God, 신에 대한 충성)의 동의어로 사용된다.[4]

신학자나 종교학자의 경우 '신앙'은 보다 합리적인 의미로 해석되고 있다. 어거스틴은 "신앙이란 인간이 그리스도를 통하여 하늘의 것을 인지하는 것이며 동시에 기독교의 사랑과 하나님의 율법에 대하여 지적으로 그리고 도덕적으로 인식하며 이 모든 것을 가능케 하는 언약에 대한 신뢰다."라고 하였다.[5] 틸리히(Paul Tillich)의 경우 신앙이란 '궁극적으로 관심지어진 상태'이다.[6] 스미스(W. C. Smith)는 신앙에 대해 '종교'와 구분하면서 '하나의 활동적 성질로서 개인 인격체를 맡기는 행위, 그리고 그것에 의해서 개인 인격체가 자신의 창조주와 그의 동료들과 역동적 관계에 사로잡히게 되는 어떤 것'이라고 하고, '신앙은 초월적인 것을 볼 수 있는 능력이며 또 그것에 응답할 수 있는 능력'이라고 하였다.[7] 종교철학자 힉(John Hick)은 '초월적인 신적 실재에 대한 인간의 응답'이라고 하였다.[8] 마르셀(Gabriel Marcel)의 경우 '신앙이란 삶의 의미를 찾으려는 실존적 결단'이다.[9]

이상에서와 같이 '신앙'의 의미는 다양한 해석이 가능하다. 그 다양성에도 불구하고 대체로 일맥상통하는 특징이 있다면

4 *The Oxford dictionary of world religions*, Oxford university press, 1997

5 『신앙이란 무엇인가』 한국장로교출판사, 2001 참조.

6 Paul Tillich, *Dynamics of faith,* New York: Harper & Row, 1957.

7 Wilfred C. Smith, *The Meaning and End of Religion*, Fortress Press, 1991.

8 John Hick, *God has many names*, Westminster Press, 1982. 「the human response to a transcendent divine Reality which is other than us~」

9 G Marcel. Journal *Metaphysique(1938~1943) in Presence et Immortalite,* Paris: Flammarion, 1959.

일단 인간이 주체가 된다는 점이며, 이어서 그 주체로서의 인간이 어떤 궁극적인 대상을 전적으로 신뢰하는 관계에 있어서 취하는 개인적 혹은 집단적 태도를 뜻한다고 본다. 이러한 신앙의 의미는 거의 모든 종교에 대해 적용할 수 있는 보편적인 가치를 지닌 것으로 오히려 '종교'라는 단어를 대체할 수 있을 정도이다. 유신론有神論이건 무신론無神論이건, 인격적이건 비인격적이건 모든 종교가 어떤 궁극적 실재를 대상으로 하는 한 그에 대한 인간의 반응은 언제나 '신앙'행위와 관계되어 있다. 무엇보다도 '신앙'은 그 개념의 외연이 넓고 종교문화의 보편적인 현상을 설명하고 있다는 점에서 그 단어가 가진 위상은 날로 새로워지고 있다 하겠다.

2. 대순진리회 신앙의 주요명제

신앙의 개념과 관련하여 대순진리회의 신앙은 크게 다음의 네 가지 명제로부터 그 체계를 구성할 수 있다. 이것은 대순진리회를 창설하신 박우당 도전님의 『대순지침』에 명시되어 있는 사항이므로 그대로 인용하기로 한다.[10]

> (가) 강세하신 강증산姜甑山께서 구천상제이심을 분명히 일깨워 주어야 한다.

10 대순진리회 교무부, 『대순지침』, 1984, p.17 참조.

이 항목은 곧 신앙대상에 대하여 밝힌 것이다. 본 명제의 핵심은 '강증산은 구천상제이시다'로 요약될 수 있다. 강증산姜甑山(1871~1909)은 역사적 실존인물로서 구한말의 종교가로 활동하셨다. 그 신이神異한 행적과 가르침은 한국 근대 많은 민족종교의 활동을 불러 일으켰으며 오늘날에도 다양한 교파 내에서 독자적인 신앙이 이루어지고 있다. 대순진리회는 조정산趙鼎山(1895~1958) 도주道主께서 강증산 상제의 대순진리를 감오득도하시고 종통계승의 계시를 받으신 데서 비롯하여 오늘날 현대종교로서의 위상과 면모를 갖추게 되었다. 이 때 신앙대상은 바로 구천상제(정식호칭은 九天應元雷聲普化天尊姜聖上帝)이시며, 강증산은 구천상제의 화신化身으로 믿어진다. 강세하신 강증산께서 구천상제이심은 역사 속의 증산이 시·공간을 초월한 영원한 최고신격으로 신앙됨을 의미한다. 이러한 신앙의 배경에는 분명 증산의 생애에서 주목되어야만 하는 구체적인 사건이 있음을 전제하고 있다. 그것을 이름하여 '천지공사天地公事'라고 한다. 즉 강증산께서는 천지공사를 통해 당신의 본성을 보여주었으며 많은 종도從徒들로 하여금 구천상제의 존재를 자각하게끔 하였다. 이에 사람들의 증언과 전승된 기록에 의하여 '인간 강증산'으로부터 '최고신 구천상제'로의 새로운 이해와 신앙이 출현하게 된 것이다. 따라서 그 핵심 역사에 해당하는 '천지공사'에 관한 이해는 강증산 성사聖師를 구천상제로 신앙하는 유일한 근거가 되는 것이라 하겠다.

(나) 상제께서 천하를 대순하시고 광구천하·광제창생으로 지상선경을 건설하시고자 인세에 강세降世하셔서 전무후무한 진리의 도道를 선포하셨다.

이 항목은 신앙의 진리에 관한 것으로, 강증산의 생애에서 행해진 '천지공사'의 대체大體를 언급한 것이다. 천지공사란 구천상제께서 진멸지경盡滅之境에 빠진 인류와 창생을 구제하기 위해 행하신 삼계三界 개벽공사開闢公事를 말한다. 구천상제는 삼계대권三界大權이라고 하는 절대 권능의 소유자로서 전 우주를 다스리는 천존天尊이시며 하느님이시다. 모든 신성·불·보살들의 호소와 청원으로 인해 서양 대법국 천계탑에 내려와 천하를 대순大巡하였으며, 마침내 한국 땅에 강세하시어 당신의 존재를 드러내고 또 창생을 구제하기 위한 주된 역사役事를 행하였다. 오늘날『전경』을 통해 확인할 수 있는 구천상제의 대공사는「공사」편에 자세히 기록되어 있다. 그 대표적인 구절을 인용하면 다음과 같다.

> 상제께서 "선천에서는 인간 사물이 모두 상극에 지배되어 세상이 원한이 쌓이고 맺혀 삼계를 채웠으니 천지가 상도常道를 잃어 갖가지의 재화가 일어나고 세상은 참혹하게 되었도다. 그러므로 내가 천지의 도수를 정리하고 신명을 조화하여 만고의 원한을 풀고 상생相生의 도로 후천의 선경을 세워서 세계의 민생을 건지려 하노라. 무릇 크고 작은 일을 가리지 않고 신도로부터 원을 풀어야 하느니라. 먼저 도수를 굳건히 하여 조화하면 그것이 기틀이 되어 인사가 저절로 이룩될 것이니라. 이것이 곧 삼계공사三界公事이니라"고 김형렬에게 말씀하시고 그 중의 명부공사冥府公事의 일부를 착수하셨도다.[11]

11 대순진리회 교무부,『전경』, 공사 1장 3절.

즉 천지공사란 "천지의 도수를 정리하고 신명을 조화하여 만고의 원한을 풀고 상생相生의 도로 후천의 선경을 세워서 세계의 민생을 건지는" 일이다. 이를 위해서 상제께서는 전 생애에 걸쳐 허다한 풍유와 암시로써 혹은 권능과 조화로써 이적異蹟을 보이고 만고萬古의 위대한 진리를 선포하셨으니 곧 대순진리다.

상제께서 선포하신 진리는 오늘날의 대순진리회 종지로 요약되고 있다. 즉 '음양합덕陰陽合德' '신인조화神人調化' '해원상생解冤相生' '도통진경道通眞境'이 그것이다. 이 진리는 전대 미증유未曾有의 유일무이한 사상으로서 모든 사람이 이를 수행함에 의해 우리가 사는 세계는 개벽되고 또한 지상천국이 건설될 수 있다.

따라서 상제께서 이룩하신 이러한 진리와 천지공사로 인해 비로소 인류가 소망하는 낙원의 선경仙境이 도래하게 되었으며, 해탈초신解脫超身으로 화천化天하시어 다시 천존天尊의 제위帝位에 복귀하였으므로 우리 인류는 이제 구천상제님에 대한 확고한 신앙을 가지게 되었음을 말한다.

(다) 해원상생·보은상생의 양대 진리가 마음에 배고 몸으로 행하도록 하여야 한다.

이 항목은 신앙의 실천에 관하여 언명한 것이다. 즉 신앙의 대상으로부터 주어진 신앙의 내용을 견지하고 하나의 실천을 해 나간다면 어떤 원리로 행할 것인가이다. 그 주된 방법 혹은 원리가 되는 것이 바로 '해원상생解冤相生'과 '보은상생報恩相生'이다.

해원상생은 이미 대순진리회의 종지이면서 하나의 실천원리가 되는 것으로 본다. '해원'의 진리는 구천상제께서 9년간에 걸쳐 천지공사를 진행하였던 주된 방향이다. 모든 공사는 해원解冤을 위주로 하였으며 또한 보은報恩으로 종결된다. 여기서 해원과 보은은 천지공사의 양대 원리이자 실천이념이 된다.

'상생相生'은 새로운 후천세계의 문명을 지배하는 평화의 원리다. 하나의 실천윤리이면서 모든 만물과 사람의 존재원리가 되는 것이기도 하다. 이것은 이전의 상극相克원리와는 정반대다. 상극은 모든 만물과 사람이 이기적인 경쟁을 하며 상호 투쟁하는 대립의 원리를 말한다. 인류의 오랜 역사는 이러한 상극에 의해 선천의 세월 동안 온갖 전쟁과 재앙을 겪어왔던 것이다. 하지만 후천의 상생원리가 지배하게 되면 모든 만물과 사람은 오직 서로를 위해서 존재하며 서로에게 혜택만을 주는 관계가 되어 영원한 평화가 도래할 수 있다. 따라서 해원상생과 보은상생은 후천선경을 건설하는 진리이자 실천수행의 원리임을 밝히고 있다.

『대순지침』에 의하면 "해원상생 · 보은상생은 '남에게 척을 짓지 말고 남을 잘 되게 하라'는 진리이니, 화합 · 단결 · 상부상조를 강조하고 그것을 실천토록 교화하라"고 명시하고 있다.[12] 이처럼 척을 짓지 않음, 남을 잘되게 함, 화합 · 단결 · 상부상조하는 모든 것은 대순진리회 신앙인으로서 해원상생과 보은상생을 실천하는 길이 되고 있다.

(라) 대순진리는 『전경典經』을 근본으로 하여 참다운 도인이 되도록 교화하여야 한다.

12 『대순지침』, 대순진리회 교무부, 1984, p.27.

이 항목은 대순진리회 신앙을 위한 소의경전所依經典으로서의 『전경典經』이 있음을 말한 것이다. 『전경』은 신앙대상이신 구천상제님의 역사와 가르침을 담고 있는 종단의 주된 경전이다. 하나의 경전은 전승된 기록의 산물이지만 시·공간의 제약을 넘어서 신앙을 지속시킬 수 있는 힘을 지니고 있다. 『전경』을 펼치는 순간 구천상제님의 말씀이 현재화되며, 모든 사람이 신앙을 공유할 수 있는 중요한 매개가 되는 것이 곧 경전으로서의 『전경』이다.

이와 같은 『전경』은 구천상제님의 화천 이후 종도들의 증언과 기록 수집을 통해 편찬되어 오늘에 이르고 있다. 당시에 여러 교단에서 구천상제님을 신앙하여 저마다의 경전을 편찬함으로써 서로가 신앙체계를 달리하였다고 본다. 하지만 대순진리회에서 간행한 『전경』은 많은 여타 경전에도 불구하고 독자적인 체계를 갖추어 편찬됨으로써 구천상제님에 대한 신앙체계를 새로이 정립하고 있다는 데 소의경전으로서의 의의가 있다. 특히 구천상제님으로부터의 종통계승 관계를 밝히고 여타 경전에 포함되어 있지 않은 내용을 가지는 것은 『전경』의 독자성을 잘 드러내주는 부분이다.

『전경』은 크게 7편으로 구성되어 있다.

첫째, 행록行錄편은 구천상제님의 주된 생애를 연대기적으로 다루고 있다. 상제님의 신비로운 탄강, 특출한 유년시절, 청년기의 유력遊歷, 천지공사의 집행과 화천 등이 주요 내용이다.

둘째, 공사公事편은 상제님의 천지공사에 대한 주된 기록을 결집한 것이다. 공사의 종류, 집행방법, 범위, 이념 등을 망라하여 구천상제님의 주된 역사役事를 밝히고 있다.

셋째, 교운敎運편은 상제님의 종통전수와 그 역사적 전개 그리고 조정산 도주님의 계승과 종교활동의 역사를 다룬다.

넷째, 교법敎法편은 상제님의 윤리적 가르침과 생활교훈적인 내용을 중심으로 구성되어 있다.

다섯째, 권지權智편은 상제님께서 재세在世시時에 지녔던 절대권능과 행사行事에 관한 것 그리고 그 탁월한 지혜의 말씀들을 통해 강세하신 강증산께서 구천상제이심을 자각케 한다.

여섯째, 제생濟生편은 강세하신 상제께서 전 생애에 걸쳐 행하신 민생民生 구제와 광제창생廣濟蒼生의 사실들을 다루고 있다.

일곱째, 예시豫示편은 상제님의 천지공사로 인해 주어지는 후천의 미래와 새로운 인류문명 그리고 이에 따른 수행의 지침 등에 관하여 밝히고 있다.

이상으로써 대순진리회 신앙의 주요명제를 중심으로 그 개요를 살펴보았다. 요약하면 대순진리회 신앙의 체계는 먼저 신앙의 대상으로서 구천상제, 신앙의 진리는 상제께서 행하신 천지공사, 신앙적 실천은 해원상생과 보은상생, 그리고 신앙을 위한 경전은『전경』이다.

3. 구천상제론

모든 종교와 신앙의 출발점이며 궁극적인 실재가 되는 신앙 대상은 그 고유한 호칭에서부터 존재의 실상을 드러내고 있다. 대순진리회 신앙의 대상은 구천상제[九天應元雷聲普化天尊姜聖上帝]

이시다. 이 호칭에 대한 의미는 이미 『대순진리회요람』에 명시되어 있다. 여기서는 구천상제론에 관하여 그 호칭의 설명을 중심으로 정리해보기로 한다.

1) 구천九天

『대순진리회요람』에 의하면, "『전경典經』에 '…모든 신성神聖·불佛·보살菩薩들이 회집會集하여 구천九天에 하소연하므로…'(교운1-9)에서 보는 바와 같이 이 우주宇宙를 총할總轄하시는 가장 높은 위位에 계신 천존天尊께 하소연하였다는 말이니 그 구천九天은 바로 상제上帝께서 삼계三界를 통찰統察하사 건곤乾坤을 조리調理하고 운화運化를 조련調鍊하시고 계시는 가장 높은 위位임을 뜻함이며"라고 정의되어 있다.

즉 구천九天이라 함은 상제의 지위가 수많은 신격神格들 가운데서 가장 높은 위位임을 나타내고자 한다. 대순진리회 신관神觀에서는 우선 다신론多神論적 체계를 지니고 있으며, 천지에 신명神明이 가득 차 있다고 한다.[13] 숫자 구九의 상징적인 의미와 천天이라고 하는 신의 세계에서 상제신上帝神은 단계적으로 가장 높은 자리에 위치하고 있으며, 그 휘하에 많은 신들이 각자의 역할을 담당하고 있다고 본다. 특히 "모든 신성神聖·불佛·보살菩薩들이 하소연하였다"고 하므로 구천상제는 역사적인 어떤 종교에서도 경험해보지 못한 고유하고 위대한 신격神格임을 강조하

13 『전경』, 교법 3장 2절, 「천지에 신명이 가득차 있으니 비록 풀잎 하나라도 신이 떠나면 마를 것이며 흙바른 벽이라도 신이 옮겨가면 무너지나니라.」

고 있는 것이다.

본래 우리 겨레는 예로부터 최고신 하느님에 대한 신앙을 간직해온 민족으로 알려져 있다. 중국으로부터 한자가 수입되었을 때 우리 민족은 '하늘 천天'자를 빌어 '천제天帝' '상천上天' '황천皇天' '호천昊天' 등의 단어로 하느님을 이해하였다. 이는 서로 표현이 달라도 모두 한 분의 최고신을 지칭하는 것이다. '상제上帝' 또한 하느님에 대한 한자 표현이다. 삼국시대 이전부터 우리 민족은 제천의례祭天儀禮를 통하여 하느님 신앙을 국가적으로 주도하였으며 고려와 조선에 이르기까지도 민족의 신앙으로 지속되었다고 본다. 고려사와 조선조의 문집을 살펴보면 이와 같은 표현이 자주 등장한다는 것을 잘 알 수 있다.

한편 세종대왕의 한글창제 이후에 우리 민족은 전통적인 신앙대상을 비로소 우리말로 표현할 수 있게 되었으니 '님' 즉 '하느님'이 그것이다. 하느님은 최고 존재로서의 '하늘[天]'에 대한 인격적인 호칭으로서 한자어 '상제上帝'를 순 우리말로 표현한 것이다. 여기에 구천九天이라는 말은 바로 그 하느님의 존재와 위격이 어떤 신적 존재보다도 높아서 무제약적이며 절대적인 속성이 있음을 강조한 것으로 볼 수 있다. 따라서 대순진리회 신앙대상으로 명명한 '구천상제'는 우리 민족이 오랜 옛날부터 신앙해온 전통적인 하느님 관념을 역사적으로 되살려 새롭게 정립한 민족의 종교임을 보여주고 있다 하겠다.

2) 응원應元

'응원應元'에 대해서는 요람에 "모든 천체天體뿐만 아니라 삼라만상森羅萬象이 다 천명天命에 응應하지 않고 생성生成됨이 없음을 뜻함이며"라고 하였다.

여기서 '응원'은 구천상제와 모든 만물과의 관계를 나타내고 있다. 모든 만물은 스스로 자립自立할 수 없으며 반드시 다른 사물 또는 제작자에 의존해 있다. 원인과 결과의 관계에서도 보면 모든 만물은 반드시 그것이 존재하기 위해서 그것이 아닌 다른 어떤 것으로부터의 원인을 가지고 있다. 이렇게 보면 궁극적으로 모든 만물은 더 이상 그 원인을 소급할 수 없는 자기원인 혹은 자립자自立者로부터 생겨났다고 할 수 있다. 그 제1원인이자 최상의 존재는 모든 만물에 대해 명령命令을 내리는 명령자命令者이며 만물은 그 명령을 받들어 비로소 생존하는 피명자被命者의 관계에 있다. 이 때 우리는 모든 만물과 인간의 존재에 있어서 궁극적 근거가 되는 자를 떠올리게 되고 이 분을 상제님으로 신앙할 수 있는 것이다.

구천상제는 그 속성에서부터 절대적이고 완전하며 모든 만물의 근거가 되는 신격이므로 또한 모든 신성한 존재로부터도 최상위에 있다고 할 수 있다. 실제로 신의 세계 즉 신명계神明界에 있어서 구천상제는 모든 신성 · 불 · 보살과 같은 제 신격의 통솔자로서의 지위를 지닌다. 역사적인 모든 신성들은 저마다 인류문화를 계도하고 여러 민족문화의 바탕을 마련하였다. 하지만 중고이래로 성聖과 웅雄이 바탕을 달리하여 정치와 교화가 갈렸으므로 마침내 여러 가지로 분파되어 진법眞法을 보지 못하게 되고, 급기야 근대에는 그 문명이 물질에 치우쳐서 도리어 인류의 교만을 조장하고 마침내 천리를 흔들고 자연을 정복하려는 데서 모든 죄악을 끊임없이 저질러 신도의 권위를 떨어뜨

리게 되었다는 것이 『전경』의 설명이다.[14] 이어서 천도天道와 인사人事의 상도常道가 어겨지고 삼계가 혼란하여 도의 근원이 끊어지게 되었으므로 원시의 모든 신성과 불과 보살이 회집하여 인류와 신명계의 겁액을 구천에 하소연하는 사건이 벌어지게 된다. 이러한 하소연은 곧 모든 신격의 근원이자 최종적인 구원자로서의 상제께 대한 호소다.

상제께서는 천계天界에 있어서도 가장 최고위最高位라고 할 수 있는 '구천九天'[15]에 임재臨在한 신으로 유일신적 관념에서의 전능자全能者이며 전 우주를 주재主宰 관령管領하시는 주재신主宰神이다. 그보다 하위의 신격들은 이러한 최고신의 주재 하에 각자의 영역을 지키고 저마다의 역할을 담당하면서 우주의 질서를 유지해 왔던 것으로 볼 수 있다. 그런데 여기서 역사적으로 인류와 신명계의 무질서가 형성되고 진멸盡滅의 위기상황이 조성되자 최고신보다 하위의 신격인 신성 · 불 · 보살의 하소연이 있게 되었다는 것이다. 신적인 질서와 체계 속에서 그 위계적 차이에 따라 문제 해결의 능력도 차이가 날 수 있으며, 보다 하위의 신격은 보다 상위의 신격에 대해 엄격한 상봉하솔上奉下率적 관계에 놓여 있음을 말해주고 있다. 따라서 대순진리회 신앙에서는 바로 그 무소불능無所不能의 최고신 상제께서 지상에 강세하게 되는 과정을 밟음으로써 이 세계의 새로운 역사를 창조하게 된다는 것이 핵심이 된다.

14 『전경』, 교법 3장 26절, 교운 1장 9절 참조.

15 이 때 구천이라고 할 때의 九의 의미는 양적인 개념에서의 숫자인 9라기 보다는 象數學적인 의미에서 지칭하는 '極數'를 의미한다.

3) 뇌성雷聲

뇌성雷聲이라 함은 요람의 설명에 따르면 "천령天令이며 인성仁聲인 것이다. 뇌雷는 음양이기陰陽二氣의 결합結合으로써 성뢰成雷된다. 뇌雷는 성聲의 체體요, 성聲은 뇌雷의 용用으로써 천지天地를 나누고 동정진퇴動靜進退의 변화變化로 천기天氣와 지기地氣를 승강昇降케 하며 만물萬物을 생장生長하게 하고 생성변화生成變化 지배자양支配滋養함을 뜻함이며"라고 하였다.

즉 '뇌성'은 구천상제께서 지니신 위대한 권능과 조화의 힘을 상징하고 있다. 이 우주를 지배하는 근원적인 원리와 힘은 음陰·양陽이라고 하는 두 기운으로 나타난다. 음陰은 수렴하고 응축하는 모든 힘이며 양陽은 확장하고 발산하는 힘을 상징한다. 우주는 이 두 가지 힘으로 운행하고 이에 따라 모든 만물이 생성 소멸한다고 본다. 여기서 음과 양의 두 기운이 만나서 발생하는 가장 원초적인 에너지 현상이 바로 뇌성雷聲(천둥과 번개)이다. 지구의 운행과 우주변화에는 반드시 이와 같은 뇌성의 작용이 필요하며, 우주역사 이래 지금까지 뇌성은 단 한시도 멈추지 않고 우주 공간에서 작용해왔다. 바로 이 근원적인 힘을 관리하고 지배하는 분이 상제님임을 말한다. 그러므로 상제님은 모든 만물의 생명을 잉태하고 또한 생장케 하시는 위대한 능력의 소유자이심을 알아 외경畏敬하고 존숭尊崇하는 신앙을 가져야 함을 표현한 것이다.

역사적으로 강세하신 구천상제께서는 이조말엽에 극도로 악화한 종교적·정치적·사회적 도탄기를 당하여 음양합덕陰陽合德·신인조화神人調化·해원상생解冤相生·도통진경道通眞境의 대순진리大巡眞理에 의한 종교적 법리로 인간을 개조함으로써 정치적 보국안민輔國安民과 사회적 지상천국을 실현하는 위대한 진리를 선포하시고 이에 수반된 삼계공사三界公事를 행하시었다. 이것을 이름하여 천지공사天地公事라고 하는데, 이러한 천지공사는 상제께서 지니신 절대권능과 구제창생救濟蒼生을 위한 의지를 발휘하신 대역사大役事에 다름 아니다. 상제의 권능은 곧 뇌성과도 같이 만물을 생성시키며 지배 자양할 수 있으므로 천지공사를 통해 당신의 능력을 온전히 드러내었다고 본다. 따라서 오늘날 대순진리회는 이 같은 구천상제의 역사를 근거로 하여 그 속에 내포된 진리를 신앙하며 또한 엄위嚴威로운 상제의 존재에 대해 항상 공경하고 정성을 다하는 마음을 잊지 않는 것이다.

4) 보화普化

보화普化라 함은 요람에서 "우주宇宙의 만유萬有가 유형有形 무형無形으로 화성化成됨이 천존天尊의 덕화德化임을 뜻함이며"라고 하였다.

여기서 '보화'는 곧 우리 인간을 포함하여 모든 만물이 존립할 수 있는 이유가 천존天尊이신 상제님의 덕화德化때문임을 알아야 한다는 것이다. 하나의 생명이 태어나고 자라게 되는 것은 모두 생명의 근원으로부터 연결된 관계가 있음을 알아야 한다. 가까이로는 부모에 대한 은덕이 있지만 근원적으로는 상제님의 덕화가 있다. 우주 만물이 상제로부터 명령을 받아 생성되고 또 뇌성의 힘으로 성장하고 있으므로 모든 생명은 궁극적으로 상제님과 연결되어 있다. 이 때 만물의 존립 근거가 되는 상제님의 존재를 인정하고 그 은덕을 기리는 것이 하나의 주요한 신앙이라고 할 수 있다.

상제께서 이룩하신 9년간의 천지공사는 인류에게 무한한 후천선경後天仙境의 낙원을 예비하였다. 후천의 모습에 대해 『전경』에서는 "천하가 한 집안이 되어 위무와 형벌을 쓰지 않고도 조화로써 창생을 법리에 맞도록 다스리리라. 벼슬하는 자는 화권이 열려 분에 넘치는 법이 없고 백성은 원울과 탐음의 모든 번뇌가 없을 것이며 병들어 괴롭고 죽어 장사하는 것을 면하여 불로불사하며 빈부의 차별이 없고 마음대로 왕래하고 하늘이 낮아서 오르고 내리는 것이 뜻대로 되며 지혜가 밝아져 과거와 현재와 미래와 시방 세계에 통달하고 세상에 수水·화火·풍風의 삼재가 없어져서 상서가 무르녹는 지상선경으로 화하리라."[16]라고 묘사하고 있다. 이러한 후천은 모두 천지공사의 진리가 실현된 세상을 말한다. 그 진리로서 선언된 음양합덕·신인조화·해원상생·도통진경이 후천의 인간과 세계를 지배하며 또한 모든 인간 사물이 그 혜택을 입으며 살아가는 세상이 곧 후천이다. 선천의 세계를 종식하고 후천의 영원한 평화와 통일의 세계를 맞이하게 된 것은 모두 상제의 위대한 역사에 따른 것이므로 따라서 오늘날 구천상제를 신앙의 대상으로 존숭할 수 있는 것이다.

16 『전경』, 예시 81절.

5) 천존天尊

천존이라 함은 요람에서 "군생만물群生萬物을 뇌성雷聲으로 보화만방普化萬方하시는 지대지성至大至聖한 삼계三界의 지존至尊임을 뜻함이며"라고 하였다.

여기서 천존天尊은 상제님의 위격이 우주 최상의 존재로서 최고의 신격神格을 지닌 분임을 나타내고 있다. 우주에는 수많은 신들이 존재하고 있지만 그 중에서도 구천상제는 최상위를 차지하고 있으며, 모든 신들이 군신관계와도 같이 떠받들고 있는 극존極尊 무대無對의 대상이다. 상제께서 지니신 힘은 뇌성으로 표현되며 모든 신들과 인간 사물, 삼계三界(天 · 地 · 人)에 걸쳐 지고至高의 존재로 숭상된다. 이러한 상제께서 역사적 인간의 몸으로 강세하시어 신통자재한 권능으로 천지공사를 행하였으므로 그 위상은 어느 존재와도 비할 바가 못 된다.

한편 상제께서는 9년간의 천지공사를 마치고 마침내 화천化天하시게 되는데, 이것은 곧 상제께서 본래 신명계의 구천 자리에 환어還御하심을 뜻하는 사건으로 본다. 인간의 몸으로 있으면서 해야 할 일을 모두 마치셨다면 다시 강세 이전의 최고위에 복귀하는 것이 자연이다. 상제께서는 천지공사를 모두 마쳤을 때 "九년간 행하여 온 개벽공사를 천지에 확증하리라. 그러므로 너희들이 참관하고 확증을 마음에 굳게 새겨두라. 천리는 말이 없으니 뇌성과 지진으로 표명하리라. 상제께서 모든 종도들이 지켜보는 가운데 글을 써서 불사르시니 별안간 천둥치고 땅이 크게 흔들렸도다."[17] 라고 하여 이미 인간계에서의 상제 사명을 다하였음을 암시하였다. 이렇게 공사를 마친 직후 상제께서는 실제로 화천化天하시어 더 이상 인간의 몸에 의탁하지 않음을 보여주었다. 그렇다면 이제는 상제님의 역사를 종합하여 하나의 신앙적 진리를 확립하고 그러한 진리의 담지자인 상제님에 대하여 진실된 신앙을 행하는 것이 후천을 지향하는 인간의 도리라고 할 것이다.

상제께서는 화천과 함께 해탈초신解脫超身으로 상계上界의 보화천존 제위에 임하셔서 삼계三界를 통찰하시고 무한무량한 세계를 관령하시므로 지존지엄至尊至嚴하신 구천응원뇌성보화천존상제九天應元雷聲普化天尊上帝이시다. 이처럼 상제님은 신명계와 인간계 사이를 막힘이 없어 순회하시며, 구천에 임하여 삼계三界를 굽어살피는 지고至高의 존재이므로 오늘날 대순진리회에서는 이와 같은 상제님을 신앙대상으로 모시고 있는 것이다.

6) 강성상제姜聖上帝

강성상제姜聖上帝라 함은 요람에서 "우주宇宙 삼라만상森羅萬象을 삼계대권三界大權으로 주재主宰 관령管領하시며 관감만천觀鑑萬天하시는 전지전능全知全能한 하느님의 존칭尊稱임을 뜻함이다."라고 하였다.

여기서는 바로 그 최고신격을 지니신 상제님께서 역사적인 대순大巡을 통하여 인간의 몸으로 강세하시고 이어서 사명을 다한 후 화천하시어 구천에 임재함으로써 '구천상제'라는 정식 호칭이 성립함을 나타낸 것이다. 구한말의 종교가로 알려진 강증

17 『전경』, 공사 3장 38절.

산姜甑山께서는 곧 구천상제의 화신化身으로서 전 생애에 걸쳐 그 권능과 지혜를 보여주었으며 마침내 광제창생廣濟蒼生의 의지로 후천선경을 여는 대공사를 행하셨다. 그 결과 오랜 세월에 걸쳐 쌓였던 원울이 풀리고 세계가 상극相克이 없는 도화낙원이 도래함으로써 인류창생을 위한 새로운 진리의 길이 열리게 되었다. 상제께서는 인세人世에서의 대공사를 종결하시고 다시 상계上界의 보화천존普化天尊 제위에 임어臨御하시어 우주 삼계三界를 굽어 살피고 있으므로 그 전지전능한 권위와 덕화德化를 우러러 하느님으로 신앙할 수 있다.

'강성상제'라는 표현에서 주목되는 바는 상제님의 존재가 막연히 하늘 관념에서 머무르지 않고 구체적인 현신이 이루어졌음을 말한다. 상제님은 본래 영원·무한하지만 당신이 지닌 가능성에 의해 특수 유한한 시·공간으로 드러날 수 있다. 하지만 이와 같은 현상에도 불구하고 상제의 본성과 능력은 변함이 없으며 오히려 상제의 존재를 역사적으로 경험함으로써 '지금 여기에' 현존하는 상제님을 고백할 수 있게 되었다.

오늘날 대순진리회 신앙의 바른 이해는 "강세하신 강증산께서 구천상제이심을 바르게 깨우치는 것"에 달려 있다. 다시 말해서 강증산과 구천상제는 동일한 본성으로서 역사적 강림 속에 상호 일체의 관계로서 이해되어야 한다는 것이다. 이로써 상제는 곧 '강증산 구천상제'이며 '강성상제'는 그 집약된 호칭에 해당한다.

이상과 같은 신앙대상의 호칭에 따라 대순진리회에서는 모든 신앙의 출발점을 상제신앙으로 삼고 있으며 신앙체계를 이루는 데 있어서 하나의 근본항목이 되고 있다.

4. 천지공사론

1) 개요

대순진리회 신앙의 주요 진리는 구천상제의 천지공사天地公事를 통해 온전히 드러났다. 천지공사는 신앙대상이신 구천상제께서 인간의 몸으로 강세하여 행하신 주된 활동을 말한다. 구체적으로는 1901년부터 1909년까지의 기록에 해당하며, 광구천하匡救天下와 광제창생廣濟蒼生을 위해 구천상제로서의 사명을 다하신 역사이다.

천지공사의 어의語義에 대해서는 '천지의 도수를 정리하고 신명을 조화하여 만고의 원한을 풀고 상생相生의 도로 후천의 선경을 세워서 세계의 민생을 건지는 일'이라고 밝힌 바 있다. 이처럼 구천상제께서는 당신이 지니신 절대권능과 신통자재神通自在로 구애됨이 없이 전 생애에 걸쳐 천天·지地·인人 삼계의 모든 면을 새롭게 지어 만드셨으며, 이전의 선천先天 상극相克의 세상을 후천後天 상생相生의 시대로 이어지게 하였던 것이다. 이에 대한 자세한 기록은 대순진리회 『전경』 공사편에서 자세히 살펴볼 수 있다.

천지공사는 전 우주적인 범위를 대상으로 하며, 오직 최고 신격을 지닌 구천상제에 의해서만 가능하다는 점에서 독창성을 지닌다. 다음의 『전경』 구절을 살펴보자.

> 상제께서 이듬해 4월에 김형렬의 집에서 삼계를 개벽하는 공사를 행하셨도다. 이때 상제께서 그에게 가라사대 "다른 사람이

만든 것을 따라서 행할 것이 아니라 새롭게 만들어야 하느니라. 그것을 비유컨대 부모가 모은 재산이라 할지라도 자식이 얻어 쓰려면 쓸 때 마다 얼굴이 쳐다보임과 같이 낡은 집에 그대로 살려면 옆어질 염려가 있으므로 불안하여 살기란 매우 괴로운 것이니라. 그러므로 우리는 개벽하여야 하나니 대개 나의 공사는 옛날에도 지금도 없으며 남의 것을 계승함도 아니요 운수에 있는 일도 아니요 오직 내가 지어 만드는 것이니라. 나는 삼계의 대권을 주재하여 선천의 도수를 뜯어고치고 후천의 무궁한 선운을 열어 낙원을 세우리라" 하시고 "너는 나를 믿고 힘을 다하라"고 분부하셨도다. (공사 1장 2절)

윗글에서와 같이 천지공사는 '옛날에도 지금도 없으며 남의 것을 계승함도 아니요. 운수에 있는 일도 아니오. 오직 내가 지어 만드는 것'이라고 하여 구천상제의 고유하고 절대적인 능력에 의한 일임을 강조하고 있다. 또한 천지공사는 삼계三界를 개벽開闢하는 것이며 후천의 무궁한 낙원을 건설하는 일이다. 여기에서 드러난 구천상제의 진리를 믿고 그 진리의 실현에 참여하고자 하는 것이 대순신앙의 주된 내용이 된다.

2) 천지공사와 대순신앙

천지공사의 개념과 함께 그 주된 교리를 이해하기 위해서는 몇 가지 주요한 용어에 대한 정리가 필요하다. 먼저 천지공사는 그 방법론으로서 모든 일을 "신도神道'로부터 원冤을 풀어야 한다" 고 하고, "먼저 도수를 굳건히 하여 조화하면 그것이 기틀이 되어 인사가 저절로 이룩될 것"이라고 하였다. 여기서 '신도神道'는 '인도人道' 혹은 '인사人事'와 대비되는 단어로서 인간의 경험을 넘어선 초월적인 세계의 지배원리이며, 유신론有神論적 세계관에서 바라본 신계神界의 질서이다. 이와 같은 신도는 인도를 성립시키는 근거이기도 하다. 따라서 신도에서의 원이 풀리면 인도에서의 원은 자연히 풀릴 수 있다고 본다.

'도수를 굳건히 한다'고 할 때의 도수度數는 곧 우주운행의 순차적인 질서를 담고 있는 용어이다. 고전에서 언급된 바에 따르면 주로 제도制度나 절차節次, 회수回數 등의 의미로 사용되었다.[18] 혹자는 도수를 하나의 '프로그램'으로 번역하기도 하였다.[19] 이에 대해 도수의 의미를 종합하여 정의 내린다면, '하나의 정해진 절차를 포함하면서 특히 어떠한 일을 완성하거나 이루는 데 필요한 시한'을 뜻한다고 본다. 그리고 이러한 시한에는 그 일의 시작과 끝이 되는 시점도 포함하고 있다.[20] 결국 도수를 굳건히 한다 함은 '모든 일이 차질 없이 진행되도록 절차와 순서를 확정하여 미리 확고히 정해놓는다'는 것을 뜻한다 하겠다.

한편 천지공사에서의 '공사公事'라는 용어는 원래 고전에서

18 도수라는 단어가 언급된 몇가지 고전을 인용하면 다음과 같다.『周禮』春官宗伯 제3「正其位 掌其度數, 使皆有私地域」;『蘇東坡 詩集』破琴詩「誦詩云, 度數形名本偶然, 破琴今有十三絃」;『心經付註』권3「禮以恭儉退遜爲本, 而有節文度數之詳」;『莊子』天道 13「禮法度數 形名比詳 治之末也」, 天運14「吾求之於度數 五年而未得也」

19 李正立,『대순철학』증산교본부 교화부, 1984, p.141.

20 『전경』에 나타난 도수의 종류에는 백의장군 백의군왕 도수(행록 3장54절), 고부도수, 독조사 도수(행록 3장65절), 해원 도수(공사 2장3절), 음양 도수, 정음정양 도수, 문왕 도수, 이윤 도수(공사 2장16절), 해왕 도수(공사 3장 6절), 북 도수(공사 3장11절), 무당 도수(공사 3장33절), 상극 도수(예시 10절), 문수보살 도수(예시19절), 선기옥형 도수, 갈고리 도수, 끈 도수, 추 도수, 일월대어명 도수, 천지대팔문 도수(예시 31절) 헛 도수(예시 53절)등이 있다.

'사사私事' 또는 '가사家事'와 대비되는 개념이다.[21] 즉 개인에게만 국한되는 사사로운 일보다는 여러 사람의 권익을 담당하는 관청이나 공공단체의 일을 말한다. 조선왕조에서는 '공사'라는 용어가 주로 치세治世용어로서 법전에서 많이 사용되었는데,[22] 특히 관아官衙에서 관장官長이 공무를 처결하기 위해 수하관원들을 모아 회의를 열 때 "공사를 본다"는 말을 사용했다. 따라서 구천상제의 천지공사는 그 방법상 어떠한 독단이 아닌 주관자主管者의 입장에서 여러 사람의 소박한 의견을 수용하고 이상적인 결정으로 유도하였으며 이로써 미래의 이상세계를 제시하고 있다. 공사에서의 '공公'이란 이런 의미에서 전 우주적인 범위를 가리키고 있는 것이다.

천지공사의 주된 원리를 한마디로 말한다면 '해원상생解冤相生'이다. 그 문법적인 뜻은 "원冤을 풀고 서로 살린다"는 의미로 해석된다. 여기서 해원이란 천지공사 이전 선천의 위기를 드러낸 원인이 되었던 '원'을 해소함으로써 자연히 한계를 극복하고 새로운 낙원의 시대를 맞게 되는 것을 말한다. 그리고 상생이란 해원과의 유기적 관계 하에 서로를 위해 오직 혜택만을 베풀어 주고 남을 잘되게 하는 상호 호혜互惠의 이념이다. 이러한 해원상생의 원리로 모든 천지공사의 사안들이 진행되었다고 본다.

---

21 『論語』雍也, 「非公事, 未嘗至於偃之室也」; 『孟子』滕文公上「公事畢然後, 敢治私事」;『詩傳』蕩之什, 瞻卬「婦無公事, 休其蠶織」;『禮記』曲禮 下「公事不入私議」;『禮記』檀弓 下「政也, 不可以叔父之私, 不將公事遂人」;『禮記』喪大記 제22「大夫士言公事, 不言家事」; 『春秋穀梁傳』襄公 27년「嘗爲大夫, 與之涉公事矣」;『春秋左氏傳』昭公 3년「公事有公利, 無私忌」;『周禮』地官司徒, 제2「賢者能者服公事者 老者疾者, 皆舍」

22 『六典條例』(1866)에는 각 기관의 규정을 설명하면서 이 公事라는 용어를 여러 군데에서 사용하고 있다. (議政府「備邊司總領中外軍國機務當宁乙丑合屬本府稱公事色都提調稱都相提調稱堂上副提調感郎廳稱公事官」)

천지공사에 관한 설명을 통해 강조하고자 하는 신앙적 측면은 다음의 세 가지로 나누어 설명될 수 있다.

첫째는 천지공사가 구천상제의 권능權能이라는 것이다. 역사적 어떤 성인聖人도 이와 같은 일을 행한 적이 없으며, 범인의 능력으로 접할 수 없는 절대적인 능력을 구천상제께서 발휘하였다고 본다. 주지하다시피 천지공사는 천·지·인 삼계를 뜯어 고쳐서 새롭게 지어 만드는 일이다. 이때의 삼계는 우주 환경 전체를 말하며, 이를 뜯어고친다 함은 창조주이며 절대자인 최고신의 능력이 아니면 불가능하다. 『전경』 구절에서 이미 밝혔듯이, 천지공사란 어떤 관념이나 사상적 측면에서 머무는 것이 아니라 상제께서 인간의 몸으로 강림하여 행하신 구체적인 역사役事며 역사歷史로서 이해되어야 한다. 따라서 강세하신 강증산께서 구천상제이심은 이와 같은 천지공사를 근거로 하고 있으며, 여기서 주어진 이념과 가르침을 통해 종교적 실천을 행해나가는 것이 오늘날 종단의 신앙이 되고 있다.

둘째는 천지공사가 한민족에 국한된 것이 아니라 전 인류를 향한 구원의 메시지라는 것이다. 비록 상제께서는 한반도를 선택하여 역사적인 강림을 하시었으나 그 활동이 지향하는 이념은 전 세계적인 범위를 대상으로 한다. 강증산 구천상제에 대한 신앙은 한국이라는 특수한 시·공간에서 출발하였지만 그 교리적 지향점은 언제나 세계인류와 천지 우주를 향한 것이다. '모든 신성·불·보살들이 회집하여 인류와 신명계의 겁액을 구천에 하소연함으로써 상제께서 대순하셨고, 이어서 인간의 몸으로 강림하여 천지공사를 통해 창생을 구제하고자 하셨다'(교운 1장 9절 참조)는 설명은 모든 존재와 인류를 향한 구원의 메시지임에 분명하다 할 것이다.

셋째는 천지공사를 통해 인류는 바람직한 삶의 방향성을 인도받는다는 것이다. 『전경』에 "상제께서 삼계가 착란하는 까닭은 명부의 착란에 있으므로 명부에서의 상극도수를 뜯어고치셨도다. 이로써 비겁에 쌓인 신명과 창생이 서로 상생하게 되었으니 대세가 돌려 잡히리라."(예시 10절)고 하고, "공우가 삼년 동안 상제를 모시고 천지공사에 여러 번 수종을 들었는데 공사가 끝날 때마다 그는 '각처의 종도들에게 순회·연포하라'는 분부를 받고 '이 일이 곧 천지의 대순이라'는 말씀을 들었도다."(교운 1장 64절)에서 보는 바와 같이 천지공사는 인류의 새로운 삶을 제시하고 있다. 즉 천지공사는 모든 인류가 상극에 지배되지 않고 상생에 의한 평화적인 삶을 누릴 수 있도록 기초를 세웠으며 상생이야말로 인류 삶의 바람직한 방향임을 천명하고 있는 것이다.

3) 삼계개벽공사

천지공사의 주요내용은 대체로 세 가지 영역에서 구분될 수 있다. 첫째는 천계天界이며, 둘째는 지계地界이고, 셋째는 인계人界이다. 이는 본래 고전의 천·지·인 삼재三才 사상에 입각해서 이 우주를 세 가지 경계로 나눈 것을 말한다. 상호 엄격한 구분을 짓기는 어려우나 편의상 셋으로 구분할 수 있다는 것이다. 『전경』 공사편을 중심으로 그 내용을 살펴보면 다음과 같다.

□ 천계공사天界公事

천계 즉 하늘에 대한 공사는 천 · 지 · 인 가운데 가장 근원적인 영역으로서 땅이나 인간에 대해 형이상形而上적인 성격을 지닌다. 선천의 모든 한계는 상극이라고 하는 지배 원리에 의해 발생한 문제이기 때문에 이를 극복하기 위해서는 먼저 원리적인 하늘에 대한 진단과 개조작업이 필요하다. 다음의 구절을 보자.

> 상제께서 어느 날 종도들이 모여 있는 자리에서 "묵은 하늘은 사람을 죽이는 공사만 보고 있었도다. 이후에 일용 백물이 모두 핍절하여 살아 나갈 수 없게 되리니 이제 뜯어고치지 못하면 안 되느니라" 하시고 사흘 동안 공사를 보셨도다. 상제께서 공사를 끝내시고 가라사대 "간신히 연명은 되어 나가게 하였으되 장정은 배를 채우지 못하여 배고프다는 소리가 구천에 달하리라" 하셨도다. (공사 1장 11절)

윗글에서 선천은 묵은 하늘이며 이것은 사람을 죽이는 공사만 보고 있었다고 하여 뜯어고치지 않으면 안 된다고 진단한다. 이어서 천지공사를 통해 새로운 하늘, 새로운 원리가 지배하도록 만든다는 것이다. 이러한 천계에는 신의 세계도 포함되어 있다. 다양한 신들간의 관계 또는 신도神道의 문제 등이 이러한 천계공사의 주된 범위가 된다.

천계공사의 대표적인 것을 든다면 명부공사가 있다. 명부란 조직화된 신의 세계를 총칭하는 것으로 인간사회와 대칭을 이룬다고 본다. 그런데 묵은 하늘이 사람을 죽이는 공사만 보고 있었다는 것은 이와 같은 명부가 불안정한 것으로 인해 모든 세상일이 혼란에 빠졌다는 사실을 묘사한다. 마치 인간사회에 있어 일국의 정부가 불안함으로써 국민 전체가 혼란에 빠지는 것과 같은 이치이다. 그리하여 먼저 명부를 안정시키는 공사를 함으로써 인간계의 모든 문제를 근원적으로 해결하고자 하였다.

> 상제께서 가라사대 "명부의 착란에 따라 온 세상이 착란하였으니 명부 공사가 종결되면 온 세상 일이 해결되느니라." 이 말씀을 하신 뒤부터 상제께서 날마다 종이에 글을 쓰시고는 그것을 불사르셨도다. (공사 1장 5절)

명부공사의 일환으로 상제께서는 각 지역 명부의 종장宗長을 새롭게 임명하는 작업도 단행하는데, 조선명부의 종장을 전명숙으로, 청국명부에는 김일부로, 일본명부에는 최수운으로 한 것은 명부가 속한 천계天界의 새로운 질서를 도모하고자 한 것으로 본다.[23] 이외에도 천계공사로서 후천의 음양도수를 조정하는 것,[24] 황극신을 옮기는 것,[25] 진묵과 이마두, 최수운을 초혼招魂하는 것[26] 등이 이에 해당된다 하겠다.

23 『전경』, 공사 1장 7절, 상제께서 김 형렬의 집에서 그의 시종을 받아 명부 공사를 행하시니라. 상제께서 형렬에게 "조선명부(朝鮮冥府)를 전 명숙(全明淑)으로, 청국명부(淸國冥府)를 김 일부(金一夫)로, 일본명부(日本冥府)를 최 수운(崔水雲)으로 하여금 주장하게 하노라"고 말씀하시고 곧 "하룻밤 사이에 대세가 돌려 잡히리라"고 말씀을 잇고 글을 써서 불사르셨도다.

24 『전경』, 공사 2장 16절, 공사 2장 20절 참조.

25 『전경』, 공사 3장 22절 참조.

26 『전경』, 공사 1장 14절, 15절, 예시 66절 참조.

□ 지계공사地界公事

지계地界에 관한 공사는 주로 지구환경의 새로운 변화를 가져오게 해서 그에 따라 인간의 생활이 새로운 국면을 맞이하게 하는 것이다. 인간의 주요활동무대가 되는 땅과 바다는 그 자체의 고유한 특성을 가지고 있어서 인간이 그 영향을 받으며 생활한다. 하늘도 묵은 하늘이 있어 사람을 죽이는 공사만 보고 있었기 때문에 뜯어고쳐야 했던 것처럼 묵은 땅도 새롭게 뜯어고침으로써 인간에게 새로운 환경을 제공할 수 있다. 그 대표적인 공사 내용을 든다면 지기地氣를 통일하는 것이 있다.

> 또 상제께서 가라사대 "지기가 통일되지 못함으로 인하여 그 속에서 살고 있는 인류는 제각기 사상이 엇갈려 제각기 생각하여 반목 쟁투하느니라. 이를 없애려면 해원으로써 만고의 신명을 조화하고 천지의 도수를 조정하여야 하고 이것이 이룩되면 천지는 개벽되고 선경이 세워지리라" 하셨도다. (공사 3장 5절)

> 상제께서 각 처에서 정기를 뽑는 공사를 행하셨도다. 강산 정기를 뽑아 합치시려고 부모산父母山의 정기부터 공사를 보셨도다. "부모산은 전주 모악산母岳山과 순창淳昌 회문산回文山이니라. 회문산에 24혈이 있고 그 중에 오선위기형五仙圍碁形이 있고 기변碁變은 당요唐堯가 창작하여 단주를 가르친 것이므로 단주의 해원은 오선위기로부터 대운이 열려 돌아날지니라. 다음에 네 명당明堂의 정기를 종합하여야 하니라. 네 명당은 순창淳昌 회문산回文山의 오선위기형과 무안務安 승달산僧達山

의 호승예불형胡僧禮佛形과 장성長城 손룡巽龍의 선녀직금형仙女織錦形과 태인泰仁 배례밭拜禮田의 군신봉조형群臣奉詔形이니라. 그리고 부안 변산에 24혈이 있으니 이것은 회문산의 혈수의 상대가 되며 해변에 있어 해왕海王의 도수에 응하느니라. 회문산은 산군山君, 변산은 해왕海王이니라" 하시고 상제께서 그 정기를 뽑으셨도다. (공사 3장 6절)

선천의 세계는 지기地氣가 통일되지 못했기 때문에 하나의 지역에 거주하는 인간은 그 지역의 고유한 기운을 받아서 제각기의 사상과 문화를 잉태하게 되었다. 이후에 지역 간의 교류가 생겨나서 서로 다른 사고방식과 사상이 대립함으로써 서로 반목 쟁투하게 되니 이것이 인류의 원한을 형성한 하나의 원인이 되었다고 본다. 따라서 각 지역에서 발휘되는 지기를 뽑아서 이를 구천상제의 권능으로 통일시킨다면 어떤 시비와 투쟁도 없는 평화의 세계를 이룩하게 되는 것이다.

지기통일과 함께 지계공사에 있어 또 하나의 주요한 항목이 되는 것이 있다면 그것은 수기水氣를 돌리는 것이다.

또 하루는 상제께서 공우에게 "태인 살포정 뒤 호승예불胡僧禮佛을 써주리니 역군役軍을 먹일 만한 술을 많이 빚어 놓으라" 이르시니라. 공우가 이르신 대로 하니라. 그 후에 상제께서 "장사를 지내주리라"고 말씀하시고 종도들과 함께 술을 잡수시고 글을 써서 불사르셨도다. 상제께서 "지금은 천지에 수기가 돌지 아니하여 묘를 써도 발음이 되지 않으리라. 이후에 수기가 돌 때에 땅 기운이 발하리라"고 말씀하셨도다. (공사 3장 20절)

또 어느 날 상제의 말씀이 계셨도다. "이제 천하에 물기운이 고갈하였으니 수기를 돌리리라" 하시고 피란동避亂洞 안씨安氏의 재실齋室에 가서 우물을 대[竹]가지로 한 번 저으시고 안 내성에게 "음양이 고르지 않으니 재실에 가서 그 연고를 묻고 오너라"고 이르시니 그가 명하신 대로 재실에 간즉 재직이 사흘 전에 죽고 그 부인만 있었도다. 그가 돌아와서 그대로 아뢰니 상제께서 들으시고 "딴 기운이 있도다. 행랑에 가보라"고 다시 안 내성에게 이르시니 내성은 가보고 와서 "행랑에 행상行商하는 양주가 들어있나이다"고 아뢰니라. 그 말을 들으시고 상제께서 재실 청상에 오르셔서 종도들로 하여금 서천을 향하여 만수萬修를 크게 외치게 하시고 "이 중에 동학가사를 가진 자가 있느냐"고 물으시는도다. 그 중의 한 사람이 그것을 올리니 상제께서 책의 중간을 갈라 "시운벌가詩云伐柯 벌가기伐柯其 측불원則不遠이라. 내 앞에 보는 것이 어길 바 없으나 이는 도시 사람이오. 부재어근不在於近이라. 목전의 일만을 쉽게 알고 심량 없이 하다가 말래지사末來之事가 같지 않으면 그 아니 내 한恨인가"를 읽으시니 뇌성이 대발하며 천지가 진동하여 지진이 일어나고 또한 화약내가 코를 찌르는도다. 모든 사람이 혼몽하여 쓰러지니라. 이들을 상제께서 내성으로 하여금 일으키게 하셨도다. (공사 3장 21절)

수기水氣에 관한 것은 땅기운을 발휘하는 것과 직접적인 연관이 있다고 보여진다. 지구상의 땅을 둘러싸고 있는 것이 바다 즉 물이므로 지기를 통일하는 것과 수기를 돌리는 것은 지계地界의 구성상 반드시 뒤따라야만 한다. 선천의 세계에 있어서 땅의 기운이 제대로 발휘되지 못했던 것은 천지에 수기가 돌지 못하였기 때문으로 보고 이 수기를 돌리는 공사를 단행함으로써 각처의 땅 기운이 발휘되게 한 것이다. 그리고 반대로 화기火氣에 해당하는 불은 땅에 묻음으로써 세상의 참혹한 재화災禍를 피하게 하였다.[27]

이 외에도 지계공사의 내용에 해당하는 것으로 사명당四明堂의 기운을 갱생시키는 것,[28] 금강산 일만이천봉의 겁기를 제거하는 것,[29] 순창 농암지역의 기운을 풀어쓰는 것[30] 등이 있다.

□ 인계공사人界公事

인계공사는 주로 인간사人間事를 대상으로 하며 인간 사회의 변화 등을 다룬다. 그 주된 내용은 인간의 역사에 있어서 발생한 원한의 감정을 해소하는 것이 근본이 되며 나아가 종교나 문화의 변혁과 사회 · 도덕질서의 새로운 수립을 목표로 하고 있다.

선천의 인계人界에서 발생한 문제의 핵심은 인간들 사이의 원한감정이 생겨난 것에 있다. 즉 선천의 한계상황을 가져온 주된 요인이 상극에 지배된 인간사물 사이의 원한이었으므로 인계를 향한 천지공사는 먼저 이렇게 누적된 원한을 근원적으로 해소하는 것으로부터 시작된다. 인류의 역사에 있어서 형성된

27 『전경』, 공사 3장 1절, 상제께서 무신년 봄 백암리 김 경학 · 최 창조의 두 집으로 왕래하시며 성복제와 매화(埋火) 공사를 보셨도다.……상제께서 형렬에게 "이때쯤 일을 행할 때가 되었겠느냐"고 물으시니 그는 "행할 그 시간이 되었겠나이다"고 여쭈었도다. 상제께서 가라사대 "뒷날 변산 같은 큰 불덩이로 이 세계가 타 버릴까 하여 그 불을 묻었노라" 하셨도다.

28 『전경』, 행록 5장 15절, 21절 참조.

29 『전경』, 공사 2장 13절, 15절 참조.

30 『전경』, 공사 1장 27절.

최초의 원冤은 동양고대 요임금 시대에 그 아들 단주로부터였다고 한다.

> 상제께서 7월에 "예로부터 쌓인 원을 풀고 원에 인해서 생긴 모든 불상사를 없애고 영원한 평화를 이룩하는 공사를 행하시니라. 머리를 긁으면 몸이 움직이는 것과 같이 인류의 기록의 시작이고 원冤의 역사의 첫 장인 요堯의 아들 단주丹朱의 원을 풀면 그로부터 수천년 쌓인 원의 마디와 고가 풀리리라. 단주가 불초하다 하여 요가 순舜에게 두 딸을 주고 천하를 전하니 단주는 원을 품고 마침내 순을 창오蒼梧에서 붕崩케 하고 두 왕비를 소상강瀟湘江에 빠져 죽게 하였도다. 이로부터 원의 뿌리가 세상에 박히고 세대의 추이에 따라 원의 종자가 퍼지고 퍼져서 이제는 천지에 가득 차서 인간이 파멸하게 되었느니라. 그러므로 인간을 파멸에서 건지려면 해원 공사를 행하여야 되느니라"고 하셨도다. (공사 3장 4절)

단주가 품었던 원은 자신이 정치적인 대권을 획득하지 못한데 대한 것이었다. 이로 인해 왕위에 즉위한 순임금으로 하여금 그 원의 살기殺氣에 맞아 숨지게 하였고, 두 왕비마저 물에 빠져 자살케 함으로써 원의 뿌리가 형성되었다고 본다. 이 같은 원의 뿌리는 인간역사에 걸쳐 확산되고 그 순환의 고리를 형성함으로써 인간 전체가 파멸의 지경에 이르게 되었다. 따라서 해원공사는 인간이 처한 진멸盡滅의 지경에서 인간을 건지기 위한 가장 근본적이고도 우선적인 작업이다.

인류역사에 있어서 수많은 사람들이 품었던 원은 그 역사를 바람직하게 이끌어 나가기보다는 역기능적인 방향으로 발휘되어 사회·문화·정치·종교적인 영역에 이르기까지 부정적인 현상을 야기시켰다. 남녀의 차별, 출신성분에 따른 계급차별, 동·서양 문화의 이질적인 성격과 그 대립, 수많은 전쟁과 정치적 대립, 종교 간의 분열과 갈등 등은 인류의 역사에 잠재한 수많은 원으로 인해 발생한 것들이다. 이 모든 것들은 인류의 역사를 대립과 투쟁으로 얼룩지게 해서 서로가 반목 쟁투하는 선천 시대를 만들었다. 하지만 해원공사를 통해 인류역사의 방향을 근본적으로 개선함으로 새로운 사회질서를 만들고 인류미래의 새 장을 열게 되었음을 밝히고 있는 것이다.

이같이 해원을 위주로 한 인계공사의 내용에는 남존여비의 관습을 폐지하는 것,[31] 적서의 차별과 반상의 구별을 없애는 것,[32] 시기질투와 전쟁을 없애는 것,[33] 동·서양의 문물이 서로 교류되어 통하게 하는 것,[34] 물화상통物貨相通의 생활법을 정하는 것,[35] 각 종교의 종장宗長을 새로 정하는 것,[36] 도통을 이루는 것[37] 등이 포함되어 있다.

31 『전경』, 교법 1장 68절, 2장 57절 참조.
32 『전경』, 교법 1장 9절, 10절 참조.
33 『전경』, 예시 80절.
34 『전경』, 교법 3장 38절, 40절 참조.
35 『전경』, 공사 2장 23절.
36 『전경』, 교운 1장 65절 참조.
37 『전경』, 교운 1장 40절 ,41절 참조.

4) 천지공사의 사상적 특질

천지공사를 통해 새롭게 맞이하는 후천문명에 관해 그것이 지향하는 주된 사상을 살펴보면 몇 가지 특징을 발견할 수 있다. 그것은 후천개벽後天開闢, 인존人尊, 영구평화, 통일문명 등으로 요약된다. 이는 선천의 한계를 극복하고 인류의 미래에 바람직한 비젼을 제시한다는 점에서 주목할 필요가 있다.

□ 후천개벽

천지공사의 시점을 기준으로 하여 맞이하는 새로운 세계는 곧 '후천'으로 명명된다. 대순진리회 신앙에서 후천개벽이라고 할 때의 후천은 선천과 상대되는 용어로서 이전 시대의 한계상황을 극복한 이상세계이다. 그리고 개벽은 원래 천지가 처음 창조되어 시작되는 것을 가리킨다.[38] 대순신앙에서는 구천상제께서 행하신 천지공사가 이전 세계와는 완전히 다른 새로운 천지를 지어 만드는 것과 같으므로 이를 개벽이라고 표현하는 것이다. 즉 선천을 닫힌 세계 또는 유한한 세계라고 한다면 후천은 열린 세계, 무한한 세계로서 설명되어질 수 있다. 이러한 후천 개벽을 가져다주는 전기점이 되는 역사가 바로 천지공사이며 최고신인 구천상제께서 인간의 몸으로 강림하여 행하신 절대권능의 역사이기도 하다. 『전경』에 "…부모가 모은 재산이라 할지라도 자식이 얻어 쓰려면 쓸 때마다 얼굴이 쳐다보임과 같이 낡은 집에 그대로 살려면 엎어질 염려가 있으므로 불안하여 살기란 매우

38 "言天地之初開也"(『辭源』)

괴로운 것이니라. 그러므로 우리는 개벽하여야 하나니 대개 나의 공사는 옛날에도 지금도 없으며 남의 것을 계승함도 아니요 운수에 있는 일도 아니요 오직 내가 지어 만드는 것이니라.…"(공사 1장 2절)고 한 것은 후천개벽의 당위성을 나타내는 대표적인 내용이라 할 것이다.

천지공사에서 지향하는 후천개벽의 세계는 선천의 한계상황을 극복했다는 점에서 미래 지향적이며 또한 이상적인 세계관을 제시한다. 현시대를 살아가고 있는 인류가 과거 선천시대의 한계와 모순을 직시하고 후천개벽의 세계를 지향할 수 있게 된 것은 천지공사의 역사가 있었기에 가능하다. 후천은 선천에 비해 볼 때 그야말로 도화낙원의 세계이자 지상선경地上仙境이며 새롭게 개벽된 세계로서의 모습을 여실히 보여주고 있다.

> 후천에는 또 천하가 한집안이 되어 위무와 형벌을 쓰지 않고도 조화로써 창생을 법리에 맞도록 다스리리라. 벼슬하는 자는 화권이 열려 분에 넘치는 법이 없고 백성은 원울과 탐음의 모든 번뇌가 없을 것이며 병들어 괴롭고 죽어 장사하는 것을 면하여 불로불사하며 빈부의 차별이 없고 마음대로 왕래하고 하늘이 낮아서 오르고 내리는 것이 뜻대로 되며 지혜가 밝아져 과거와 현재와 미래와 시방세계에 통달하고 세상에 수水·화火·풍風의 삼재가 없어져서 상서가 무르녹는 지상선경으로 화하리라. (예시 81절)

후천은 인류가 바라는 최고의 이상세계로서 인간이 원하는 것은 무엇이든지 주어지는 곳이다. 빈부의 차별도 없이 무한한 물질적 풍요를 누리며 불로불사의 꿈이 이루어지고 조화의 질서가 확립된 낙원의 세계이다. 마치 새로운 천지가 창조된 것과 같기 때문에 '개벽'이라고 한다. 천지공사는 이 같은 후천개벽을 인류에게 가져다주기 위해 행해진 것으로 이 시대 인류에게 미래사회의 향방을 제시하고 있다.

□ 인존사상

천지공사는 인간의 보다 나은 삶을 위해 행해졌다는 점에서 새로운 인간관을 제시하고 있다. 인간은 천지의 은혜로 태어났으며 천지가 길러 왔고 또 천지가 필요로 할 때 쓰는 특별한 존재다.[39] 인간의 인지認知가 아직 발달하지 않았을 때에는 모든 일의 결정이 천지의 운명에 달렸다고 하지만, 인간의 주체적이고도 진정한 성숙이 이루어지게 되면 인간 자신이 스스로 운명을 결정할 수 있다. 이러한 변화는 선·후천의 갈림길에서 뚜렷하게 찾아볼 수 있는데 "선천에는 모사謀事가 재인在人하고 성사成事는 재천在天이라 하였으되 이제는 모사는 재천하고 성사는 재인이니라…"(교법 3장 35절)고 한 데서 여실히 드러난다. 바로 이 같은 새로운 인간상을 제시하고자 하는 것이 또한 천지공사의 이념이며, 그 주된 용어가 곧 '인존人尊'이다.

> 천존과 지존보다 인존이 크니 이제는 인존시대라. 마음을 부지런히 하라. (교법 2장 56절)

39 『전경』, 교법 3장 47절, "事之當旺在於天地 必不在人 然無人無天地 故天地生人用人 以人生 不參於天地用人之時 何可曰人生乎…"

후천은 곧 인존시대이며, 이 때 인존은 흔히 말하는 '인간중심' '인도人道' '인본人本'과도 개념을 달리한다. 자연을 마음대로 파괴하고 이용할 수 있는 인간의 특권을 강조하자는 것도 아니며, 천도를 답습하는 인간의 삶을 강조하는 것도 아니며, 인간이성에 의존하는 휴머니즘과도 맥락이 다르다. 즉 인존이란 천지공사를 통해 후천의 세계를 살아가는 인간의 위상을 가리키는 말로서 '인간 가치의 극대화' 또는 '모든 인간의 신격화'를 지칭하는 개념이다. 역시 천지공사가 아니면 주어질 수 없는 인간상으로서 신의 세계와 인간세계의 합일을 통해 달성되는 '신인불이神人不二' '신인합일神人合一'의 경지로도 볼 수 있다.

이와 같은 인존시대를 묘사하기 위해 천지공사에서는 모든 사물이 인간을 위해 존재하고 인간에게 혜택만을 주기 위해 만들어지도록 유도하고 있다.

> 이도삼이 어느 날 동곡으로 상제를 찾아뵈니 상제께서 "사람을 해치는 물건을 낱낱이 세어보라" 하시므로 그는 범 · 표범 · 이리 · 늑대로부터 모기 · 이 · 벼룩 · 빈대에 이르기까지 세어 아뢰었도다. 상제께서 이 말을 들으시고 "사람을 해치는 물건을 후천에는 다 없애리라"고 말씀하셨도다. (공사 3장 8절)

인간의 위상이 문명의 발달과 더불어 소외되고 기계화된 측면이 부각될수록 인존에 대한 가치는 더욱 절실해지게 된다. 인간의 진정한 종교적 목적을 발견하고 나아가 문명을 계도啓導해 나갈 수 있는 인간의 능력을 개발하기 위해서는 '인존'이 담고 있는 심오한 의미를 밝혀나가야 할 것이다. 이것이 또한 인류

미래의 모습을 가름하는 척도가 될 것임은 천지공사의 취지에서 볼 때 더욱 그러하다 하겠다.

□ 영구평화

인류의 역사는 한마디로 전쟁의 역사다. 그 원인은 다양하지만 사회적으로 볼 때 계급차별로 인한 문제, 부富의 분배에 있어서 생겨나는 경제적 불평등, 종교 간의 이념 분쟁, 정권다툼 등등이 인간사에 깊이 관여되어 있다. 이 모든 것은 또한 상대적인 원한을 생겨나게 하였다. 이러한 원한의 감정이 내재되어서 시기 질투와 분쟁을 일으키게 되니 급기야 '전쟁'의 규모로까지 발전되었다고 본다. 그래서 인류는 항상 영원한 평화세계에 대한 동경을 하면서 자구적인 노력을 해왔다고 하겠는데 단 한 번도 이를 달성할 수는 없었던 것이다.

천지공사는 바로 이 같은 인간사회에 진정한 영구평화를 가져다주기 위해 행해졌다. "상제께서 예로부터 쌓인 원을 풀고 원에 인해서 생긴 모든 불상사를 없애고 영원한 평화를 이룩하는 공사를 행하시니라.…"(공사 3장 4절)고 한 것은 모든 평화를 저해하는 요소가 바로 원한의 감정에 있음을 말한 것이다. 인간이 품은 상대적 원한으로 인해 모든 불상사가 생겨나고 이것이 전쟁으로까지 발전하게 되니 그 원을 해소하게 되면 결과적으로 영원한 평화를 맞이할 수 있다.

원이 발생하는 것은 주로 인간사이의 상대적 불평등에 주요 원인이 있다. 따라서 천지공사에는 이러한 불평등의 문제를 근원적으로 해소하는 것에 초점을 맞추고 있음을 볼 수 있다.

후천에는 계급이 많지 아니하나 두 계급이 있으리라. 그러나 식록은 고르리니 만일 급이 낮고 먹기까지 고르지 못하면 어찌 원통하지 않으리오. (교법 2장 58절)

후천에서는 그 닦은 바에 따라 여인도 공덕이 서게 되리니 이것으로써 예부터 내려오는 남존여비의 관습은 무너지리라. (교법 1장 68절)

상제께서 비천한 사람에게도 반드시 존댓말을 쓰셨도다. 김형렬은 자기 머슴 지 남식을 대하실 때마다 존댓말을 쓰시는 상제를 대하기에 매우 민망스러워 "이 사람은 저의 머슴이오니 말씀을 낮추시옵소서"하고 청하니라. 이에 상제께서 "그 사람은 그대의 머슴이지 나와 무슨 관계가 있나뇨. 이 시골에서는 어려서부터 습관이 되어 말을 고치기 어려울 것이로되 다른 고을에 가서는 어떤 사람을 대하더라도 다 존경하라. 이후로는 적서의 명분과 반상의 구별이 없느니라" 일러주셨도다. (교법 1장 10절)

경제적으로 불평등한 사회에서 누구나 물질적인 풍요를 누릴 수 있도록 하는 사회가 곧 후천이며, 남존여비의 관습을 무너뜨리고 진정한 남녀평등을 이루며, 반상의 구분과 적서의 차별을 없애는 것 등은 모두 인류평화를 가져오기 위한 천지공사의 내용들이다.

> 후천에는 사람마다 불로불사하여 장생을 얻으며 궤합을 열면 옷과 밥이 나오며 만국이 화평하여 시기 질투와 전쟁이 끊어지리라. (예시 80절)

세계평화를 위해서는 먼저 인류의 평등이 전제되어야 하며, 평등을 위해서는 계급적 · 사회적 차별을 없애야 한다. 그러기 위해서는 불평등으로 야기된 인류의 원한을 불식시켜야 하며, 그 모든 원한의 고리를 풀기 위해 행해진 것이 천지공사이다. 인류사회의 영구평화는 이렇게 천지공사가 지향하는 주요한 이념으로 작용하고 있다.

□ 통일문명

천지공사에서는 또한 미래 인류사회가 하나의 문명통일을 이룰 것을 말하고 있다. 여러 민족이 제각기 다른 언어와 생활방식 그리고 사상적 전통을 가지고 살아온 것이 선천이라면 후천에서는 하나의 문명권을 이루고 통일된 생활방식 그리고 언어 · 종교까지도 통일될 것을 예견하고 있다. 선천에서는 "…지기가 통일되지 못함으로 인하여 그 속에서 살고 있는 인류는 제각기 사상이 엇갈려 제각기 생각하여 반목 쟁투하느니라. …"(공사 3장 5절)고 한 데서 알 수 있듯이 통일되지 못한 지기로 인해 인류가 서로 반목 쟁투했다는 데 문제가 있다. 단적으로 동양과 서양이 교류할 때 서로 문화가 다르고 생활방식이 달라서 충돌이 생긴 것이 그 대표적인 경우이다. 소위 문명의 충돌로 인해 모든 원이 발생하였으므로 지기地氣를 통일하는 공사에 의해서 인류문명을 통일하고, 이어서 천지가 개벽되어 선경仙境이 세워지게 된다는 것이다.

> 상제께서 만국 창생들의 새 생활법으로서 물화상통을 펼치셨도다. 종도들이 상제의 명을 좇아 공신의 집에서 밤중에 서로 번갈아 그 집의 물독 물을 반 바가지씩 퍼내 우물에 쏟아 붓고 다시 우물물을 반 바가지씩 독에 붓고 또 다른 사람으로 하여금 다른 여러 우물과 독의 물을 번갈아 바꾸어 갈아 부었도다. (공사 2장 23절)

> 상제께서 어떤 사람이 계룡산鷄龍山 건국의 비결을 물으니 "동서양이 통일하게 될 터인데 계룡산에 건국하여 무슨 일을 하리오." 그자가 다시 "언어言語가 같지 아니하니 어찌 하오리까"고 묻기에 "언어도 장차 통일되리라"고 다시 대답하셨도다. (교법 3장 40절)

동·서양의 문명이 통일되어 인류의 새로운 생활법이 주어지고 물화가 상통되어 인류전체가 문명의 혜택을 받게 되는 것이 곧 후천세계이다. 그리고 문화도 서로 교류되어 하나의 지구촌 사회가 건설되며 언어도 통일된다고 하였으니 서로 격리된 인류문명은 단일문명권으로 접어들게 된 것이다. 천지공사가 지향하는 이 같은 통일문명은 인류가 맞이하는 새로운 세계상이며 하나의 이념이라고 할 수 있다.

5) 천지공사의 이념으로서의 대순종지

9년간의 천지공사를 통해 선언되고 요약된 대순진리는 오늘날 종단의 종지宗旨로서 확립되어 있다. 음양합덕陰陽合德·신인조화神人調化 · 해원상생解冤相生 · 도통진경道通眞境이 그것이다. 이러한 종지는 구천상제로부터 종통을 계승한 조정산 도주의 종교활동에서 제정되었으며, 박우당 도전께 전수된 유법遺法에 해당한다. 대순진리회 신앙의 진리는 오직 종지 열여섯 자로 표현될 수 있으며 이 안에는 인간과 세계에 대한 모든 통찰이 담겨 있다고 본다.

□ 음양합덕陰陽合德

'음양합덕'이란 구천상제께서 천지공사를 통해 설계하고 구현하고자 한 이상세계의 존재원리를 한마디로 표현한 것으로 이해된다. 설명하자면 이 세계의 존재양상을 음양이라는 범주에서 이해할 때 그 범주를 구성하는 개별사물들이 상호 대립과 투쟁을 지양하고, 서로의 덕을 합하여 이루어 내는 진정한 이상세계를 설명한 것이다. 따라서 상제에 의해 주도된 천지공사는 모두 '음양합덕'이라는 진리에 의해 진행되었으며 그 구체적인 공사내용 또한 이에 입각하여 이해되어야 함을 말하고 있다.

음양합덕에 근거한 천지공사 사상은 크게 다음의 세 가지 유형에서 특징이 드러난다. 첫째는 하나의 음과 하나의 양이라는 균형적인 의미에서의 일음一陰 · 일양一陽 사상이며, 둘째는 음과 양의 도덕적 가치를 다루는 정음正陰 · 정양正陽의 사상이며, 셋째는 이러한 음양의 상호 조화를 통해 무궁한 선경의 낙원을 건설하는 음양조화陰陽調和의 사상이 그것이다.

□ 신인조화神人調化

신은 음陰, 인간은 양陽이므로 후천의 음양합덕이 되면 신과 인간도 서로 합본合本 합덕合德이 되지 않을 수 없다. 천지만물이 음양 아닌 것이 없으므로 구천상제께서 음양합덕의 원리로 신천지新天地를 창조하신다는 것은 음양이 서로 합덕하여 새로운 생육生育을 이룩한다는 것이다. 여기에 신과 인간도 서로 합본이 되므로 이를 신인조화라고 한다.

조화調化라는 개념은 조화調和라고 할 때의 '어울릴 조調'와 조화造化라고 할 때의 '될 화化'자가 합성하여 이루어진 단어다. '어울리다'는 개념은 모두가 동등 동권하게 친화한다는 의미를 지니며, '된다'는 것은 전혀 새로운 존재로 탄생하는 것을 의미한다. 즉 신과 인간의 상대적 관계가 절대세계에서 만나 하나의 새로운 존재로 거듭나는 것이다. 이와 같은 천지공사의 신인조화 사상은 그 특징으로 볼 때 인존人尊의 실현과 새로운 강륜綱倫의 확립 등으로 나타난다고 본다.

□ 해원상생解冤相生

본래 해원상생은 천지공사를 주도하였던 주된 원리이면서 대순진리로서의 종지에 해당한다. 해원상생은 특히 종교적 실천의 대강령으로 논의될 수 있다. 그것은 구천상제의 대순大巡하신 진리가 선천의 역사를 진단하고 나아가 그 해결책을 제시하는 데 있으므로 대체적인 방향은 바로 해원상생의 종지로 압축되어지기 때문이다. 구천상제께서 인세에 강세하여 행하신 천지공사는 상제의 권능으로 인해 인류에게 무한한 선경의 낙원을 맞이할 수 있게 해주었다. 이 때 천지공사의 본령은 원冤으로 점철된 선천의 역사를 해원을 위주로 하여 구원하는 것이며, 이러한 해원은 나아가 상생의 원리로 이루어지는 새로운 역사를 맞이함에 따라 그 진정한 이념이 달성될 수 있다.

『전경』에 언급된 대표적인 해원내용을 살펴보면 신명해원, 국가와 민족의 해원, 제도 관습으로부터의 해원, 지기의 통일과 금수의 해원 등을 들 수 있다.

□ 도통진경道通眞境

'도통진경'이라고 했을 때 도道는 바로 만물의 보편타당한 진리이며 구천상제의 대순하신 법을 나타내는 것으로 본다. 이러한 도가 인간세계와 전 우주에 통하여 참된 이상세계로서의 진리가 구현된 상태를 가리키고 있는 것이 바로 '도통진경'이다. 이처럼 도통진경이 지향하는 바는 궁극적으로 진리를 만천하에 실현하는 것이라고 할 수 있다. 또한 음양합덕과 신인조화 해원상생이 모두 도통진경을 통해 일체를 이룬다고 본다. 이를 위해 상제께서 처결한 공사는 크게 세 가지 범주에서 살펴볼 수 있다. 첫째는 세계를 개벽하는 공사이며, 둘째는 도통道通을 이루는 공사이며, 셋째는 통일을 지향하는 공사이다.

천지공사는 이상에서와 같이 대순진리로서의 종지를 드러내기 위한 역사였으며 오늘날 종단의 신앙에서 그 핵심적인 진리의 내용을 살펴볼 수 있는 유일한 근거가 되고 있다.

5. 해원상생론

대순진리회 신앙론에 있어서 신앙의 실천에 관한 것은 그 신앙의 진리를 현실에서 증명하기 위해 필요한 이론이다. 아무리 신앙대상이 존귀하고 신앙의 진리가 위대하다고 할지라도 그것을 드러내고 입증하는 실천이 없다면 공허할 뿐이다. 따라서 대순진리에 대한 인식과 더불어 신앙의 실천은 신앙의 진리를 현실화하기 위한 직접적인 방안이라고 할 수 있다. 여기에 실천론 탐구의 의의가 있다 할 것이다.

『대순지침』에 의하면 "해원상생 · 보은상생의 양대 진리가 마음에 배고 몸으로 행하도록 하여야 한다."고 함으로써 신앙의 실천이념을 제시한 바가 있다. 즉 '해원상생'과 '보은상생'이 바로 실천론의 핵심이념이 되고 있다. 여기서 '해원상생'은 대순진리회의 종지이면서 보은상생의 전제가 되는 것이다. 그 주요한 이론적 특질을 살펴보면 다음과 같다.

1) 해원론

해원이념에서 바라본 인간은 '원冤'의 담지자로서 스스로 욕망을 지닌 존재이다. '원冤'은 욕망을 지닌 인간의 현실적 모습을 순수하게 그리고 있다. 이러한 욕망은 하나의 응어리진 감정으로 누적되어 왔고, 역사적으로는 다양한 원한으로 분출되어 왔다. 긍정적이거나 부정적인 양면의 가치로 발휘될 수 있는 '원冤'은 그 담지자인 인간으로 하여금 자기 결단과 실천의 노력을 요구한다. 인간은 그 욕망을 발휘하는 과정에서 자아를 발견하고 또한 진정한 자기실현을 추구하게 된다.

상제께서 "이제는 해원시대니라. 남녀의 분별을 틔워 제각기 하고 싶은 대로 하도록 풀어놓았으나 이후에는 건곤의 위치를 바로잡아 예법을 다시 세우리라."고 박 공우에게 말씀하시니라. 이때 공우가 상제를 모시고 태인읍을 지나는데 두 노파가 상제의 앞을 가로질러 지나가기에 상제께서 길을 비켜 외면하셨도다.[40]

지금은 해원시대니라. 양반을 찾아 반상의 구별을 가리는 것은 그 선령의 뼈를 깎는 것과 같고 망하는 기운이 따르나니라. 그러므로 양반의 인습을 속히 버리고 천인을 우대하여야 척이 풀려 빨리 좋은 시대가 오리라.[41]

윗글에서 볼 수 있듯이 '해원시대'는 모든 억압과 차별로부터 벗어난 개인의 권리 회복과 자유 그리고 모든 사람의 동등동권의 시대이다. 사회적 계급적 계층적 차별이 있을 수 없고, 개인의 권리가 무시될 수 없는, 모든 사람이 다 같이 존중받는 시대인 것이다. 이렇게 인간이 존중받을 수 있는 근거는 바로 '원冤'을 지니고 있기 때문이다. 모든 인간은 인간으로서 '원冤'을 지니고 있으며 또한 그 '원冤'을 실현시키고자 한다. 인간이 지닌 '원冤'은 서양철학에서 강조해 온 인간의 이성도 아니며, 동양철학에서 추구해 온 궁극적 실재도 아니다. 인간이 태어나면서부터 생래生來적으로 지니고 있는 마음의 상태라고 할 수 있다. 이

40 『전경』, 공사 1장 32절.
41 『전경』, 교법 1장 9절.

원冤은 이성보다 앞서며, 어떤 궁극적 실재보다도 인간에게 근원적인 가치를 지닌 것이다. 어떤 의미에서 '원冤'은 인간의 감성적 본질을 이룬다고도 볼 수 있다. 해원이란 바로 이러한 인간 본질로서의 '원冤'을 해소하는 것이므로 인간의 자기실현을 가능하게 하고, 나아가 인간주체를 새롭게 확립하게 한다. 즉 대순진리회에서 바라본 인간주체는 '감성적 존재'로서 '원冤'을 지닌 인간이다.[42] 이 원을 해소하고 실현시키는 것이 인간 삶의 목적이고 또한 진정한 인간의 모습이다. 여기서 '해원' 이념은 인간주체에 대한 이해를 역사적으로 새롭게 하고 있다는 데 그 의의가 있다.

'해원'이념의 또 다른 사상적 의의는 그것이 우주적 차원의 진리를 주창하고 있다는 데 있다. 여기서 말하는 우주적 차원이란 굳이 인간의 현실에만 국한하지 않고, '해원'이 모든 우주 사물을 위한 진리라는 것이다. 인간을 둘러싸고 있는 하늘과 땅 그리고 신명세계, 금수세계 등이 모두 해원의 진리에 포함된다. 해원을 통해 천·지·인 삼계가 그 본래의 가치를 실현하며 삼계가 개벽된 이상낙원을 이 우주에 건설하는 것이 바로 강세하신 상제의 사명인 것이다.

> 그리하여 상제께서 이 세상에 탄강하여 하늘도 뜯어고치고
> 땅도 뜯어고쳐서 신명이 사람에게 드나들 수 있게 하시고

---

42 여기서 말하는 감성적 존재로서의 인간은 현대 실존철학에서 일찍이 발견하였으며 또 '르상티망'이론과 더불어 그 개념을 발전시켜 나왔다고 본다. 포스트모던철학도 이와 무관하지 않다. 하지만 본문에서 강조하고자 하는 감성은 대순진리회 고유한 의미인 '원冤'으로 충만한 상태의 감성을 말하는 것이다.

세상에서 버림을 받은 자들을 찾아 쓰고 모든 것에 운을 붙여 쓰기로 하셨도다. 이것은 삼계를 개조하기 위함이로다.[43]

천 · 지 · 인 삼계를 뜯어고친다 함은 원冤이 누적되어 더 이상 해소될 수 없는 상태에 놓인 우주를 근본적으로 바꾸는 것을 말한다. 그리하여 이전의 우주세계에서는 찾아볼 수 없는 새로운 차원의 우주를 개벽開闢함으로써 인간이 바라는, 아니 전 우주가 바라는 세계를 실현하고자 하는 것이다. 여기에 주된 진리가 되는 것이 바로 '해원解冤'이다.

2) 상생론

'해원'이념이 궁극적으로 지향하는 세계는 상생相生이 지배하는 후천後天이다. 인간과 우주 사물이 지닌 '원冤'을 모두 풀어서 어떤 부정적인 감정도 발생하지 않고 이상적으로 원이 실현된다면 그 궁극적 경지는 상생으로 묘사될 수 있다. 이 때 상생은 해원과 더불어 후천을 지배하는 주된 원리이며 이상향이다. 해원은 상생을 통해 그 긍정적 가치를 실현하며, 상생은 해원을 과정으로 하여 영원한 창조성을 지닌다. 이로써 해원과 상생은 상호 유기적 관계에 놓여 있으며, 해원 없는 상생이 있을 수 없고 상생 없는 해원이 있을 수 없다. 해원의 정당한 가치는 반드시 상생으로 구현되어야 할 것이며, 상생이 없는 해원은 또 다른 원한만 조장할 뿐이다. 따라서 대순진리회의 해원이념은 상생

43 『전경』, 예시 7절.

과 결합하여 그 정당한 가치를 실현하고자 한다.

해원과 상생의 관계에 대해서는 다음의 『전경』구절에서 확인할 수 있다.

> 삼계가 개벽되지 아니함은 선천에서 상극이 인간지사를 지배하였으므로 원한이 세상에 쌓이고 따라서 천天·지地·인人 삼계가 서로 통하지 못하여 이 세상에 참혹한 재화가 생겼나니라.[44]

> 그러므로 상제께서 오셔서 천지도수를 정리하고 신명을 조화하여 만고에 쌓인 원한을 풀고 상생의 도를 세워 후천 선경을 열어 놓으시고 신도를 풀어 조화하여 도수를 굳건히 정하여 흔들리지 않게 하신 후에 인사를 조화하니 만민이 상제를 하느님으로 추앙하는 바가 되었도다.[45]

위의 내용을 살펴보면, '해원'의 진리가 나오게 된 배경은 선천先天의 상극 세상에 있었다. '상극相克'은 '상호 극해剋害'하는 원리를 말한다. 즉 자신의 이기심과 욕망을 위해 상대를 해치고 피해를 주어서 자신의 목적을 달성하는 것이다. 피해를 입은 당사자는 그로 인해 상대를 원망하고 나아가서 똑같이 보복하여 그 원인이 되었던 감정을 해소하고자 한다. 하지만 이러한 보복은 또 다른 보복을 불러일으키고 급기야 사회전반에 걸쳐서 원한의

44 『전경』, 예시 8절.
45 『전경』, 예시 9절.

고리가 형성되어 세계적인 원한이 발생한다. 천·지·인 삼계는 이러한 원한의 고리가 확산되어 우주에 가득 찬 상태가 되었으니 곧 선천의 세상을 말하고 있다. 선천이란 원한이 맺히고 누적된 우주 역사로서 인간사에서부터 촉발된 부정적인 세계관을 표현하는 말이다. 결과적으로는 천·지·인 삼계가 서로 통하지 못하여 이 세상에 참혹한 재화가 생겼다고 하였으므로 어떤 절대적인 구원의 역사가 없이는 해결될 수 없는 상태이다. 이로써 절대자의 강림이 이루어지게 되었으니 구천의 상제께서 강세하여 삼계를 개벽하는 천지공사天地公事를 단행했다는 것이다.

구천의 상제께서 진단한 선천의 근본적인 문제는 바로 원한이 맺힌 삼계의 진멸지경盡滅之境에 있었다. 어떤 종교적 진리도 이렇게 근본적으로 원한이 맺힌 상태에서는 소통될 수 없다고 본 것이다. 그 원한이 천지를 뒤덮어 온갖 재화災禍로써 창생을 위협하였으므로 무엇보다도 원한을 해소하고 다시는 그러한 원한이 발생하지 않도록 하는 것이 급선무였다. 상제께서 행한 천지공사는 바로 이렇게 원한이 발생한 선천을 뜯어고쳐서 정상正常의 세계를 만들고 나아가 참된 이상향으로서의 상생세계를 이룩하는 것에 목적을 둔다. 그렇게 하기 위해서는 먼저 원한의 고리를 찾아서 시초가 되었던 원冤을 해소하고, 이어서 인간 사회에 지속적으로 영향을 미치고 있는 보이지 않는 신도神道의 세계를 상제의 권위에 의해 조정하는 것이다. 상제의 가르침에 따르면 신도神道가 원한이 없을 때 인간사회도 따라서 해원이 되고 정리될 수 있다고 본다. 그렇다면 신도의 원한은 어떻게 해소 가능한가. 그것은 바로 상생의 도道를 세우는 데 있다. 모든 원을 상생의 도에 맞게끔 풀어냄으로써 영원한 평화의 세계인 후천선경을 여는 것이다.

> 우리의 일은 남을 잘 되게 하는 공부이니라. 남이 잘 되고 남은 것만 차지하여도 되나니 전 명숙이 거사할 때에 상놈을 양반으로 만들고 천인賤人을 귀하게 만들어 주려는 마음을 두었으므로 죽어서 잘 되어 조선 명부가 되었느니라.[46]

상생이란 위의 인용문에서 보듯이 '남을 잘 되게 하는 것'이다. 남이 잘 됨으로써 나 또한 잘 되는 원리이다. 전명숙(전봉준)의 생애는 그의 민중봉기로 인해 비록 살아서는 대접받지 못하고 억울하게 처형당했지만 그의 의도는 '상생'에 있었으므로 죽어서 잘되어 '조선명부'가 되었다고 한다. 신도의 원한을 푸는데 있어서 먼저 그 정당한 소원을 들어주고 상생으로 잘 되게끔 만들어 주는 것이 가장 핵심적인 방법이다. 이로써 신도의 원한이 풀리면 자연스럽게 인간 사회의 원한도 해소된다고 보고 그 핵심적인 방향을 '상생相生'에다 두었던 것이다.

이상의 내용을 통해 볼 때 '해원'이념은 '상생'을 통해 비로소 그 지향점을 갖게 됨을 알 수 있다. '해원'이 자신의 '원冤'을 푸는 것이라 할 때 그것이 어떤 방향으로 풀어져야 되는지를 말해 주는 것이 바로 '상생'이다. '상생'이 없는 해원은 그저 복수를 하는 것일 뿐이다. 복수는 또 다른 복수를 부르게 되므로 진정한 해원이 될 수 없고 또한 세계의 평화를 가져올 수도 없다. 상대에 대한 원망과 복수가 아니라 자신의 정당한 소원과 자질을 발

46 『전경』, 교법 1장 2절.

휘하는 것이 해원이어야 한다. 이 때 진정한 사람은 '상생'이 체현된 사람이며, 이 세계에 상생을 실현하는 사람을 말한다. 그런 의미에서 '해원'은 '상생'을 통해서 그 가치를 실현한다고 할 것이다.

또한 상생관계를 위한 자기 도리의 실천은 '보은報恩'이라는 원리에 의해 주도된다. '보은'은 은의恩義에 보답하는 행위를 말하며, 모든 상호 관계에서의 일체감이 바탕을 이루고 있다. '보은'은 인간관계뿐만이 아니라 천지자연과 인간의 관계, 신과 인간의 관계, 사회, 국가, 직업에 이르기까지 모든 분야에 적용되는 실천원리이다. 『전경』에 따르면, "조선과 같이 신명을 잘 대접하는 곳이 이 세상에 없도다. 신명들이 그 은혜를 갚고자 제각기 소원에 따라 부족함이 없이 받들어 줄 것이므로 도인들은 천하사에만 아무 거리낌 없이 종사하게 되리라."[47]라든지, "도통은 천지의 보은"[48]이라고 하고, "…순망즉치한脣亡則齒寒이라 하듯이 중국이 편안함으로써 우리는 부흥하리라. 중국은 예로부터 우리의 조공을 받아 왔으므로 이제 보은신은 우리에게 쫓아와서 영원한 복록을 주리니 소중화小中華가 곧 대중화大中華가 되리라"[49]라는 말씀은 천지공사에서 보은의 원리가 작용하고 있음을 밝힌 것이다.

이상에서 살펴본 바와 같이 해원과 보은 그리고 상생은 상호역학적인 관계에 의해서 다 같이 후천세계의 가치를 지향하고 있다. 해원은 보은으로 종결되고 해원과 보은은 다시 상생을 지

47 『전경』, 교법 3장 22절.
48 『전경』, 예시 88절 「道通天地報恩」.
49 『전경』, 공사 3장 18절.

향하는 것으로 그 관계성이 드러나며, 이로써 상생은 해원 · 보은과 결합된 가치로서 새롭게 그 의미를 드러내고 있는 것이다.

오늘날 해원상생의 진리는 다변화하는 세계를 이해하고 이끌어 나가는 주된 이념이 될 수 있으며, 내일의 인류가 맞이해야 할 새로운 이상향을 위해 보다 깊은 자각이 요구되고 있다.

6. 전경론

1) 전경의 개요

『전경典經』은 대순진리회 신앙의 대상이신 구천상제님의 말씀과 가르침을 담고 있는 성스러운 책이다. 『대순지침』에 따르면 "대순진리는 전경典經을 근본으로 하여 참다운 도인이 되도록 교화하여야 한다."[50]라고 하여 『전경』의 중요성을 강조하고 있다. 시 · 공간의 제약 없이 진리를 대대로 전승하기 위해서는 하나의 명문화된 매체가 필요한데 『전경』은 바로 이러한 진리전승의 문헌적 근거라는 점에서 신앙체계의 주요한 축이 된다.

흔히 '경전經典(Scripture)'이라고 하면 모든 종교 내에서 숭상하고 있는 '성서聖書' 혹은 '경서經書'와 같은 책을 말한다.[51] 이 경전은 단순한 책 이상의 특별한 가치를 가지는 것으로 보고 신앙인들 사이에서 신성시되며 암송되는 특징을 지니고 있다. 힌두교에

50 『대순지침』, p.17.

51 '성전(聖典)' '성경聖經' '교전(敎典)'등도 유사한 단어로 사용되고 있으며, 영어 단어에서는 'Scripture' 혹은 'Canon' 등이 사용되고 있다.

서의 '베다(Veda)', 유대교에서의 '모세오경', 기독교의 '성경聖經(Bible)', 이슬람의 '코란(Koran)', 불교의 '경經(Sutra)', 유교의 '사서오경四書五經', 도교의 '도장道藏' 등은 모두 제종교의 경전에 해당한다. 각각의 경전은 그 발생경위가 다양하지만 하나의 책으로 편찬되기까지 그 종교 내의 고유한 신앙을 배경으로 한다는 점에서 분명한 권위를 지니고 있다. 특별히 하나의 종교 내에서 공식적인 과정을 거쳐 확립되고 신앙공동체의 신앙과 삶에 표준이 되는 책이라는 의미에서 경전은 '정경正經(Canon)'으로 불리기도 한다. 이처럼 종교 내에서의 경전은 신앙 활동에 있어서 필수불가결한 전승문화이자 모든 종교사상을 배태하는 책인 만큼 『전경』에 대한 이해는 더욱 중요하다 하겠다.

『전경』이 편찬되기까지는 대순종단의 역사에서 전승되어온 구천상제님에 대한 기록이 주요 자료가 되었다고 할 수 있다. 1909년 기유년 음력 6월 24일에 화천化天하신 상제께서는 39년간에 걸쳐 허다한 법설法說과 교유敎諭로써 많은 종도從徒들로 하여금 깨우치게 하였으며, 수많은 기행이적으로 당신의 존재를 확인시켜 주었다. 이에 상제를 추종하던 종도들은 저마다 강렬한 기억과 믿음을 가지고 있었으며, 급기야 상제 화천 후 자파自派만의 교단을 만들어 다양한 신앙 활동을 전개시켜나갔던 것이다. 상제의 말씀과 행적에 대한 기록과 정리는 이 과정에서 자연스럽게 생겨난 것으로 본다.

초기 교단들의 경전편찬 작업에서 최초로 등장한 문헌을 살펴보면 일제시대 이상호에 의해 편찬된 『증산천사공사기甑山天使公事記』(1926)가 있다. 이 책은 경전적 성격보다는 하나의 전기傳記적인 특징을 지닌 것이다. 이후에 간행된 『대순전경大巡典經』

(이상호 저, 1929년 초판)은 보다 경전적인 구조를 지니고 교단의 신앙을 드러내고자 하였다. 이 책은 저자에 의해 6판(1965년 발행)까지 개정되는 과정에서 내용을 가감하고 판본을 달리함으로써 상제신앙을 정립하고자 노력하였다. 이 외에도 상제의 행적을 담고 있는 문헌 자료로서는 『보천교지普天敎誌』(1964), 『선도진경宣道眞經』(1965), 『용화전경龍華典經』(1972), 『대성경집大聖經集』(1986), 『천지개벽경天地開闢經』(1992), 『도전道典』(1992) 등 수십 종류에 이른다.[52]

대순진리회의 『전경』 편찬은 종단의 창설과 더불어 시작되었다. 1958년 도주道主 조정산趙鼎山으로부터 종통을 계승한 도전都典 박우당朴牛堂께서는 1969년 4월에 전반적인 기구를 개편하시고 종단 대순진리회를 창설하시었다. 이어서 경전편찬에 착수하여 마침내 1974년 4월 1일 대순진리회 교무부에서는 『전경』초판을 발행하게 되었으며 교정과정을 거쳐 2010년에 이르기까지 총 13판까지 발행되었다. 이외에도 종단에서는 각종 요람 및 규정, 지침서 등의 자료를 아울러 간행하게 되었으니 『대순진리회요람大巡眞理會要覽』(1969), 『도헌道憲』(1972), 『포덕교화기본원리』(1975), 『대순성적도해요람大巡聖蹟圖解要覽』, 『대순회보大巡會報』(1983~), 『대순지침大巡指針』(1984), 『전경색인집』(1992), 『종단대순진리회 화보집畵報集』(1999) 등이 그것이다. 여기서 『전경』은 대순진리회의 '정경正經'으로서 그 신성한 가치

52 고남식, 「해원주제 강증산 전승연구」, 2002, 건국대학교 박사학위논문에서는 총 19종의 경전자료를 제시하면서 각각 해원사상에 대한 주제별 분류를 시도하고 있다. 한편 1978년 이경우의 한국새종교연구원에서 펴낸 『한국 신흥종교 간행물 자료목록』 제2집에서는 교사, 교단, 약사, 교조약사 등을 포함한 간행물을 정리하여 총 230書를 소개하고 있다.

하에 모든 교화의 근간을 이루고 있다 하겠다.

대순진리회 『전경』 편찬의 의의를 살펴보면 다음과 같다. 첫째, 『전경』은 그 구성에 있어서 경전으로서의 독자성을 구축하고 있다. 구천상제의 신이神異한 행적을 다룬 타종교의 문헌들이 많이 있지만 『전경』은 특별히 강세하신 강증산을 구천상제로 신앙하고 독자적인 구성 하에 그 진리성을 드러내고자 한다는 점에서 차별화될 수 있다고 본다.

둘째, 『전경』은 대순사상의 정체성을 확립한다. 일반적으로 구천상제의 사상에 대한 연구는 학계에서 증산사상으로 규정하여 널리 연구되어 왔던 것이 사실이다.[53] 하지만 이 때 말하는 '증산사상'은 구천상제를 한사람의 사상가로 보고 다양한 시각에서의 연구에 주력한 것이다. 반면에 대순사상은 『전경』을 근거로 하여 강세하신 강증산께서 구천상제이심을 신앙하는 관점에서 모든 사상을 전개한 것을 말한다. 따라서 『전경』은 대순사상의 문헌적 근거가 되는 유일한 경전임을 보여준다.

셋째, 종통계승의 정통성을 확보한다. 구천상제의 재세在世시 활동한 종도從徒들은 구천상제의 화천과 동시에 저마다의 종교 활동을 전개하였다. 이 과정으로 오늘날 증산교계 교파는 60여 개에 이르고 있다. 이 모든 단체는 상제를 신앙한다고 하나 저마다의 종통계승을 주장하는 실정이다. 대순진리회는 『전경』을 편찬하여 종통계승이 이루어진 역사적 계기와 그 근거를 갖추고 있으며, 구천상제로부터 도주 조정산 그리고 도전 박우당

53 배용덕씨가 주도하여 편찬한 논문집인 『증산사상연구』가 23집까지 지속되어 나왔던 것은 이를 잘 말해준다.

으로 이어지는 정통성을 드러내고 있다.

2) 전경의 구성

□ 행록편行錄篇

행록편은 총 5장 223절로 이루어져 있다. 이 편은 강세하신 강증산이 구천상제로서 행한 연대기적인 기록을 엮은 것이다. 여기에는 상제의 탄강으로부터 유년시절, 청년시절, 주유천하周遊天下와 천지공사 그리고 화천化天에 이르기까지 상제로서의 행적이 자세히 기록되어 있다. 각 장별 순서는 대체로 앞선 연대부터 다루고 있으나 시기가 정확히 구분되는 것은 아니다. 전체적인 특징에 있어서는 유년시절의 기행이적과 19세기말 조선사회의 격동기에 처하여 상제께서 겪은 수난, 종도들과의 만남 그리고 사례별 교화의 내용을 두루 다루고 있다.

□ 공사편公事篇

공사편은 총 3장 106절로 이루어져 있다. 여기서는 구천상제의 대역사에 해당하는 천지공사天地公事 9년간의 기록을 중심으로 그 주요사항들을 다루고 있다. 천지공사는 크게 범주별로 천계공사, 지계공사, 인계공사로 분류될 수 있는데, 이는 모두 천지인 삼계를 개벽하기 위한 공사이다. 『전경』에는 이와 같은 공사에 해당하는 내용을 모아서 종도들의 증언과 함께 고루 소개하고 있다. 시기별 구분은 명확하지 않으며 다만 공사에 관한 기록을 전체적으로 보여주고 있다는 점에서 다른 편과 구분되고 있다.

□ 교운편教運篇

교운편은 총 2장 132절로 되어있다. 여기서는 구천상제께서 선포하신 대순진리의 이념을 포함하여 그 가치실현을 위한 종통계승과 전수의 역사를 담고 있다. 구천상제의 진리는 도주 조정산에 이르러 체계화되고 법제화되며 도전 박우당으로 계승되어 오늘날의 대순진리회를 이루게 되었음을 밝히고 있다. 교운 제1장에서는 구천상제의 진리가 역사적으로 어떻게 전해지는가를 다루고 있으며, 교운 2장에서는 상제의 종통을 계승한 도주 조정산의 생애와 도전 박우당으로의 계승을 주 내용으로 한다.

□ 교법편教法篇

교법편은 총 3장 173절로 되어 있다. 여기서는 수도와 신앙생활의 규범이 될 만한 내용을 중심으로 구천상제께서 남기신 가르침들을 모아서 전하고 있다. 수도인으로서의 마음자세, 실천방법, 믿음의 문제, 대사회적인 문제, 윤리 도덕의 문제 등을 다루고 있다.

□ 권지편權智篇

권지편은 총 2장 71절로 이루어져 있다. 여기서는 구천상제께서 재세在世 시에 지녔던 초월적 권능權能과 예지叡智의 역사를 다루고 있다. 상제께서는 약 40년간 인세에 머무시면서 신통자재神通自在로 구애됨이 없이 유일무이한 진리를 선포하시었다. 한 인간의 몸을 지니고 있으면서도 상제로서 행하신 권능과 지혜는 이미 범인의 한계를 넘어선 것이었다. 또한 수많은 사람들의 고난을 해결하고 뭇 소원을 이루어줌으로써 상제께서 지닌 절대능력을 뭇 사람들에게 각인시켰다. 이로써 상제에 대한 신앙을 발생시키고 많은 종도들의 추종을 불러일으킨 사실들을 이 편에서 담고 있다.

상제의 주요권능으로서는 자연의 조화를 마음대로 하시며, 인간의 수명을 주관하고 모든 신명을 다스리는 것 등이 있다. 또한 예지력으로서는 과거 현재 미래에 통달하고 사람의 마음을 꿰뚫어보는 것 등을 들 수 있다.

□ 제생편濟生篇

제생편은 총 1장 44절로 이루어져 있다. 여기서는 상제께서 재세 시에 행하신 수많은 민생구제의 역사를 담고 있다. 상제께서는 천하창생을 구제하고 후천선경을 여시고자 9년간의 천지공사를 단행하시었던 바, 그 와중에서도 고통받는 생민의 고난을 외면하지 않으셨다. 허다한 방편과 법설로써 수많은 불치병을 치료하고 민생들이 소망하는 바를 모두 이루어주시고자 하였다. 이러한 상제의 행적을 좇아서 그 전해오는 사실들을 제생편에 기록하고 있으며, 상제께서 만인의 추앙을 받게 된 역사적 근거가 되고 있다.

□ 예시편豫示篇

예시편은 총 1장 88절로 이루어져 있다. 여기서는 상제께서 재세 시에 행하신 천지공사의 기록에 입각하여 앞으로 펼쳐지는 후천선경의 미래상을 살필 수 있는 대목들을 다루고 있다. 상제의 천지공사에는 당신이 지니신 절대권능으로 인류와 천하창생이 맞이하게 되는 희망찬 미래를 담고 있다. 이에 따라 인류사회는 세계문명과 자연환경, 우주와 신명세계에 있어서 해원상생이 지배하는 도화낙원이 주어지게 되었다. 예시편은 바로 그 구체적인 실상과 변화의 과정에 대하여 상세하게 전하고 있다.

이상으로 『전경』의 구성과 주요내용에 대하여 살펴보았다. 『전경』의 각 편은 저마다의 고유한 사실과 교훈 그리고 신앙의 근거가 되는 내용을 전체적으로 함축하고 있다. 『전경』은 그것이 가지고 있는 경전적인 가치와 신앙체계로서의 주요한 축을 구성하고 있다는 점에서 수도인은 언제나 『전경』을 수지受持 봉송奉誦하는 것에 게을리하지 않아야 할 것이다.

2장
종단사

1. 머리말

어느 유명한 역사가의 말에 따르면 역사란 "과거와 현재의 끊임없는 대화"라고 하였다. 달리 말해서 현재의 역사가 입장에서 과거의 사실들을 바라보며 그 속에서 의미 연관성을 찾아서 역사적 인과성을 밝혀나가는 작업이 바로 역사서술이라고 할 수 있다. 이 때 인간은 다른 동물과 달리 과거의 사실들을 의미 있게 재구성하고 이를 바탕으로 미래를 상상한다는 점에서 '역사적 인간(Homo Historicus)'이다. 따라서 하나의 역사서를 대할 때는 언제나 그것을 서술한 역사가의 입장과 사관史觀이 중요하며, 이를 수용하는 독자의 비판적 태도와 이해가 요구된다.

대순종단의 전개에 있어서 오늘날 그 역사를 논한다면 무엇보다도 역사를 바라보는 시각과 시대구분에 따르는 타당성의 문제가 중요시된다. 여기서 역사에 대한 시각은 기본적으로 대순종단의 신앙적 사관史觀이 되어야 할 것이며, 시대구분은 종단 창설자의 종통계승과 그 의미있는 종교 활동에 입각하여 이루어져야 하리라 본다.

대순종학의 한 분과로서 역사종학을 말하게 되면 먼저 신앙 대상이신 구천상제의 말씀에 입각하여 당신의 역사가 전개된 배경과 그 종통계승의 관계를 한국사의 주요사건들과 관련하여 해석해나가는 것이 필요하다. 이어서 궁극적으로 구천상제의 역사가 실현되는 과정과 미래의 이상을 역사 속에서 선명하게 제시하는 것이 요구된다. 여기에 오늘날 대순종단사 서술의 의의가 있다 하겠다.

대순종단의 역사적 기원과 그 전개는 오늘날 종단의 신앙적 연원과 그 시대별 특징을 중심으로 살필 수 있다. 연원에 대해서는 이미 『대순지침』에 언급되어 있듯이, "구천상제九天上帝님의 계시를 받으신 도주道主님께서 종통을 세우셨다."고 하고, "나는 도주님의 유명遺命을 직접 받아 종통을 계승하였느니라" "이 연원은 바꿀 수도 고칠 수도 없으므로 연운과 혼돈해서는 안된다"고 하였다.[54] 즉 종단의 역사를 이해하기 위해서는 먼저 구천상제의 역사를 신앙적으로 이해하고, 이어서 그 종통을 계승하신 도주님과 도전님의 주요 생애를 고찰하여야 될 것이다. 이를 위한 사실史實 자료로서는 대순진리회 『전경』의 기록을 토대로 하며, 기타 한국사와 종단관련 자료의 수집과 분석이 요구된다. 아직까지 종단의 공식적인 역사서가 없는 상황에서 종단사에 대한 체계적인 이해를 하는 것에 한계가 있지만, 향후 역사 연구의 방향과 주제설정에 있어서 주된 항목이 될 수 있는 사항들을 살펴봄으로써 그 기본적인 이해를 도모하는 데 본 장의 목

54 『대순지침』, 대순진리회 교무부, 1984, pp.13~14.

적이 있다.

주지하다시피 구천상제의 역사를 기록하고 있는 주된 자료는 『전경』이다. 『전경』은 상제님의 행적과 관련하여 여러 편으로 구성되어 있는데, 이 중에서 「행록」 편은 주로 구천상제의 위격을 지닌 강증산 성사의 생애를 중심으로 기술되어 있다. 여기서는 상제의 탄강에서부터 화천에 이르기까지 시대 순으로 기록되어 있으며 한국사의 굵직한 사건과 관련하여 상제님의 특별한 행적들을 다루고 있다. 역사기술에서는 상제님의 생애에서 종단사의 주요 사건이 될 만한 것이 무엇이며 또한 그 시대적인 의의가 무엇이었는가를 하나씩 살피는 것이 중요하다.

구천상제의 종통을 계승하신 도주께서는 1909년부터 1958년까지 50년간 초기종단의 창설과 공부를 통해 대순종단의 역사적 발전을 선도하였다. 일제 치하에서 고난을 겪고 해방 이후에 새로운 종단을 창설하면서 종단발전의 모든 기초를 세우신 분이 바로 조정산 도주이시다. 그 전거典據는 『전경』 교운 2장에 집중적으로 기술되어 있는 바, 도주의 활동이 한국 현대사의 주요 사건들과 관련하여 어떤 양상으로 전개되어 나갔으며 각 시기별 특징 및 시대사적인 의의 등을 고찰하여야 한다.

박우당 도전께서는 도주로부터 유명으로 종통을 계승하여 종단 대순진리회의 창설과 현대적 발전을 주도하시었다. 포덕 · 교화 · 수도사업은 물론 구호자선사업 · 사회복지사업 · 교육사업 등을 연차적으로 추진 시행하면서 종단의 현대화와 사회화에 획기적인 성과를 거두었으며, 오늘날 사회적 인지도 향상에 지대한 업적을 이룩하였다. 대순종단사에서는 1969년 종단의 새로운 창설과 그 성과를 중심으로 현재에 이르기까지 시기별 분야별로 역사적인 정리가 필요하다. 이하에서는 하나의 서설序說적인 성격에서 위에서 언급한 내용들을 개괄적으로 살펴보기로 한다.

2. 구천대원조화주신의 역사적 강림

대순진리회 역사의 기원은 강세하신 강증산 성사를 필두로 하고 있으나 이미 신앙적으로는 강세 이전의 신격에 대한 이해가 선행되어야만 한다. 즉 강증산 성사聖師께서는 인세人世 탄강이전에 구천대원조화주신九天大元造化主神으로서 신격으로는 최고신에 해당한다. 구천이란 신의 세계에서 가장 높은 위位를 뜻함이며, 모든 하위의 신들을 거느리고 통제하는 절대 권능의 자리를 말한다. 우리 겨레는 이와 같은 신격에 대해 먼 옛날부터 신앙해온 역사가 있으며, 전통적인 하늘신앙을 통해 민족의 종교적 심성을 키워온 바가 있다. 그 대표적인 호칭을 말할 때 우리 겨레의 고유한 언어로는 '하늘님(하느님)'이며, 한자를 사용한 이후는 '상제上帝님'이다. 따라서 구천대원조화주신은 바로 그 하느님의 존재를 위격과 능력의 차원에서 지칭한 것임을 알 수 있다.

대순진리회 신앙에 의하면 구천대원조화주신께서는 역대의 신성·불·보살들의 호소와 청원으로 서양 대법국 천계탑에 내려와 천하를 대순大巡하시었다고 한다. 그 이유는 선천先天의 인류가 교만하여 천리天理를 흔들고 신도神道를 무시하여 수많은 죄악을 저지름으로 인해 도덕이 무너지고, 이에 따라 천지인 삼계가 혼란에 빠졌기 때문이다. 이로써 역대의 성신聖神들은 자신들이 감당할 수 없는 극한의 사태에 처하여 신명계의 최고위에 하소연함으로써 문제를 해결하고자 하였다. 그 결과 최고위의 주재자이신 상제께서 결단하기를 "내가 이 공사를 맡고자 함이 아니니라. 천지신명이 모여 상제가 아니면 천지를 바로잡을 수 없다 하므로 괴롭기 한량없으나 어찌할 수 없이 맡게 되었노라" (공사 1장 9절)고 하여 역사적인 대순大巡이 이루어지게 되었던 것이다.

대순의 과정에서 제일 먼저 이르게 된 곳은 바로 '한국 전북 모악산 금산사 삼층전 미륵금불'이었다. 여기서 구천대원조화주신은 영靈으로 30년을 머무시면서 세상을 구제하기 위한 천명天命과 신교神敎를 한 인간에게 내리셨다고 한다. 그 천명을 받았던 인물은 『전경』에 따르면 구한말 동학東學의 창시자 최제우崔濟愚(1824~1864)이다.(교운 1장9절 참조) 대순진리회 신앙에서 바라볼 때 최제우의 종교활동에서 드러난 '하느님[天主]' 사상은 곧 구천대원조화주신의 역사에 속하는 것으로 본다. 그런데 최제우는 최고신 하느님의 천명과 신교를 받들어 당시의 한국 사회에 종교적인 혁명을 불러일으켰으나 그 가르침의 양상에 있어서는 구천대원조화주신이 볼 때 온당하지 못했던 것 같다. 왜냐하면 주신께서는 인류창생을 구제하기 위한 진정한 대도大道를 계시하였으나 최제우의 활동과 가르침이 당시 사회의 유교적 인식을 뛰어넘지 못했다고 보기 때문이다. 물론 이와 같은 관점은 오늘날 최제우를 교조로 하는 한국의 자생종교 교단의 고유한 전통과는 별개로 보아야 할 것이다. 결국 구천대원조화주신은 갑자년(1864)에 그 천명과 신교를 거두게 되었고, 최제우 또한 그의 짧은 종교활동의 생애를 마감하게 되었던 것이다. 그리고 주신께서는 신미년(1871)에 이르러 직접 인간의 몸으로 강세降世하시게 되었으니 곧 역사적 인물로서의 강증산姜甑山(1871~1909)이시다.

대순종단사 이해에 있어서 이상의 신앙적 배경을 고려할 때 다음의 몇 가지 역사적인 선행연구가 필요함을 지적할 수 있다.

첫째는 구천대원조화주신이 강림하게 된 배경으로서의 역사 문제다. 여기서는 특히 「교운 1장 9절」의 내용에 근거하여 물질문명이 발달하게 된 서양사적인 배경과 그 전개에 있어서의 폐단에 관한 것이다. 오늘날 과학문명의 첨예한 발달과 전개는 특히 서양 근대 자연과학과 합리주의의 산물이라고 해도 과언이 아니다. 하지만 모든 가치권이 분화되고 전근대적인 종교성이 부정되는 경향은 현대문명의 새로운 위기를 낳게 되었다고 본다. 이른바 신의 권위로부터 멀어지고 인간 이성을 중시한 서양근대사에 초점을 맞추어 자연에 대한 정복과 파괴, 제국주의로 전개된 상극적인 세계문명 그리고 도덕의 부재현상에 대해 총체적인 흐름을 파악하는 것이 중요하다 하겠다.

둘째는 구천대원조화주신이 일차적으로 내려오신 서양 대법국 천계탑에 관한 종교적 의미와 역사적인 맥락을 살피는 것이다. 물론 천계탑이 현실의 소재를 뜻한다고 단정하는 것이 아니다. 다만 이러한 언급에 대해 가능한 범위에서 그 의미맥락을 밝히는 것은 하나의 종교문화를 이해하는 데 도움을 줄 수 있다는 것이다.

셋째는 구천대원조화주신이 영적으로 강림하여 머무신 삼층전 미륵금불과 관련된 것이다. 여기서는 특별히 현실의 구체적인 소재를 말하므로 그렇게 선택된 미륵사찰로서의 금산사를 포함하여 한국 미륵신앙의 역사적 전개와 그 특질에 관한 조사 연구가 필요하다. 이것은 미륵신앙과 관련하여 한국인의 종교심성을 이해하는 데 보탬이 되고 또한 대순종단 발생의 종교문화적 배경을 살피는 데도 주요한 자료가 될 수 있다.

넷째는 구한말 동학운동에 대한 역사적 이해다. '동학'은 오늘날 한국의 학계에서 단일주제로 가장 많은 분야에서 연구성과를 가지고 있는 사실史實 중의 하나다. 이것은 시대적 전환기에 발생한 사건으로서 정치·경제·사회·문화적으로 중대한 의미를 지니고 있으며 그만큼 다양한 시각이 공존하고 있음을 방증하고 있다. 대순종단사에서 볼 때 동학은 구천대원조화주신의 강림역사의 일부이므로 종단 고유의 시각에서 새롭게 조명되어야 할 필요가 있다고 본다. 물론 이 연구는 현재 활동하고 있는 한국의 동학계 교단을 상대적으로 폄하하는 것이 되어서는 안 될 것이며 하느님 역사의 구현과정이라는 점에서 어떤 역사적 의미를 가지는지를 객관적으로 밝히는 작업이 되어야 할 것이다.

3. 19세기 말 한국사회에 대한 인식

앞에서 살펴본 바대로 강증산 구천상제께서는 구천대원조화주신九天大元造化主神으로서 원시의 모든 신성·불·보살들의 호소와 청원으로 서양 대법국 천계탑에 내려오셨다. 그 주신主神은 천하를 대순하시다가 한국 전북 모악산 금산사 삼층전 미륵금불에 임하여 30년 동안 머무시면서 제세대도의 천명과 신교를 인간에게 내리셨으나 대도의 참뜻을 밝히지 못하므로 갑자년에 그 천명과 신교를 거두셨다고 한다.[55] 그리하여 주신主神인 상제께서는 직접 인간의 모습을 빌어 강세하시게 되었으니 곧 강증산이시다. 증산님의 역사적 탄강은 시 · 공간적으로 19세기말 한국사회에 해당한다. 대순종단사의 이해에 있어서 인물적으로 그 첫 장에 해당하는 증산님의 생애를 살펴보기 위해서는 먼저 이 시대의 역사에 관한 이해가 요구된다. 구한말의 전환기에 해당하는 19세기 말 한국근대사의 여러 단면을 살펴보면 다음과 같다.

첫째, 사회 · 경제적 상황에 관해서다. 한국사에 있어서 조선후기 사회변화에 대한 역사적인 서술은 일반적으로 대내 · 외적인 격변과 동요의 시기였음에 초점이 모아진다. 특히 19세기 초 이후 조선은 중세사회체제가 해체되어 가면서 나타난 새로운 변화에 대응해야 했고, 밖으로는 서구 자본주의 열강의 문호개방 압력에 대응하지 않으면 안되었다.[56] 이러한 조선후기 사회 변화의 새로운 기운은 이미 17세기 이후부터 내적으로 진행되고 있었다고 본다. 즉 농업생산력의 발달과 지주제의 변동, 상품화폐경제의 진전, 수공업 · 광업의 발달 등은 자연히 사회계층의 분화를 초래했고, 이에 따라 신분제가 붕괴되기 시작했으니 농민층과 양반층의 분해, 노비제의 해체 등이 사회실상으로 나타나게 되었던 것이다.[57] 경우에 따라 하층민의 신분상승과 함께 당시 피지배층을 대변하는 민중계층은 점차 사회참여

55 『대순진리회요람』 대순진리회교무부, p.10.

56 한국역사연구회, 『한국역사입문』3, 풀빛, 1996, p.23.

57 변태섭, 『한국사통론』, 삼영사,1995, pp.372~385 참조.

의식이 성장하고 있었으니 19세기 이후가 되면 사회변동의 주체세력으로 부상하게 된다.

둘째, 정치적으로는 정조正祖 승하 후 순조(1800~1834) 헌종(1834~1849) 철종(1849~1863)을 거치면서 왕권이 급격히 약화되었고, 상대적으로 세도정치의 폐해가 만연하면서 심각한 정쟁政爭이 이어졌다.[58] 이는 국가기강의 문란과 함께 인사에 있어서 온갖 비리가 횡행하는 토대가 되었으며 상대적으로 농민층의 경제적 부담을 증가시키는 결과를 초래하였다. 이른바 삼정三政의 문란도 이러한 세도정치로 인한 부패의 양상에 다름 아니었다. 삼정의 문란과 부패는 어느 시기에나 나타났던 것이지만 특히 세도정치 아래서는 극심한 지경에 이르고 있었다.[59] 결국 수탈의 대상이 되는 농민층의 불만은 커져갈 수밖에 없었고 고통스런 현실을 벗어나기 위해 이농현상과 도적의 횡행은 날로 늘어만 갔던 것이다.

19세기 이후 발생한 민란民亂은 앞에서 언급한 조선 후기의 사회・경제적인 모순과 밀접한 관련을 맺고 있다. 주로 역사학계의 관심이 되어왔던 것으로는 1812년(순조12)에 발발한 홍경래란, 1862년(철종13) 진주 또는 임술민란, 1871년(고종8) 이필제란, 고종조의 농민전쟁 이전의 산발적 민란 등이 있다.[60] 그 요인의 분석에는 물론 당시의 사회적 배경이 주를 이루나, 시각에 따라서는 민중의 내재적인 힘의 발휘[61] 또는 자연재해나 전염병

58 순조 즉위 이후 안동김씨, 풍양조씨 다시 안동김씨로 이어지는 세도정치는 특정 일족이 관직을 독점 전횡함으로써 순조·헌종·철종의 3대 60여년 동안 왕정을 문란하게 하였던 것이다.

59 변태섭, 위의 책, p.408.

60 이이화, 『조선후기의 정치사상과 사회변동』, 한길사, 1994, pp.351~357 참조.

에서도 그 원인을 찾는다.[62] 대체로 이러한 민란들은 그 양태가 어떠했든지 간에 당시로 봐서는 자연발생적인 성격의 것으로 병든 양반사회 자체에 대한 기층민들의 반항으로 진전되어 갔음이 지적된다.[63] 한편 일반서민들의 일상 또한 이러한 민란의 빈번함으로 인해 심리적으로나 환경적으로 더욱 불안해지는 것도 간과할 수 없는 사실이라 하겠다.

셋째, 외세의 위협이 극심하였다. 19세기 후반에 접어들면 위의 국내적인 동요와 함께 외세의 압력에 따른 위기의식이 한층 고조되는 상황을 맞는다. 거듭되는 이양선異樣船의 출몰은 국내적으로 불안한 상태에 놓여 있던 조선에게 또 하나의 위협이 아닐 수 없었다.[64] 병인양요(1866), 신미양요(1871)등으로 발발한 외세와의 충돌은 개방과 쇄국사이의 혼란을 더욱 증폭시키는 결과를 가져왔으며, 마침내 1876년 일본과 체결한 강화도조약 이후 조선은 수많은 국가들과의 수호통상조약에 시달리게 되었던 것이다.[65] 수호조약 이후 외세의 간섭은 더욱 거세어졌고 국내 개화파開化派와 수구파守舊派사이의

61 정석종, 「민중의 성장」 『한국사연구 입문』 한국사 연구회편, 지식산업사, 1987, p.393 (민중운동사의 관점에서 볼 때 당시의 상황은 치자(治者)와 피치자(被治者) 사이의 모순 갈등으로서 민중의 성장에 따라 농민·노비 상공인 층에 광범위하게 파생되었고, 그 주류를 이룬 것은 농민들의 집단적 소청과 항거(민란)였다고 본다.)

62 조광, 「19세기 민란의 사회적 배경」 『19세기 한국전통사회의 변모와 민중의식』 고대 민족문화연구소, 1982.(이이화의 책에서 재인용)

63 이기백, 『한국사신론』, 일조각, 1990, pp.334~335 참조.

64 이기백, 위의 책, p.344~348 참조.(순조32년(1832), 헌종11년(1845), 12년(1846), 철종5년(1854), 고종 3년(1866)에 각각 영국 프랑스 러시아 독일 미국 등의 함선이 출몰하거나 통상을 요구하였던 것으로 기록된다.)

65 병자수호조약 이외에 미국(1882) 영국(1882) 독일(1882) 이태리(1884) 러시아(1884) 프랑스(1886) 청(1899) 등과 수호통상 조약을 맺게 되었으며, 그 후 한일합방까지는 총 32개의 조약을 맺게 되었다.

갈등은 임오군란(1882), 갑신정변(1884)과 같은 사건을 통해 더욱 첨예하게 대립하였다. 개화파는 서양문물은 물론 그 사회체제와 제도까지도 수용하면서 조선을 근대화시키려고 노력하였으며, 수구파 즉 위정척사파는 서양과의 교류를 배척하고 신분제가 유지되면서 전제왕권이 계속 통용되는 중세 사회체제를 그대로 지켜가려고 하였다.[66] 동도서기파東道西器派의 활동은 개화와 수구의 절충적인 입장에서 당시의 사회체제를 개선코자 한 세력으로 볼 수 있다.

1894년에 발발한 동학 농민전쟁은 당시의 조선사회가 처한 국내・외적인 모순을 기층민에서부터 극복하고자 한 중대한 사건이라고 할 수 있다. 그 역사적 의의에 대해서는 다양한 시각이 공존하고 있으나 대체로 반외세・반봉건을 기치로 내세운 아래로부터의 변혁운동이라고 하는 데 큰 이의가 없다.[67] 이 영향으로 행해진 갑오개혁은 조선을 근대사회로 접어들게 하는 정치적 분수령이 되었는데 동학농민운동의 세력과는 달리 온건 개화파 정치인들에 의해 주도된 위로부터의 변혁운동이었음은 주지의 사실이다. 하지만 이 와중에 청일전쟁(1894~1895)이 발발

66 한국역사연구회, 『한국역사입문』3, 풀빛, 1996, p.24.

67 동학농민운동과 관련한 연구성과는 100주년이 되는 1994년 이후 최근까지 저서, 논문 등 천 여 편에 달하고 있는 것으로 본다. 그 역사적 의의에 대해서 김광재는 반봉건적 반침략적 농민운동으로 보고 한국근대민족운동의 분수령으로 자리매김 된다고 한다.(김광재「동학농민운동의 역사적 의의」『동학연구』11집, 2002 참조); 학계에서 주로 쟁점이 되어왔던 부분은 동학과 동학농민전쟁의 관계 문제이다. 동학의 종교적 지향성을 높이 평가하지 않는 시각에서는 주로 농민운동의 연장선상에서 동학혁명을 이해하고자 하며, 동학을 강조하는 시각에서는 그 원인과 동력을 모두 동학에서 찾으므로 농민운동자체도 모두 동학의 연장선상에서 보아야 한다고 주장한다. 이에 대한 종합적인 견해로서 신영우는 조선후기의 참담했던 역사적 상황에 대한 인식과 동학이 지닌 조직망과 지도력 등을 들어 대사건의 바른 이해를 도모해야 한다고 한다.(신영우, 「동학농민혁명총설」, 『동학의 현대적 이해』, 한국동학학회, 2001 참조)

하고 삼국간섭과 같은 서구열강들의 조선 진출이 이루어지면서 그 개혁은 타율성을 면치 못한다. 1897년에 성립한 대한제국은 근대를 향한 보다 자주적이고 주체적인 개혁을 추진하고자 하였으나 계속된 제국주의적 간섭과 열강의 침입으로 인해 점점 국권이 무력화 되는 단계에 이르렀다. 이후 러일전쟁(1904)을 통해 한반도에서의 지배권을 획득한 일본은 을사조약(1905)과 함께 조선의 국권침탈을 합리화해갔으며, 조선 국내는 자강운동 의병운동 등을 통해 국권회복에 노력하였으나 마침내는 식민지적 모순에 빠져들게 되었던 것이다.

넷째, 새로운 종교운동이 발생하였다. 시대적 전환기에 접어들어 대내·외적인 불안으로 기층민중의 삶이 위협받는 상황에서 현실극복과 새 시대의 희망을 부르짖는 종교적 선각자들이 출현하였던 것이다. 이른바 한국 근대 신종교 운동은 조선후기의 사회변화에 따른 성숙한 민중의식을 기저로 하고 그 고유한 종교논리를 주창하면서 자발적으로 발생한 새로운 종교운동을 지칭하고 있다.

본래 종교운동은 사회운동과는 달리 교조의 종교체험을 바탕으로 하여 그 시대 지역과 민족을 초월한 보편적 진리를 부르짖는 데 특징이 있다. 또한 종교적 진리는 교조의 가르침에 대한 믿음을 전제로 하고 그 체험적인 부분에서는 다분히 주관적인 특징을 지니는 것도 염두에 두어야 한다. 그렇다면 조선후기의 신종교운동에 대한 실제적인 것은 비록 사회배경을 말한다 하더라도 그 근저에는 언제나 종교 자체의 논리가 깔려 있음을 간과해서는 안된다. 여기서는 다만 조선후기에 이르러 노정된 종교문화적인 상황을 살펴봄으로써 신종교운동의 한 배경을 고찰하는 데 그치기로 한다.

조선후기의 종교적 상황에 있어서 기본적으로 거론되는 것은 동양전래의 삼교三敎 전통이다. 삼국시대 이래로 전래된 유儒·불佛·도道 삼교는 고려·조선을 거치면서 그 시대의 정치이념과 종교문화를 주도해왔다고 본다. 하지만 조선후기에 이르게 되면 대내·외의 사회변화와 함께 종교적인 신념체계에 있어서도 적잖은 변화를 보이게 된다. 특히 신종교의 발생과 관련하여 문제가 되는 것은 당시의 지배적인 종교가 일반 기층 민중들의 삶에 의미를 제공해주거나 보다 근본적으로 종교적인 욕구를 충족시켜줄 수 없었다는 데 문제가 있다. 이것은 전통종교가 지닌 진리적 본령과는 별개로 당시의 문화적 충격과 피지배층의 성숙된 사회의식 그리고 변혁되는 세계에 대한 능동적인 참여의식 등을 반영하는 데 있어 전통종교의 역할이 미비했다는 것을 뜻한다. 신종교운동의 주도 계층을 지배층이 아닌 피지배층인 민중에서부터 찾는 것은 이러한 사실을 잘 방증하고 있다.[68]

당시의 유교적 가치관은 조선조 양반사회의 지배이념과 생활규범이었다. 그 사상적인 발전은 조선중기의 퇴계·율곡과

68 이런 의미에서 유병덕은 동학이후 전개된 신종교운동을 민중종교 오대맥(五大脈)으로 분류하고 있다. 여기서 말하는 민중종교란 하향성가치관을 지니면서 종교가 지니는 세가지 기능 즉 회복의 기능, 개혁의 기능, 통합의 기능을 동시에 실현하는 종교이다. 이러한 민중종교는 인간의 삶의 의미와 참다운 가치를 억눌린 개개인에게 다가가서 찾아주고 심어주는 작업을 충분히 담당하게 되는데, 고등종교 다음에 오는 앞으로 전개될 시대의 참된 종교로 일컫고 있다.(유병덕, 『근·현대 한국 종교사상연구』 마당기획, 2000, pp.262~263) 노길명은, 한국 신종교운동의 참여자들은 사회적 모순의 희생자들이었던 민중들이며, 그들은 신종교운동에 참여함으로써 삶의 의미와 방법을 찾고 있었다고 본다. 이런 점에서 한국의 신종교운동이 민중과 민족의 정체성 회복을 위한 '민중종교운동'과 '민족종교운동'의 성격을 함께 지니고 있음을 보여준다고 언급한다.(노길명 외 『한국 신종교와 그리스도교』 바오로딸, 2002, p.310)

같은 대학자의 출현으로 찬란한 빛을 발휘하였고, 그 학파에서 배출된 유학자들은 성리학을 자신들의 정치적 신념으로 삼으면서 조선조 유교관료주의의 색채를 더욱 곤고히 다져나갔던 것이다. 하지만 임진·병자 양란兩亂 이후 민생이 피폐되면서 실용實用·경세經世 위주의 유학풍이 대두된 것은 그 이전의 성리학적 관념체계로서 일반 민중에게 다가가는 데 일정한 괴리가 있었음을 보여주는 것이다. 조선 후기에 이르면서 현실적 고통을 담지하고 있었던 농민층에게 유교는 더욱 사치스러운 사상으로 여겨질 뿐이었다.

불교는 고려시대까지 국교로 숭봉되면서 전국가적인 문화를 주도하였으나 조선조에 이르러서는 숭유崇儒 척불斥佛의 정책에 제대로 기를 펼 수가 없었다. 조선불교를 특히 산중 승단 불교로 특징짓는 것은 이미 사회로부터 소외된 종교의 양상을 여실히 드러내주는 것이다.[69] 조선후기에 이르게 되면 불교사상이 지닌 초세간적 특질 또한 당시의 민중들에게 능동적으로 사회변동에 대처할 만한 신념을 제공해주지 못했으니, 다만 궁중의 의식이나 부녀자들 사이에서 명맥을 유지할 뿐이었다.[70]

도교는 한반도에 전래된 이래로 국태민안을 기축祈祝하거나 재경災慶을 당해 재초齋醮를 지내는 과의적科儀的인 테두리를 크게 벗어나지 못했던 것으로 평가된다. 수련적인 도교는 일부 지

69 산승불교의 시기에 대해서는 태조 원년(1392)부터 대한제국 성립(1897) 이전까지 법난을 겪었던 시대를 총칭한다. 종단의 의지와는 상관없이 11종의 종단이 양종(兩宗)으로 통폐합되고 승려들의 도성(都城)출입이 금지되며 가장 천한 대우를 받아야 했던 불교는 오직 깊은 산속에 몸을 붙이고 그 법맥을 사자상승(師資相承)해 왔던 것이다.(김영태, 『한국불교사』, 경서원, 1997, pp.238~241 참조)

70 김영태, 「한국불교사」下, 『한국문화사대계』 VI, 고려대출판부, 1970 참조.

식인들 사이에서 어느 정도 신봉되어 왔으나 도류道流로 불린 한반도의 도사는 대체로 도교의식을 집행하는 직책을 지키는 데 그쳤고, 그들이 중심이 되어 종교집단을 형성하고 민간의 종교 문제를 해결해 주기까지에는 이르지 못했던 것이다.[71] 오히려 토속신앙과 결합하여 주술적 민간신앙으로 유행을 보았던바 사회불안 속에서 개인적·구복적 성격으로 만연되어 갔다. 조선 후기에 이르면 또한 『정감록鄭鑑錄』과 같은 비기秘記·도참圖讖 등이 민간에서 유행하였는데, 이러한 예언사상은 양반사회의 모순이 첨예화되는 19세기 초엽부터 현저하게 나타나 정부를 비방하는 방서榜書·괘서掛書 사건이 빈발하였고 그 현실부정적인 성격은 당시 민중봉기에 혁명적 기운을 불어넣는 역할을 하기도 하였다.[72]

조선후기 종교 문화적 상황에 있어서 전통종교 못지않게 중요한 흐름이 있다면 그것은 바로 서학西學의 전파이다. 유儒·불佛의 전통가치에 기반을 둔 조선후기사회는 또 다른 이질적인 문화로부터의 역사적 충격을 받게 되는바 그리스도교와 서양과학으로 대변되는 서학이었던 것이다. 서학은 명明·청淸으로부터 선조宣祖대 이래 조선왕조에 도입된 유럽적 종교문화체계로 조선 사회에 새로운 변화를 촉구하는 역사 변수로 등장하였다.[73] 특히 유교적 가치관에 머물러 있던 조선의 현실을 근본적으로 부정하는 사상적 경향은 정부로부터의 강력한 탄압을 받았지만

71 차주환, 『한국도교사상연구』 서울대출판부, 1978, pp.60~61. (여기서 교단적인 도교는 한국에서는 존재하지 않았다고 지적된다.)

72 변태섭, 위의 책, p.398.

73 이원순, 『조선 서학사 연구』, 일지사, 1986, p.8.

당시의 지식층 일부와 중인·상인·부녀자들에게 광범하게 유포되어 갔다. 한편 이러한 서학의 확산은 조선의 종교적 선각자의 입장에서 볼 때 전통적 가치관에 대한 외래종교의 도전이었으며, 그에 대한 응전의 태도로서 새로운 종교운동을 가능하게 했다고도 볼 수 있다. 최수운(1824~1864)의 동학을 비롯하여 김일부(1826~1898)의 정역, 이토암(1874~1934)의 금강대도, 나홍암(1863~1916)의 대종교, 강대성(1890~1954)의 갱정유도, 소태산(1891~1943)의 원불교 등은 이 시대에 발생한 한국 근대의 대표적인 신종교 운동으로 기록된다.

이상으로 19세기 말 한국사회의 여러 단면을 살펴보았다. 요약하면 이 시기의 한국사는 안팎으로 혼란한 상황으로, 종교적 정치적 사회적 도탄기塗炭期에 해당한다. 증산님의 탄강과 그 생애는 이 같은 한국사회의 격동과 더불어 창생구제를 위한 위대한 역사役事를 행하였던 것으로 역사학적 시각에서 이 시대의 절박한 사회현실에 대한 면밀한 분석과 이해가 요구되고 있다.

4. 역사적 강증산의 생애와 천지공사

1) 탄강과 공부

구천대원조화주신의 강세는 인간 강증산의 탄강으로 이어진다. 조선 후기에 전라도의 어느 시골마을 강씨가에서 태어난 증산께서는 이미 구천상제로서의 신격과 역사적 인물로서의 인격이 결합된 신인神人으로서의 삶을 지닌다. 그 주된 생애와 행적에 대해서는 『전경』의 '행록'편을 참고해 볼 수 있다. 주요 구절들을 인용하면 다음과 같다.

> 객망리에 강씨 종가인 진창 어른부터 六대에 이르렀을 때 상제께서 탄강하셨으니 `상제의 성은 강姜씨이요, 존휘는 일순一淳이고 자함은 사옥士玉이시고 존호는 증산甑山이시니라. 때는 신미辛未년 九월 十九일인 즉 이조 고종李朝高宗 八년이며 단기로서는 四千二百四년이고 서기로는 一千八百七十一년 十一월 一일이로다. (행록 1장 5절)

> 그리고 그 탄강하신 마을을 손바래기라고 부르며 당시에 전라도 고부군 우덕면 객망리全羅道古阜郡優德面客望里라고 부르더니 지금은 정읍군 덕천면 신월리井邑郡德川面新月里 새터로 고쳐 부르도다. (행록 1장 6절)

> 부친의 휘는 문회文會이며 자는 흥주興周이고 그는 범상에 우렁찬 음성을 가진 분으로서 그의 위엄은 인근 사람만이 아니라 동학의 의병들에게까지 떨쳤도다. (행록 1장 8절)

> 모친은 권權씨이며 휘는 양덕良德이니 이평면梨坪面 서산리에 근친가서 계시던 어느 날 꿈에 하늘이 남북으로 갈라지며 큰 불덩이가 몸을 덮으면서 천지가 밝아지는도다. 그 뒤에 태기가 있더니 열석 달 만에 상제上帝께서 탄강하셨도다. (행록 1장 9절)

강증산께서 탄강한 때는 1871년 신미년 음력 9월 19일이며, 이조 고종 8년째 되던 해이다. 탄강 지명으로는 현재 전북 정읍군 덕천면 신월리 새터에 해당된다. 역사적 상황으로는 이조말엽에 대내·외적으로 극도로 혼란한 시기였다. 강증산의 본명은 강일순姜一淳이며 증산甑山은 호號다. 어릴 적 이름은 사옥士玉이라고 하였다. 부친의 성함은 강문회姜文會며 모친의 성함은 권양덕權良德이다. 모친이 태기가 있은 지 열 석 달 만에 증산이 탄강하였다고 전한다.

현재 전하고 있는 증산의 유년시절 기록으로는 다음과 같은 것이 있다.

> 상제께서는 어려서부터 성품이 원만하시고 관후하시며 남달리 총명하셔서 뭇 사람들로부터 경대를 받으셨도다. 어리실 때부터 나무심기를 즐기고 초목 하나 꺾지 아니하시고 지극히 작은 곤충도 해치지 않으실 만큼 호생의 덕이 두터우셨도다. (행록 1장 11절)

> 상제께서 일곱 살 때에 어느 글방에 가셨는데 훈장訓長으로부터 놀랄 경驚의 운자를 받고 '원보공지탁遠步恐地坼 대호공천경大呼恐天驚'이라고 지으셨도다. (행록 1장 12절)

> 상제께서 글방에 다니실 때 훈장으로부터 들으신 것은 그 자리에서 깨우치시고 언제나 장원하셨도다. 하루는 이런 일이 있었도다. 훈장이 서동書童들의 부모에 미안함을 느껴 속으로 다음 서동에게 장원을 주려고 시험을 뵈었으나 역시 상제께서 장원하셨던바 이것은 상제께서 훈장의 속셈을 꿰뚫고 그

로 하여금 문체와 글자를 분별치 못하게 하신 까닭이라고 하도다. (행록 1장 13절)

유년시절 증산의 성품은 원만 관후하고 총명하였으며, 지극히 작은 곤충 하나도 함부로 해치지 않을 정도로 호생의 덕이 두터웠다. 그리고 어릴 적에 지은 시구에서 "멀리 발을 내딛으면 땅이 꺼질까 두렵고 크게 소리 지르면 하늘이 놀랄까 두렵다[遠步恐地坼 大呼恐天驚]"라고 한 것은 그 기상이 보통 사람과 달랐음을 알려주는 내용이다. 남달리 총명하였다는 것도 항상 서당에서 장원하였던 기록에서 알 수 있다. 이 외에도 잃어버린 모시 베를 다시 찾은 일(행록 1장 14절), 그 기력이 출중하여 돌절구를 머리에 쓰고 상모 돌리듯이 한 일(행록 1장 15절), 부친의 빚을 지혜로써 갚은 일(행록 1장 17절) 등의 일화가 전해져온다.

장성하여서의 기록은 주로 갑오 동학혁명(1894)을 전후로 한 유력遊歷생활을 담고 있다. 흉흉한 세태를 지켜보면서 증산은 이를 비판하기도 하고 종도들에게 바른 처세법에 대한 가르침을 설파하기도 하였다.

상제께서 갑오甲午년에 정남기鄭南基의 집에 글방을 차리고 아우 영학永學과 이웃의 서동들을 모아서 글을 가르치시니 그 가르치심이 비범하여 모든 사람들로부터 칭송이 높았도다. 글방은 처남의 집이고 금구군 초처면 내주동金溝郡草處面內主洞에 있었도다. (행록 1장 20절)

전봉준全琫準이 학정虐政에 분개하여 동학도들을 모아 의병을 일으킨 후 더욱 세태는 흉동하여져 그들의 분노가 충천하여 그 기세는 날로 심해져가고 있었도다. 이때에 상제께서 그 동학군들의 전도가 불리함을 알으시고 여름 어느 날 '월흑안비고月黑雁飛高 선우야둔도單于夜遁逃 욕장경기축欲將輕騎逐 대설만궁도大雪滿弓刀'의 글을 여러 사람에게 외워주시며 동학군이 눈이 내릴 시기에 이르러 실패할 것을 밝히시고 여러 사람에게 동학에 들지 말라고 권유하셨느니라. 과연 이해 겨울에 동학군이 관군에게 패멸되고 상제의 말씀을 좇은 사람은 화를 면하였도다. (행록 1장 23절)

유생들은 세상이 평온하다고 하나 세도는 날로 어지러워졌도다. 상제께서 이때 비로소 광구천하하실 뜻을 두셨도다. (행록 1장 25절)

한 때 강증산께서는 글방을 차려 마을의 학동들에게 글을 가르치기도 하였으며, 광구천하의 뜻을 품은 이후에는 이를 실천에 옮기기 위해 다양한 서적을 탐독하였다. 이후에는 인심 및 속정을 살피기 위해 3년간 전국을 돌아다니기도 하였다.

상제께서 정유丁酉년에 다시 정남기鄭南基의 집에 글방을 차리고 아우 영학永學과 형렬亨烈의 아들 찬문贊文과 그 이웃 서동들을 가르치셨도다. 이때에 유불선음양참위儒佛仙陰陽讖緯를 통독하시고 이것이 천하를 광구함에 한 도움이 되리라 생각하시고 얼마 동안 글방을 계속하시다가 인심과 속정을 살피

고자 주유의 길을 떠나셨도다. (행록 2장 1절)

상제께서 三년 동안 주유하신 끝에 경자庚子년에 고향인 객망리에 돌아오셔서 시루산 조모님의 묘를 면례하시니 이때 류서구柳瑞九가 지사地師로서 상제를 보좌하였도다. 이후에 상제께서 항상 시루산 상봉에서 머리를 푸시고 공부를 하셨도다. 그러던 어느 날 호둔하고 앉아 계셨을 때 마침 나무꾼들이 지나가다가 이것을 보고 기겁하여 상제의 부친께 아뢰는지라. 부친께서도 당황하여 시루봉에 오르니 범은 보이지 않고 상제께서 태연자약하게 앉아서 공부하고 계시는 것만이 보였도다. (행록 2장 7절)

3년의 주유 끝에 고향 객망리에 돌아온 강증산께서는 조모의 묘를 면례(묘를 이장함)하였다. 그리고 이후에 항상 시루산 상봉에서 공부하였다고 한다. 이때의 공부는 인심과 속정을 살핀 후 광구천하의 방안을 마련하기 위한 것이며 수많은 주문을 외우면서 여러 신명들과 더불어 행해진 것으로 알려져 있다.[74]

이렇게 광구천하의 공부를 통해 강증산은 혼란한 천하를 바로잡을 수 있는 신력神力과 대권大權을 확보하였으며, 이로써 그의 생애에는 많은 기행 이적들이 행하여졌다.

74 이 때 외웠던 주문으로서 진법주眞法呪가 있으며, 오방신장(五方神將)과 사십팔장(四十八將) 이십팔장(二十八將) 등의 신명을 불러 공사公事를 보았다고 전한다. (『典經』, 행록 2장 10절 참조)

2) 이적異蹟과 신력神力

강증산의 생애에 나타난 여러 신이神異한 행적들은 모두 구천상제로서의 권능을 보인 것이다. 증산이 3년간 인심과 속정을 살피고 돌아와 시루산에 머물면서 행했던 공부는 광구천하를 위한 본격적인 행보行步를 시작한 것으로 이해된다. 증산의 생애에 있어서 이 같은 의미를 지니는 공부는 1901년(신축년) 대원사에서부터 행해졌다.

> 상제께서 신축辛丑년 五월 중순부터 전주 모악산 대원사大院寺에 가셔서 그 절 주지승 박금곡朴錦谷에게 조용한 방 한 간을 치우게 하고 사람들의 근접을 일체 금하고 불음불식의 공부를 계속하셔서 四十九일이 지나니 금곡이 초조해지니라. 마침내 七월 五일에 오룡허풍五龍噓風에 천지대도天地大道를 열으시고 방 안에서 금곡을 불러 미음 한 잔만 가지고 오라 하시니 금곡이 반겨 곧 미음을 올렸느니라. … (행록 2장 12절)

> 상제께서 대원사에서의 공부를 마치고 옷을 갈아입고 방에서 나오시니 대원사 골짜기에 각색의 새와 각종의 짐승이 갑자기 모여들어 반기면서 무엇을 애원하는 듯하니라. 이것을 보시고 상제께서 가라사대 "너희 무리들도 후천 해원을 구하려 함인가" 하시니 금수들이 알아들은 듯이 머리를 숙이는도다. 상제께서 "알았으니 물러들 가 있거라"고 타이르시니 수많은 금수들이 그 이르심을 좇는도다. (행록 2장 15절)

대원사에서의 49일 공부를 통해 강증산께서는 오룡허풍의 천지대도를 열었으며, 선천의 한계상황과 진멸의 위기로부터 창생을 구제할 대권大權을 확보하였다. 대원사의 공부를 마치고 나오자 대원사 골짜기에 각색의 새와 짐승들이 반겨 맞으면서 무엇을 애원하는 듯하였다고 하니 증산은 이들에 대해서도 '후천해원'을 시켜줄 것을 약속하였다. 이로써 강증산은 인간이면서 최고신격의 소유자인 상제로서 절대권능을 지니고 무소불능無所不能의 신력神力을 행사하게 되었다.

강증산께서 행했던 이적異蹟과 신력神力은 수없이 많으나 그 몇 가지만 『전경』에서 살펴보면 다음과 같다.

> 그 후 어느 날 금곡이 상제를 정중하게 시좌하더니 상제께 저의 일을 말씀하여 주시기를 청원하였도다. 상제께서 가라사대 "그대는 전생이 월광대사月光大師인바 그 후신으로서 대원사에 오게 되었느니라. 그대가 할 일은 이 절을 중수하는 것이고 내가 그대의 수명을 연장시켜 주리니 九十세가 넘어서 입적하리라" 하시니라. (행록 2장 13절)

> 상제께서 삼계三界의 대권大權을 수시수의로 행하셨느니라. 쏟아지는 큰 비를 걷히게 하시려면 종도들에게 명하여 화로에 불덩이를 두르게도 하시고 술잔을 두르게도 하시며 말씀으로도 하시고 그 밖에 풍우・상설・뇌전을 일으키는 천계대권을 행하실 때나 그 외에서도 일정한 법이 없었도다. (공사 1장 4절)

상제께서 약방에 계시던 겨울 어느 날 이른 아침에 해가 앞산 봉우리에 반쯤 떠오르는 것을 보시고 종도들에게 말씀하시니라. "이제 난국에 제하여 태양을 멈추는 권능을 갖지 못하고 어찌 세태를 안정시킬 뜻을 품으랴. 내 이제 시험하여 보리라" 하시고 담배를 물에 축여서 세 대를 연달아 피우시니 떠오르던 해가 산머리를 솟지 못하는지라. 그리고 나서 상제께서 웃으며 담뱃대를 땅에 던지시니 그제야 멈췄던 해가 솟았도다. (권지 1장 27절)

상제께서 와룡리 황 응종의 집에 계실 때 어느 날 담뱃대를 들어 태양을 향하여 돌리시면 구름이 해를 가리기도 하고 걷히기도 하여 구름을 자유자재로 좌우하셨도다. (권지 2장 11절)

상제께서 동곡에 머무실 때 그 동리의 주막집 주인 김사명金士明은 그의 아들 성옥成玉이 급병으로 죽은 것을 한나절이 넘도록 살리려고 무진 애를 썼으나 도저히 살 가망이 보이지 않자 아이의 어머니가 죽은 아들을 업고 동곡 약방으로 찾아왔도다. 상제께서 미리 아시고 "약방의 운이 비색하여 죽은 자를 업고 오는도다"고 말씀하시니라. 성옥의 모는 시체를 상제 앞에 눕히고 눈물을 흘리면서 살려주시기를 애원하므로 상제께서 웃으시며 죽은 아이를 무릎 위에 눕히고 배를 밀어 내리시며 허공을 향하여 "미수眉叟를 시켜 우암尤菴을 불러라"고 외치고 침을 흘려 죽은 아이의 입에 넣어 주시니 그 아이는 곧 항문으로부터 시추물을 쏟고 소리를 치며 깨어나니라. 그리고 그 아이는 미음을 받아 마시고 나서 걸어서 제 집으로 돌아가니라. (제생 9절)

윗글의 내용에서 볼 수 있듯이 증산께서는 비록 인간의 몸을 지녔지만 구천상제의 신격으로 자연의 조화를 자유자재로 부릴 수 있는 권능을 지녔으며, 죽은 자를 살린다든지, 살아있는 자의 수명을 연장시켜주는 것과 같이 절대능력을 행사하였음을 보여준다.

역사적 증산에 관해서는 수많은 기행 이적이 알려져 있으나 그의 삶의 본질은 그와 같은 일순간의 기적을 보이는 데 있지 않았다. 즉 구천대원조화주신의 강림 목적이자 구천상제의 본업은 바로 광구천하匡救天下와 구제창생救濟蒼生을 위한 대역사를 행하는 데 있었다. 그리하여 증산께서는 구천상제로서의 참된 의지와 절대능력을 가지고 당신의 계획을 수행하시었으니 이름하여 '천지공사天地公事'다.

3) 천지공사와 화천

천지공사는 이미 그 의미에서부터 범상한 인간의 능력으로 미칠 수 없는 뜻을 담고 있다. 즉 '천지의 도수를 정리하고 신명을 조화하여 만고의 원한을 풀고 상생의 도로 후천의 선경을 세워 세계의 민생을 건지는 일'로서의 천지공사는 오직 구천상제의 능력으로서만이 가능한 것임을 보여준다. 증산께서는 그의 주된 생애를 통해 구천상제의 신격을 지니고 이와 같은 일을 행하게 되었는데, 그 핵심원리는 음양합덕陰陽合德 신인조화神人調化 해원상생解冤相生 도통진경道通眞境이다. 증산께서는 이와 같은 종교적 법리로 인간 사회를 개조하면 정치적 보국안민輔國安民과 사회적 지상천국地上天國이 자연히 실현되어 창생을 구제할 수 있다는 전대 미증유의 위대한 진리를 선포하고 이에 수반된 삼계공사三界公事를 행하였던 것이다.

천지공사의 주된 내용에 관해서는 『전경』 '공사편'에 자세히 기록되어 있다. 크게 구분하면 천계天界, 지계地界, 인계人界의 삼계로 나누어 볼 수 있으며, 인간 사회와 역사, 종교, 과학문명 그리고 세계의 문제들을 고루 다루고 있다.

증산의 천지공사 일대기는 1901년부터 시작하여 총 9년간 지속되었다. 공사를 마친 증산께서는 1909년에 이르러 인간의 생을 마치고 다시 신명계의 구천상제 자리로 화천化天하시게 된다. 상제의 화천은 곧 인간계에서의 역할을 마치고 모든 공사를 천지에 확정짓는 것을 의미한다. 『전경』에는 다음과 같이 기록되어 있다.

> 상제께서 6월 어느 날 천지공사를 마치신 후 '포교 오십년 공부종필布敎五十年工夫終畢'이라 쓰신 종이를 불사르시고 종도들에게 가라사대 "이윤伊尹이 오십이 지사십구년지비五十而知四十九年之非를 깨닫고 성탕成湯을 도와 대업을 이루었나니 이제 그 도수를 써서 물샐틈없이 굳게 짜 놓았으니 제 도수에 돌아 닿는 대로 새 기틀이 열리리라" 하셨도다. (공사 3장 37절)

> 다시 말씀을 계속하시기를 "九년간 행하여 온 개벽공사를 천지에 확증하리라. 그러므로 너희들이 참관하고 확증을 마음에 굳게 새겨 두라. 천지는 말이 없으니 뇌성과 지진으로 표명하리라" 상제께서 모든 종도들이 지켜보는 가운데 글을 써서 불사르시니 별안간 천둥 치고 땅이 크게 흔들렸도다. (공사 3장 38절)

경석으로 하여금 양지에 '전라도全羅道 고부군古阜郡 우덕면優德面 객망리客望里 강일순姜一淳 호남湖南 서신西神 사명司命'이라 쓰게 하고 그것을 불사르게 하시니라. 이때에 신 원일이 상제께 "천하를 속히 평정하시기 바라나이다"고 아뢰니 상제께서 "내가 천하사를 도모하고자 지금 떠나려 하노라" 하셨도다. (행록 5장 33절)

상제께서 수박에 소주를 넣어서 우물에 담갔다가 가져오게 하셨도다. 그 수박을 앞에 놓고 가라사대 "내가 이 수박을 먹으면 곧 죽으리라. 죽은 후에는 묶지도 말고 널 속에 그대로 넣어두는 것이 옳으니라" 하셨도다. 상제께서 약방 대청에 앉아 형렬에게 꿀물 한 그릇을 청하여 마시고 형렬에게 기대어 가는 소리로 태을주를 읽고 누우시니라. 이날 몹시 무더워 형렬과 종도들이 모두 뒤 대밭가에 나가 있었도다. 응종이 상제께서 계신 방이 너무 조용하기에 이상한 마음이 들어 방을 들여다보니 상제께서 조용히 누워 계시는데 가까이 가서 자기의 뺨을 상제의 용안에 대어보니 이미 싸늘히 화천化天하신지라. 응종이 놀라서 급히 화천하심을 소리치니 나갔던 종도들이 황급히 달려와서 "상제의 돌아가심이 어찌 이렇게 허무하리오" 하며 탄식하니라. 갑자기 뭉게구름이 사방을 덮더니 뇌성벽력이 일고 비가 쏟아지는 가운데 화천하신 지붕으로부터 서기가 구천九天에 통하는도다. 때는 단기 四千二百四十二년 이조 순종 융희 三년 기유 六월 二十四일 신축 사시이고 서기로는 一九○九년 八월 九일이었도다. (행록 5장 35절)

주지하다시피 여러 신성·불·보살들의 하소연에 의해 강세하여 삼계를 개벽하는 공사를 단행하는 것은 오직 창생구제와 광구천하를 위한 상제의 소임所任이다. 따라서 증산의 화천은 천지공사의 종결이자 새로운 시대의 시작으로 볼 수 있다. '개벽공사를 천지에 확증짓는다'는 것은 공사의 내용대로 이후의 역사가 전개되어 나갈 것을 말한다. 따라서 천지공사는 예정된 역사의 설계와도 같으며, 이후부터는 선천이 아닌 후천의 세계로 진입하는 것이다. 이에 따라 인류는 후천의 생활법으로써 모든 삶을 살아나가야 한다. 구천상제로서의 증산의 삶은 이렇게 천지공사의 종결과 더불어 그 사명을 다하였던 것이며, '화천'은 이러한 대역사의 단계적 완성을 의미하고 있다.

이상의 내용과 관련하여 대순종단사 이해를 위한 역사적 연구과제에 대해서 살펴볼 필요가 있다. 그것은 우선 증산의 생애를 대변하는 천지공사의 내용을 통해 신앙적 입장에서 바라본 사관史觀 정립과 그에 따른 역사적 사건에 대한 해석이라고 할 수 있다. 시기별로는 천지공사 이전과 이후의 두 기간으로 구분하여 살펴볼 수 있다.

첫째, 천지공사 이전 증산의 탄강 해인 1871년부터 1900년까지의 기간이다. 이 기간 중의 주요한 사건으로는 갑오동학농민전쟁, 전봉준과 의병활동, 민란, 청일전쟁, 을미사변 등이 있다. 이에 대한 증산의 역사인식에 주목하여 그 역사적 전개와 종단사적인 의의를 고찰하는 것이 필요하다.

둘째, 천지공사를 시작한 1901년부터 1909년까지의 기간이다. 이 시기는 증산의 주된 활동과 천지공사를 통한 역사전개의 향방을 가름하는 기간이다. 천지공사에 언급된 많은 사건들에 대해 증산께서는 어떠한 역사인식을 가졌으며 또 그 전개과정에는 어떤 사건들이 있었는지를 상세히 탐구해야 할 것이다. 대표적인 사건으로는 을사보호조약, 한일합방, 최익현과 의병활동, 박영효의 혁명활동, 손병희의 천도교 활동, 대중화와 소중화, 일본의 신호神戶 화재, 안중근과 이등박문의 암살, 반상제도와 적서차별의 역사, 여성차별의 역사 등이 있다.

이외에도 천지공사의 교리적 근거가 되는 역사로서 중국의 고대사와 한국의 중·근세사의 인물과 사건들이 다루어질 수 있을 것이다.

5. 도주 조정산의 생애와 종교활동

대순종단사에 있어서 도주 조정산은 종교활동의 시초가 되며 교리적 연원이 되는 인물이다. 여기서 종교활동이란 하나의 조직과 교리 그리고 수행체제가 갖추어진 것을 말한다. 도주께서는 구천상제로부터의 계시를 통해 천부적인 종통을 계승하고 그 진리의 핵심을 파악하여 신앙체계를 세웠다. 오늘날 현대종단으로서의 대순진리회는 도주 조정산의 종교활동에서 비롯된 것이므로 그 연원자에 해당하는 도주의 역사를 고찰하는 것은 종단사 이해에 필수적이라고 본다. 대순진리회 『전경』의 '교운2장'편은 이러한 도주 조정산의 생애를 자세히 기록하고 있으므로 이를 구체적으로 살펴보기로 한다.

1) 탄강과 구도求道

정산께서 탄강한 해는 1895년 을미년이다. 강증산 구천상제께서는 이미 인간의 몸으로 강세하였으나 아직 천지공사(1901~1909)를 시작하지는 않은 해이며, 사회적으로는 갑오경장(1894)을 거친 후 일본의 내정간섭이 노골화되어 을미사변(1895)이 발발한 해이기도 하다. 정산의 탄생과 관련하여 『전경』에 나타난 내용을 살펴보면 다음과 같다.

> 여흥 민씨驪興閔氏가 어느 날 하늘로부터 불빛이 밝게 자기에게 비치더니 그 후 잉태하여 한 아기를 낳으니라. 이 아기가 장차 상제의 공사를 뒤이을 도주이시니 때는 을미년 십이월 초나흘(十二月四日)이고 성은 조趙씨이요, 존휘는 철제哲濟이요, 자함은 정보定普이시고 존호는 정산鼎山이시며 탄강하신 곳은 경남 함안군 칠서면 회문리慶南咸安郡漆西面會文里이도다. 이곳은 대구大邱에서 영산·창녕·남지에 이르러 천계산·안국산·여항산·삼족산·부봉산으로 연맥되고, 도덕골道德谷을 옆에 끼고 있는 문동산·자고산의 아래로, 구미산을 안대하고 있는 마을이로다. (교운 2장 1절)[75]

도주의 부친은 휘가 용모鏞模이고 자함은 순필順弼이고 호는 복우復宇이며 조부는 홍문관정자弘文館正字로 있다가 을사년의

75 이하의 인용문은 종단 대순진리회의 소의경전인 『전경典經』의 편제를 근거로 하고, 경우에 따라서는 장절 표시만을 본문에 명시하였다.

> 국운이 기울어감에 통탄한 나머지 피를 토하고 분사하였도다. (교운 2장 2절)

> 아기가 자라니 그 음성이 웅장하고 안광이 부시어 범의 눈초리와 같고 목은 학의 목과 같고 등은 거북의 등과 같고 이마가 해나 달과 같이 빛이 나서 관상을 남달리 하셨도다. (교운 2장 3절)

기록에 의하면 정산의 조부[76]는 홍문관弘文館[77] 정자正字[78]까지 벼슬하였으며, 굴욕적인 을사보호조약(1905)이 체결되자 이에 통탄한 나머지 분사憤死하였다. 조부로부터 이어진 배일사상의 가풍은 정산의 부친[79]에게도 이어졌으며, 부친이 반일운동에 활약하면서부터 정산은 그 사상적 영향을 받고 자라나게 되었다.

이같이 부조父祖 전래傳來의 배일사상이 바탕이 되어 자라난 정산은 구한말 국운이 기울어 가던 시대에 구국제세救國濟世의 뜻을 품고 유력하게 되었으니 곧 구천상제에 대한 종교체험의 배경이 되었던 것이다.

---

76 휘는 영규(瑩奎)이다. 배일사상가로서 민영환등과 교우하며 지내다가 을사보호조약에 분개하여 심화(心火)로 토혈 서거하였다. (『대순진리회요람』 p.11참조)

77 이조시대 정치기구 가운데 삼사(三司; 司憲府, 司諫院, 弘文館)의 하나, 주로 경적(經籍)을 모아 전고(典故)를 토론하고 문한(文翰)을 담당하여 왕의 고문역할을 담당하는 문필기구로서 그 임무의 성격상 언관(言官)의 기능도 함께 수행하였다.(변태섭, 『한국사통론』, 1995 참조)

78 이조 때의 관직, 홍문관弘文館, 승문원(承文院), 교서관(校書館) 등의 정9품벼슬이며, 정원은 2명이었다.

79 휘는 용모(鏞模), 조부의 유의를 승봉(承奉)하여 그 아우(휘는 용의(鏞懿), 용서(鏞瑞) 두 사람)와 반일운동에 활약하였다. (『대순진리회요람』 p.11 참조)

부조전래의 배일사상을 품고 자라난 정산은 한일합방이 결정 단계에 있음을 개탄하고는 부친 숙부 등과 같이 만주 봉천奉天[80] 지방으로 망명하게 되었으니 이때가 정산의 나이 15세, 기유년己酉年(1909) 음력 4월 28일이었다.

도주께서 기유년(十五歲時) 四월 二十八일에 부친과 함께 고국을 떠나 이국땅인 만주에 가셨도다. (교운 2장 4절)

만주 지방으로 망명한 정산은 부친을 따라 동지들과 구국운동에 활약하게 되는데 대략 1916년까지 지속되었다고 볼 수 있다. 만주에서는 요령성 유하현 수둔구라는 곳에 정착하였는데 여기서도 어른들은 농사로 생계하는 한편 독립운동의 동지를 규합하니 그곳이 고대 한인촌韓人村을 이루었다.[81] 이 한인촌에서 정산의 부친은 한인·만주인들의 신망을 얻어 촌장으로 추앙받기에 이르렀으며, 마을의 단결이 굳어지고 명성이 전파됨에 따라 망명 지사들이 이곳으로 찾아들어 그 연락처가 되고 활동 근거지가 되었다.[82] 따라서 자연스럽게 독립운동의 전초기지가 된 이곳에서 정산과 그의 부친은 항일운동에 보다 박차를 가할

80 현재 중국의 지명은 심양(瀋陽)이다. 중국 요령성의 수도이고 북경과 상해, 천진에 이어 네 번째로 큰 도시이다. 당나라때 심주치(瀋州治)라고 불렀으며, 명나라 때 심양중위(瀋陽中衛)라고 하였다. 청의 시조 누루하치가 이곳을 도읍으로 설치, 성경(盛京)으로 이름붙였으며, 청나라 순치14년(1657년)에 봉천부(奉天府)라고 이름을 지었다. 광서 33년(1907)에 봉천성(奉天省)이라고 하여 봉천부 지역을 다스리게 하였다. 1914년에 심양현으로 이름을 달았다가 1934년에 심양시(瀋陽市)로 이름을 확정한 것이 현재에 이른다.

81 『趙鼎山傳記』(자료편), 태극도편찬원, 1992, p.28.

82 위의 책, p.29.

수 있었다. 하지만 적지 않은 시련도 겪으면서 정산의 마음속에는 어느덧 보다 큰 힘을 희구하며 구도의 길에 접어들게 된다.

> 도주께서는 경술년에 어린 몸으로 나라에 충성하는 마음에서 일본 군병과 말다툼을 하셨으며 이듬해 청조淸朝 말기에 조직된 보황당원保皇黨員이란 혐의를 받고 북경北京에 압송되었다가 무혐의로 풀려난 엄친의 파란 곡절의 생애에 가슴을 태우고 고국만이 아니라 동양 천지가 소용돌이치는 속에서 구세 제민의 큰 뜻을 가슴에 품고 입산 공부에 진력하셨도다. (교운 2장 5절)

정산은 곧 도력道力으로 구국제세할 뜻을 정하고 본격적인 입산공부를 하게 되었다. 이 과정에서 정산은 강증산 구천상제의 진리를 접하게 된다.

본래 정산의 구도는 만주 봉천으로 망명한 시기부터 기산하여 총 9년(1909~1917)에 걸쳐서 이루어졌다고 본다. 참고자료에 따르면 정산은 이미 1909년 망명하는 당시에 구천상제로부터 계시현상이 있었으며, 이후 일정하지는 않지만 입산공부를 꾸준히 지속시켜 왔음을 알 수 있다.[83]

83 『眞經』(태극도 편찬,1989)에 따르면, 1909년 음력 4월28일 정산은 만주 봉천으로 망명할 당시 대전역 부근에서 구천상제로부터 최초의 계시를 받았다고 한다. 이때 "…그대의 호는 정산(鼎山)이니 나와 그대는 증정지간(甑鼎之間)이며 이도일체(以道一體)니라,"는 말씀을 들었고, 이후 노고산(老姑山)을 중심으로 입산공부에 주력하였음을 밝히고 있다.(pp.330~337 참조)

2) 득도得道와 종교체험

정산은 공부 9년째 되던 해인 1917년(정사년丁巳年, 23세시) 음력 2월 10일에 드디어 강증산 구천상제로부터 종통계승의 계시를 받게 되었다. 그 당시의 상황에 대해서는 『전경』에 다음과 같이 기록되어 있다.

> 도주께서는 九년의 공부 끝인 정사년에 상제의 삼계三界 대순大巡의 진리를 감오感悟하시도다. (교운 2장 6절)

> 도주께서 어느 날 공부실에서 공부에 전력을 다하시던 중 한 신인이 나타나 글이 쓰인 종이를 보이며 "이것을 외우면 구세제민救世濟民하리라"고 말씀하시기에 도주께서 예禮를 갖추려 하시니 그 신인은 보이지 않았으되, 그 글은 '시천주 조화정 영세불망 만사지 지기금지 원위대강侍天主造化定 永世不忘萬事知 至氣今至願爲大降'이었도다. (교운 2장 7절)

> 그 후에 도주께서 공부실을 정결히 하고 정화수 한 그릇을 받들고 밤낮으로 그 주문을 송독하셨도다. 그러던 어느 날 "왜 조선으로 돌아가지 않느냐. 태인에 가서 나를 찾으라"는 명을 받으시니 이때 도주께서 이국땅 만주 봉천에 계셨도다. (교운 2장 8절)

윗글에서 볼 수 있듯이 정산의 득도는 곧 9년 공부의 결실로 나타나며 구천상제의 삼계대순의 진리를 깨달은 것으로 묘사된다. 그 구체적인 득도 상황은 정산에게 있어 중요한 종교체험에 해당하며 이는 크게 두 단계로 구성되어 있음을 알 수 있다. 하나는 어떤 신인神人으로부터 구세제민의 글(주문)을 받는 것이었으며, 또 하나는 조선으로 귀국하여 그 신인의 실체를 찾을 것을 명령받는 것이다. 여기서 주목할 만한 것은 정산이 그 신인으로부터 받은 글이 바로 동학을 창시한 최수운이 하느님으로부터 받은 주문의 내용이라는 점, 그리고 그 신인이 조선반도의 태인지역에 역사를 지니고 있는 특정인물과 관련이 있다는 것이다. 이는 곧 9년 전에 화천化天하신 강증산 성사의 신격이 정산 앞에 현시된 것을 뜻한다. 『전경』에서의 다음 구절은 이를 뒷받침해주는 내용으로 간주될 수 있다.

> "…원시의 모든 신성과 불과 보살이 회집하여 인류와 신명계의 이 겁액을 구천에 하소연하므로 내가 서양西洋 대법국大法國 천계탑天啓塔에 내려와 천하를 대순大巡하다가 이 동토東土에 그쳐 모악산 금산사母岳山金山寺 삼층전三層殿 미륵금불彌勒金佛에 이르러 三十년을 지내다가 최제우崔濟愚에게 제세대도濟世大道를 계시하였으되 제우가 능히 유교의 전헌을 넘어 대도의 참뜻을 밝히지 못하므로 갑자甲子년에 드디어 천명과 신교神敎를 거두고 신미辛未년에 강세하였노라"(교운 1장 9절)

> 상제께서 무신년 초에 본댁에서 태인에 가셨도다. 상제께서 자주 태인에 머물고 계신 것은 도창현道昌峴이 있기 때문이었나니라. 그곳에 신경원辛京元 · 최내경崔乃敬 · 최창조崔昌祚 · 김경학金京學 등의 종도들이 살고 있었도다. (행록 4장6절)

즉 강증산은 그의 재세 시에 자신의 신격을 구천의 상제로 밝히면서 금산사 미륵불에 영으로 머물러 있을 때 최수운에게 계시를 내렸다고 하였으며, 그 계시가 실현되지 못함으로 인해 1871년(갑자년)에 직접 강세하였다고 선언하였다. 이 때 최수운의 종교체험에서 나타난 하느님의 존재가 바로 강증산 탄강 이전의 상제로서의 신격이었으며, 열석자의 주문 또한 그 신격으로부터 주어진 글임을 암시하고 있다. 따라서 정산이 받았던 신인으로부터의 글은 최수운의 종교체험과 유사하게 동일한 신격으로부터 주어진 하나의 계시체험이었음을 말해주고 있는 것이다.

이어서 "태인에 가서 나를 찾으라"고 하는 명령은 상제로서의 강증산께서 재세 시에 자주 머물고 주로 활동한 역사적인 성스러운 공간이었음을 위의 성구를 통해서 알 수 있다.[84] 정산의 종교체험은 이렇게 같은 시대에 살았건만 한 번도 만난 적이 없는 강증산에 대해서 먼저 그 신격을 접하는 것으로부터 시작되었다.

정산은 이후 그의 체험에 나타난 신비한 힘에 이끌리면서 초월적인 존재와 자기의 관계를 새롭게 인식하게 되고, 그러한 인식을 바탕으로 해서 도주道主로서의 인격변환과 함께 종교활동에 있어서 상제의 의지를 실현해나가게 된다.

중국 땅으로 망명한 지 9년 만에 배일排日 구국救國과 구제창생救濟蒼生의 대지大志를 품고 귀국한 정산은 상제의 계시에 따라

84 오늘날 '태인' '도창현'은 행정구역상 전북 정읍시 태인면 태흥리에 속하며, 실제로 정산은 그의 종교활동지를 이 지역으로 택하여 최초의 종단활동을 벌여나가게 된다. 이 시기에 건축된 것으로 알려진 무극도장 터는 해방 후 학교가 건립되었으나 지금은 빈 건물만 남아있다.

전국 각지를 편력 수도하면서 종교활동의 기반을 닦았고 또 강증산 상제가 남긴 봉서를 물려받기도 하였다.[85] 당시 한국의 소위 증산교계는 강증산 상제의 화천 후 친자親子종도從徒[86]의 종교활동으로 인해 수많은 교파가 난립해 나가는 과정에 있었으며, 저마다 종통계승의 정당성을 주장하고 교세확장에 주력하고 있었다. 이와 같은 상황에 정산의 종교체험은 여타 친자종도의 종교적 신념에 비추어 볼 때 견제의 대상이 될 만한 것이었으며 따라서 그 종교활동은 독자적으로 이루어질 수밖에 없었다. 이때에 행한 것으로 기록된 백일공부(1921)와 함께 납월도수(1922), 북현무도수(1922), 둔도수(1923), 단도수(1924), 폐백도수(1924) 등은 정산 자신의 종교체험에 입각한 고유한 종교활동을 대변하는 것이다.

이상에서 정산의 종교체험이 지니는 특성은 다음의 두 가지로 요약해 볼 수 있다. 첫째는 초월적 실재에 해당하는 상제로부터의 계시와 구도자인 인간 정산의 응답이다. 이는 모든 종교체험에서 일반적으로 발견되는 특성으로서 어떤 초월적이고도 궁극적인 실재와의 조우를 통해 알게 되는 새로운 세계에 대한 인식의 체험이라고 할 수 있다.[87] 정산은 그의 체험과정에서 현전한

85 『전경』, 교운 2장 13절, 도주께서 다음 해 정월 보름에 이 치복(호 : 석성)을 앞세우고 정읍 마동(馬洞) 김 기부의 집에 이르러 대사모님과 상제의 누이동생 선돌부인과 따님 순임(舜任)을 만나셨도다. 선돌부인은 특히 반겨 맞아들이면서 "상제께서 재세 시에 늘 을미생이 정월 보름에 찾을 것이로다"라고 말씀하셨음을 아뢰니라. 부인은 봉서(封書)를 도주께 내어드리면서 "이제 내가 맡은 바를 다 하였도다" 하며 안심하는도다. 도주께서 그것을 받으시고 이곳에 보름 동안 머무시다가 황새마을로 오셨도다.

86 대표적으로는 김형렬(太雲 金亨烈, 1862~1931)의 '미륵불교', 박공우(仁菴 朴公又 ? ~1940)의 '태을교', 차경석(月谷 車京石, 1880~1936)의 '보천교', 고판례(高判禮, 1880~1935)의 '선도교', 문공신(瀛祥 文公信, 1879~1954)교단, 안내성(敬萬 安乃成, 1867~1949)의 '증산대도교' 등이 있다.

신인이 바로 그가 구도과정에서 찾던 초월적 힘의 담지자로 인식하며 그 힘에 사로잡힌 상태에서 자신을 맡긴 채 명령에 순응하는 모습을 보였다. 또한 그 초월적 힘의 실체를 현실의 역사 속에서 실존했던 인물로 확인함에 따라 종교가였던 강증산에 대해 하나의 새로운 신앙체계를 세우는 전기점이 되기도 했다. 이는 곧 정산이 강증산 성사에 대한 새로운 신앙체계를 지니고 하나의 종단을 창설하는 것으로 이어진다.

둘째로 정산의 종교체험은 구세제민救世濟民 의지의 종교적 승화라는 점에서 또 하나의 특성을 지닌다. 이는 정산이 종교체험을 하게 된 배경이 그 자신의 고유한 인격과 관련을 맺고 있다는 것이다. 즉 부조전래의 배일사상을 물려받고 조부의 토혈서거를 목격하면서 어린 정산의 심경에는 강한 민족의식이 자리 잡았을 것으로 추측할 수 있다. 이어서 부친과 함께 만주지역으로 망명한 정산은 부친의 항일운동을 보좌하면서 그 파란곡절에 가슴을 태우는 과정에서 나라에 충성하는 마음과 구국救國의 심정을 깊게 지니게 되었다. 이렇게 본다면 정산의 구도공부는 무엇보다도 그가 지닌 구국의 심정이 바탕이 되고 나아가 동양천지가 소용돌이치는 속에서 구세제민의 의지를 보여준 것에 다름 아니다. 정산의 종교체험에서 신비한 순간에 주어진 신인의 계시는 바로 그러한 정산의 구세제민 의지를 실현할 수 있는

87 종교체험의 일반적인 특성에 대해서 김성민은 다음의 네 가지로 요약하고 있다. 첫째는 체험자의 의지와 관계없이 일어나는 초월적인 체험으로서, 그 안에 체험자들을 어떤 방향으로 이끌어가려는 일관된 법칙이 있고, 둘째 체험자들은 궁극적인 존재를 만나서 궁극적인 존재와 자기의 관계 및 새로운 세계에 대해서 알게 되는 인식의 체험이며, 셋째 그러한 인식을 바탕으로 해서 체험자들은 자기를 통합하여 그 전과 다른 삶을 살게 되며, 넷째 그 변화는 체험자들의 삶을 통해서 계속적으로 진행되는 체험이다. (김성민『종교체험』동명사, 2001, pp.69~70.)

종교적 가르침이었던 것이다. 따라서 정산의 종교체험은 한마디로 자신의 인격 속에 자리잡고 있었던 구국의 강력한 의지가 초월적 실재와의 만남을 통해서 종교적으로 승화되는 과정으로 나타난 것이며 이로써 현실적 한계가 초월적 힘을 통해 극복됨으로써 진정한 성자聖者의 길을 발견하게 되는 것이다.

이후에 정산의 종교활동은 그의 종교체험에서 전환된 새로운 인식으로 인해 그 전과 다른 성자적聖者的 삶으로 나타나며 새로운 종교공동체 창설이라는 구체적인 모습으로 계시를 실현하고자 하였다.

3) 정산의 종교 활동

□ 무극도의 창도와 교리확립

정산의 종교적 사명은 곧 강증산 구천상제의 유지遺志를 파악하여 그 사상을 세상에 천명闡明하고 가치를 실현하는 것이었다. 구천상제께서 9년간의 천지공사를 통해 후천 선경이 이루어지는 도수度數를 짜 놓았다면 정산은 그 도수에 맞게 현실화될 수 있도록 모든 신앙적 법제를 갖추는 것을 사명으로 삼았다.[88] 따라서 정산은 그의 종교체험의 공동체적 표현으로서 하나의 신생

88 이는 다음의 전경구절에서도 확인된다. 「이해 10월(1918, 무오년)에 도주께서 권 태로(權泰魯)외 몇 사람을 이끄시고 모악산의 대원사에 이르시니라. 이때에 도주께서 "개벽 후 후천後天 五만 년의 도수를 나는 펴고 너는 득도하니 그 아니 좋을시구"라 하시고 이 정률에게 원평 황새마을에 집을 구하여 가족들을 그곳에 이사 거주하게 하고 자신은 대원사에 몇 달 동안 머무셨도다. 」(교운2장 11절) 즉 도주는 상제의 천지공사를 뒤이어 이를 현실적으로 펴는 역할을 맡았음을 강조하고 있으며, 모든 사람이 이러한 공사의 혜택을 입을 수 있도록 스스로 활동해 나갈 것임을 밝히고 있는 것이다.

종단宗團을 창도하는 것에 이르게 되었다.

정산이 정식종단을 창설한 해는 1925년 을축년乙丑年이다.[89] 구천상제 화천 이후 16년만의 일이며, 입산공부를 통해 구천상제의 계시를 받은 지 9년째 되던 해이다. 이미 조선은 일제의 식민통치하에서 주권을 빼앗긴 상태에 있었으며 독립운동단체의 항일운동 또한 활발히 전개되고 있던 시기였다. 이 해에 도주는 전북 구태인舊泰仁 도창현道昌峴에 도장道場을 건설하고 종단 무극도无極道를 창도하였으니 곧 초기 교단의 형태가 된다. 오늘날 대순진리회 신앙의 골격이 형성된 것도 이때이며 모든 교리체계의 근간이 마련된 시기이다. 그 내용을 살펴보면 다음과 같다.

> 을축년에 구태인舊泰仁 도창현道昌峴에 도장이 이룩되니 이때 도주께서 무극도无極道를 창도하시고 상제를 구천 응원 뇌성 보화 천존 상제九天應元雷聲普化天尊上帝로 봉안하시고 종지宗旨 및 신조信條와 목적目的을 정하셨도다.

종지宗旨

음양합덕 · 신인조화 · 해원상생 · 도통진경

(陰陽合德 · 神人調化 · 解冤相生 · 道通眞境)

89 정산의 종단창설활동은 참고자료에 따르면 이미 1921년부터 시작된 것으로 알려져 있다. 村山智順의 『朝鮮의 類似宗教』에 따르면 초기에 교명을 天人教 혹은 無極教로 알고 있고 이후 1925년 이르러 無極大道教로 선포하였다고 기록하고 있다.(村山智順『朝鮮의 類似宗教』朝鮮總督府, 1935, p.333)

신조信條

사강령四綱領…안심安心 · 안신安身 · 경천敬天 · 수도修道

삼요체三要諦…성誠 · 경敬 · 신信

목적目的

무자기無自欺 정신개벽精神開闢

지상신선실현地上神仙實現 인간개조人間改造

지상천국건설地上天國建設 세계개벽世界開闢 (교운 2장 32절)

즉 종단의 명칭은 '무극도无極道'로 명시되며, 신앙의 대상에 있어서는 강세한 강증산을 '구천응원뇌성보화천존상제九天應元雷聲普化天尊上帝'로 봉안하여 신앙한다. 종교사상의 부분에서는 그 핵심이 되는 요지를 '종지宗旨'로 표현하였으며 이는 곧 강증산 구천상제의 진리를 16자로 압축하였음을 말한다. 오늘날 인물 강증산에 대한 다양한 조명에 비추어 그를 구천상제로 신앙하며 그 사상을 종지로서 이해하는 대순사상은 정산의 탁월한 혜안과 독창적인 해석이 뒷받침된 부분이라 볼 수 있다.

한편 신앙생활의 요체에 있어서는 '신조信條'로서 정하고 이를 다시 사강령四綱領과 삼요체三要諦로 나누어 진실한 실천이 이루어지도록 하였다. 나아가 모든 신앙인이 지향하는 궁극적 목적을 밝힘으로써 교리체계를 일단락 짓게 되었으니 이로써 하나의 종교가 갖추어야 할 요건을 모두 갖추게 된 것이다.

이 시기에 행해졌던 주요한 활동사항으로서는 안면도와 원산도 두 섬의 간석지干潟地를 개척한 것과, 담뱃대 도수(1926)를 행하고, 주籌를 놓는 공부(1927)를 한 것이 있다. 이 외에도 각도문覺道文과 포유문布喩文을 선포하였으며, 봉축주奉祝呪, 진법주眞法呪, 이십팔수주二十八宿呪, 이십사절주二十四節呪, 심경도통주心經道通呪, 칠성주七星呪, 원대주願戴呪, 관음주觀音呪, 해마주解魔呪, 복마주伏魔呪, 음양경陰陽經, 운합주運合呪, 개벽주開闢呪, 옥추통玉樞統, 태극주太極呪, 명이주明耳呪, 오방주五方呪, 오장주五臟呪, 구령삼정주九靈三精呪, 예고주曳鼓呪 등의 주문을 지어 사용하였다.[90]

이후 종단의 역사는 시대의 변천과 더불어 다양한 현실적 대응을 해 나갔으나 그 신앙체계와 교리 개요는 무극도와 같은 최초 종단의 설립당시 확립된 것에서 벗어나지 않는 것으로 본다.

□ 일제하의 종교 활동과 수난

조선을 강점한 일본은 3 · 1운동과 같은 거국적인 저항운동을 경험하면서 1920년대부터는 이른바 문화통치를 시행하기에 이른다. 이는 외형적으로는 유화정책이지만 실상은 민족운동전선을 분열시키고 약화시키기 위해 일제가 채택한 교묘한 통치방식이다. 특히 민족문화를 말살하고 황민화정책을 가속화하기 위해 일제는 민족종교를 대대적으로 탄압하는 정책을 세웠다. 이를 위해 1919년 문부성 종교국이 발표한 종교국통첩에 따르면 "신神 · 불佛 · 기독교基督敎의 교종파에 속하지 않으면서 종교유사의 행위를 하는 자 및 신 · 불 · 기독에 속하는 종교 교사敎師의 행동이면서 공안 기타 풍속 등에 관해서 특히 주의를 필요로 하는 자가 있을 경우에는 이것을 조사한 후에 그때마다 통보해야함을 여기에 명하여 통첩하는 바이다"[91]라고 발표하면서 본격적인 탄압에 돌입하게 된다.

90 『전경』, 교운 2장 참조.

실제로 일제는 우리의 민족종교를 유사종교 또는 사교邪敎로 규정하면서 관할대상으로 삼아 이를 감시하기에 이른다. 당시 경무국은 정치적으로 세력화하여 혹세무민惑世誣民하는 최제우의 동학일파, 강일순의 일파, 단군 또는 유교류의 단체 등을 경찰취체의 범위에 드는 대표적인 유사종교로 규정하였다. 그리하여 탄압대상의 사교邪敎성을 부각시켜 집회와 헌금을 엄금하고 단체의 해산을 강요하였다.[92] 무극도는 조정산 도주께서 창도한 이래 왜정당국의 끊임없는 감시와 탄압 속에서도 발전을 거듭하여 1920년대 말에 들어서는 도인의 수가 수십만에 이르는 거대한 종단이 되자 당국의 감시와 탄압도 그만큼 거세어졌다.[93] 참고자료에 의하면, 1935년 12월에 이르러 총독부에서 사람을 보내어 친서를 전달하고 무극도에서도 다른 교단에서와 같이 내선일체內鮮一體와 황민화정책에 동조해 줄 것을 종용했으나 정산은 이를 단호히 거절하며 돌려보냈다. 그리고 이달 24일에 다시 총독부로부터 협조를 요청받았으나 완강히 거절함으로써 마침내 총독부는 '종교단체해산령'을 전하게 되었다고 한다.[94] 이렇게 하여 무극도는 창도된 지 10년 만에 일제에 의해 강제 해산되는 수난을 겪게 되었던 것이다. 이때의 정황에 대해서는 『전경』에 다음과 같이 기록되어 있다.

도주께서 기유년부터 신사년에 이르기까지 도수에 의한 공부

91 文部省 宗敎局 通牒 第11號 "宗敎 및 이에 類한 行爲를 하는 者의 行動通報에 대한 要件"(警視廳 및 道府縣宛)

92 윤이흠, 『한국종교연구』 V, 집문당, 2003, p.273 참조.

93 홍범초, 「일제의 증산종단 탄압과 수난사 개요」, 『일제하 증산종단의 민족운동』, 증산종단연합회, 1997, p.212.

94 편찬위원회, 『眞經』, 태극도출판부 pp.444~445.

> 와 포교에 힘을 다하시니 신도의 무리가 이곳저곳에서 일어나니라. 그러나 일본이 이차대전을 일으키고 종교단체 해산령을 내리니 도주께서는 전국 각지의 종도들을 모으시고 인덕 도수와 잠복 도수를 말씀하시며 "그대들은 포덕하여 제민하였도다. 각자는 집으로 돌아가서 부모 처자를 공양하되 찾을 날을 기다리라"고 하셨도다. 이 선포 후에 도장은 일본 총독부에 기증되니 도주께서는 고향인 회문리로 돌아가셨도다. (교운 2장 43절)

정산은 무극도를 해산한 후에 종교 활동을 일시 중단하고 전국 명산대천을 순회巡廻주환周環하며 수도하게 되었다. 하지만 이 과정에서도 정산의 종교체험은 빛을 바래지 않고 그 초월적 힘과의 관계 속에서 상제의 의지를 수행해 나가는 계속적인 체험으로서의 가치를 지닌 것이었다.

정산은 고향에서 말할 수 없는 고난 속에서도 도수[95]에 의한 공부를 계속하였고, 종도 몇 사람이 왜경의 눈을 피하면서 도주를 도왔다. 정산은 이때 회문리會文里에 마련된 정사亭舍 회룡재廻龍齋를 중심으로 전국 각지에 두루 다니면서 수행하였다.[96]

95 본래 도수度數라는 용어는 강증산의 천지공사의 내용에서 자주 등장하는 용어이다. 고전에는 이 도수에 대해서 『周禮』春官宗伯 제3「正其位 掌其度數, 使皆有私地域」『蘇東坡 詩集』破琴詩「誦詩云, 度數形名本偶然, 破琴今有十三絃」;『心經付註』권3「禮以恭儉退遜爲本, 而有節文度數之詳」;『莊子』天道 13「禮法度數 形名比詳 治之末也」,天運14「吾求之於度數 五年而未得也」라고 하여 주로 制度나 節次, 回數등의 의미로 사용되었다. 이정립은 度數의 의미에 대해서 순서·절차 즉 프로그램이라고 하였다.(李正立, 『대순철학』, 려강출판사, 1984,p.141) 필자의 견해로는 하나의 절차개념을 포함하면서 특히 '어떠한 일을 완성하거나 이루는데 필요한 시한'을 뜻한다고 본다. 그리고 여기에는 그 일의 시작과 끝이 되는 시점도 포함하고 있다.

96 『전경』, 교운 2장 45절 참조.

□ 해방이후의 종교활동

1945년(을유년) 8월에 조국 광복을 맞이한 정산은 신앙자유의 국시國是에 따라 종교활동을 부활하게 되었으니 창도 이후 종단 체계에 새로운 전환점을 맞이하게 되었다. 1948년(무자년) 9월에 도본부道本部를 경상남도 부산시에 설치하면서 정산은 새로운 도수에 주력하게 되는데, 그 주요활동을 살펴보면 1949년(기축년)에 동래 마하사에서 49일간의 공부를 한 것, 화양동 만동묘에서 공사를 본 것(1954 갑오년 3월), 해인사에서 사흘 동안 공부하고(1954 갑오년), 동학사 염화실에서 7일 동안 공부하며, 지리산 쌍계사에서 7일 동안 공부한 것(1956 병신년) 등이 있다.[97] 이 외에도 도장에 통감, 소학, 대학, 논어, 맹자, 시전, 서전, 중용, 주역의 구판을 구하여 비치하였으며, 해인사 공부를 갔다 온 후 해인海印의 이치를 가르치고 조수潮水의 이치를 가르치기도 하였다.[98]

이 시기의 종교활동 가운데서 주목되는 것은 정산의 생애 말엽에 설법 시행한 각종 수도방법과 의식행사 및 준칙들에 있다.

> 도주께서 이해 十一월에 도인들의 수도공부의 설석을 명령하고 공부는 시학侍學 시법侍法으로 구분케 하고 각 공부반은 三十六명으로 하며 시학은 五일마다 초강식初降式을 올리고 十五일마다 합강식合降式을 올리며 四十五일이 되면 봉강식奉降式을 행하게 하고, 시법은 시학공부를 마친 사람으로서 하

97 『전경』, 교운 2장 47절, 48절, 49절, 50절, 54절, 57절, 60절 참조.

98 『전경』, 교운 2장 53절~56절 참조.

되 강식을 거행하지 않고 각 공부 인원은 시학원侍學員 정급正級 진급進級의 각 임원과 평신도로써 구성하고, 시학원은 담당한 공부반을 지도 감독하고 정급은 시간을 알리는 종을 울리고 진급은 내빈의 안내와 수도처의 질서 유지를 감시하여 수도의 안정을 기하게 하고, 시학관侍學官을 두어 당일 각급 수도의 전반을 감독하도록 하셨도다. (교운 2장 62절)

윗 구절에 나타난 바와 같이 1957년(정유년) 11월에 행해진 각종의 수도방법과 의식에 관한 설법은 정산 종교활동의 백미白眉에 해당한다. 그것은 1909년 구천상제의 화천과 더불어 남겨진 신앙이 그 목적에 있어서 '도통'이라고 하는 경지를 예비하였으므로 신앙인들로 하여금 그 본질적인 수행방법의 문제를 지니고 있었다는 데서 찾을 수 있다.[99] 즉, 상제 신앙의 목적을 달성하기 위한 구체적 방안이 문제되는 것이다. 여기에 정산께서 도주로서 제정한 시학侍學 시법侍法과 같은 공부는 그 신앙의 목적을 달성하기 위한 제도적 초석을 다진 것이라 하겠다. 구천상제의 법설 가운데 "천지의 조화로 풍우를 일으키려면 무한한 공력이 드니 모든 일에 공부하지 않고 아는 법은 없느니라. 정북창鄭北窓 같은 재주로도 입산 3일 후에야 천하사를 알았다 하느니라" (교운 1장 35절)고 한 구절을 언급해본다면 도주께서 마련한 공부들은 신앙인들에게 도통의 목적을 달성하기 위한 길잡이의 역할을 한다 할 것이다.

99 『전경』, 교운 1장 41절, "내가 도통줄을 대두목에게 보내리라. 도통하는 방법만 일러 주면 되려니와 도통될 때에는 유 불 선의 도통신들이 모두 모여 각자가 심신으로 닦은 바에 따라 도에 통하게 하느니라. 그러므로 어찌 내가 홀로 도통을 맡아 행하리오"라고 상제께서 말씀하셨도다.

이로써 도주 조정산의 종교활동은 종단창설을 통해 상제신앙의 기본 체계를 갖추게 되었고, 수도공부의 모든 법제法制를 세워 구천상제를 신앙하는 사람들이 그 종교적 목적을 달성할 수 있는 길을 터놓은 것으로 오늘날 그 위격이 존숭되고 있다 하겠다.

□ 화천化天과 종통전수

수도 공부의 모든 법제를 다 갖춘 다음 해인 1958년(무술년)에 도주 조정산은 그 종교활동을 마감하고 모든 도의 운영을 박우당 도전에게 물려주며 화천한다. 이 때 정산은 그 전 해인 1957년 11월 21일부터 이듬해 3월3일까지 도장에서 백일도수百日度數를 보았고, 그 시기 1958년 2월 하순경에는 최고 간부 전원이 모인 자리에서 박우당을 도전都典으로 임명하면서 도道의 체계와 임원을 개편하였다.[100] 백일도수를 다 마친 후 3월 6일에 화천하게 되니 정산의 인세人世 향수享壽 곧 64년이었다.

> 도주께서 정유년 十一월 二十一일 자시부터 무술년 三월 三일까지 도장에서 불면 불휴하고 백일 도수를 마치시니라. 五일에 심히 괴로워하시므로 한의사와 양의사를 불러왔으되 "때가 늦었도다"고 이르시니라. 도주께서 이튿날 미시에 간부 전원을 문밖에 시립케 한 후 도전 박 한경을 가까이 하고 도전의 머리에 손을 얹고 도의 운영 전반을 맡도록 분부를 내리고 "오십 년 공부 종필五十年工夫終畢이며 지기 금지 사월래至氣今至四月來가 금년이다. 나는 간다. 내가 없다고 조금도 낙심하

100 『전경』, 교운 2장 64절 참조.

지 말고 행하여 오던 대로 잘 행해 나가라"고 말씀하시고 다시 문밖을 향하여 '도적놈'을 세 번 부르시더니 화천하시니라. 무술년 三월 六일 미시요 양력으로 一九五八년 四월 二十四일이오. 수는 六十四세로다. (교운 2장 66절)

이상으로 도주 조정산의 생애와 종교활동에 관하여 살펴보았다. 도주의 생애를 중심으로 대순종단사 연구의 주제가 될 수 있는 몇 가지 사건을 종합해보면 다음과 같다.

첫째, 한일합방과 도주의 가계에서의 항일운동이 있다. 이미 조부는 배일사상가로서 민영환 등과 교우하였으며, 부친과 숙부들이 만주에서 행한 항일운동의 역사를 새롭게 밝힐 필요가 있다. 도주께서는 이러한 항일운동과정에서 당신의 구국의지를 키웠으며 또한 구도활동으로 이어졌으므로 그 구체적인 사항을 사료조사와 함께 밝힘으로써 도주 종교활동의 배경을 조명할 수 있을 것이다.

둘째, 일제시대 한국 신종교 교단의 양상과 도주의 종교활동을 대비하여 역사적으로 조명하는 것이 필요하다. 정산의 득도 이전에 이미 한반도에는 증산님을 따르던 많은 종도들이 나름의 교단을 창설하여 운영하고 있었으며 이들의 활동과 차별화될 수 있는 도주의 종교활동을 고찰하여야 한다. 이른바 무극도시대의 사건들을 중심으로 종단발전의 특이성과 그 역사를 이해하는 것이다. 안면도와 원산도에서의 간사지 개척사업은 그 대표적인 사례가 될 수 있다.

셋째, 세계이차대전과 일제의 종교단체 해산령에 대한 문제이다. 일제의 민족종교말살정책의 배경과 그 전개 그리고 당시의 무극도에 대한 조치와 대응 등을 역사적으로 파악하는 것이 필요하다. 이와 같은 연구는 한국 근대 신종교운동이 일제하에서 전개한 민중·민족운동으로서의 특징을 이해하는 데에도 일조하리라 본다.

넷째, 해방이후의 한국사와 종교적 분위기 그리고 도주의 종교활동 현황 등에 관해서 이해가 필요하다. 당시에 도본부를 부산시로 이전하고 도인촌이 형성되었던 것과 관련하여 새로운 종교공동체 건설과정을 역사적으로 살펴봄으로써 종단의 시대적인 특징을 파악할 수 있다.

6. 도전 박우당의 종통계승과 종단 대순진리회

1) 도전 박우당의 종통계승

1958년 도주 조정산의 화천 이후 종단은 유명遺命으로 종통을 계승한 도전 박우당에 의해 유지되었다. 이후 현대종단으로의 발전은 도전 박우당으로부터 전개되어 오늘에 이르렀으므로 대순 종단의 연원에 해당한다. 따라서 대순종단사에 있어서 주된 인물이 되는 우당의 생애와 종교활동에 대한 이해가 필요하다.

도주 조정산의 화천으로 인해 종단의 활동은 새로운 전기점을 맞이하게 되었는데, 그것은 종통 전수에 따른 새로운 체계와 임원의 개편으로 나타났다. 종전에 '도주道主'의 역할은 구천상제의 천지공사를 이어서 그 종교목적을 달성할 수 있도록 모든 신앙의 법제法制를 갖추는데 있었다면, 이후의 종통계승자는 기존의 법제를 준수하고 그대로 시행해나갈 수 있도록 도의 운영 전반을 책임지는 역할을 맡는 것이다. 그리하여 오늘날 현대종단의 활동에서 그 기초가 되는 교리체계로써 엄연한 교학사상의 틀을 갖추며 나아가 그 사상적인 해석과 대사회적인 활동을 통해 구천상제의 대순진리를 현창顯彰해 나가는 것이 하나의 과제로 남게 된 것이다. 이와 같은 사명으로써 도주 조정산의 종통을 계승한 분이 바로 도전都典 박우당朴牛堂이시다.

도전께서는 서기 1917년(정사년丁巳年) 음력 11월 30일에 충북忠北 괴산군槐山郡 장연면長延面 방곡리方谷里에서 탄강하였다. 휘는 한경漢慶이고 호는 우당牛堂이시다. 1946년(병술년丙戌年) 4월에 입도하였으며, 1957년(정유년丁酉年) 음력 12월 26일에 도주로부터 우당牛堂이라는 호를 받았다. 이듬해 1958년(무술년戊戌年) 2월 하순경에 총 도전都典으로 임명되었으며, 음력 3월 6일 도주 조정산으로부터 그 종통을 계승하게 되었다.[101]

일찍이 도전 박우당께서는 도주道主의 명에 의해 청주 화양동의 만동묘萬東廟를 찾아서 도주의 공사를 도운 적이 있으며,[102] 도주께서 "앞으로 신도들의 동動이 두번 있으리라"고 설법하였을 때 시좌侍坐했었다.[103] 그리고 도주 재세 시 도장에 사략史略 상하권과 사서삼경四書三經의 구판을 비치하게 하였는데 이때 그것들을 구하여 올린 적이 있으며,[104] 도주께서 합천 해인사에서 사흘 동안 공부할 때에 다른 임원들과 함께 시봉侍奉하기도 하였

101 『대순사상의 이해』, 대진대학교 출판부, 1998, '부록 1 대순종단의 연혁' 참조.
102 1951년 신묘년 3월에 있었던 일이다. 『전경』, 교운 2장 49절 참조할 것.
103 『전경』, 교운 2장 52절.
104 1954년 (甲午年) 가을에 있었던 일이다. 『전경』, 교운 2장 53절 참조.

다.[105] 1956년(병신년丙申年) 3월에는 도주께서 공주 동학사東鶴寺에서 신명神明 해원解冤을 위한 7일간의 공부를 할 때에 이를 시봉하였다.[106] 이듬해 8월에는 도주께서 지리산 쌍계사雙磎寺에서 7일간의 공부를 할 때에 이를 배종陪從하기도 하였으며,[107] 도주 화천이 있기 전 해에 감천에서 도주의 묘소를 미리 정하는 분부를 경청敬聽하였다.[108] 이렇게 박우당께서는 종단의 임원으로서 도주의 종교활동을 보필했으며 도주의 신임을 쌓아왔었다. 그리하여 1958년 2월 하순경에 도道의 운영전반을 책임지는 도전으로 임명되게 되었으니 곧 종통계승을 위한 새로운 조직체계가 선포된 것이다.

> 도주께서 다음 해 二월 하순경에 최고 간부 전원이 모인 자리에서 "박한경을 도전으로 임명하니 그는 총도전이니라. 종전의 시봉 도전과는 전혀 다르니라"고 분부를 내리셨도다. (교운 2장 64절)

도전으로 임명된 박우당은 이후 지방의 일로 며칠 다녀오기를 도주께 청하였어도 허락을 얻지 못하였고 오로지 도무道務에만 전념하게 되었다.[109] 그리고 마침내 도주께서 그해 3월 6일 화천하시며 간부 전원을 문 밖에 시립케 한 후 도전을 불러 그

105 『전경』, 교운 2장 54절 참조.
106 『전경』, 교운 2장 57절 참조.
107 『전경』, 교운 2장 60절 참조.
108 『전경』, 교운 2장 61절 참조.
109 『전경』, 교운 2장 65절 참조.

의 머리에 손을 얹고 도의 운영 전반을 맡도록 분부를 내리고 "오십년공부종필五十年工夫終畢이며 지기금지사월래至氣今至四月來가 금년이다. 나는 간다. 내가 없다고 조금도 낙심하지 말고 행하여 오던 대로 잘 행해 나가라"고 말함으로써 그 50년간의 종교활동을 도전 박우당에게 전수하였던 것이다.[110]

이렇게 해서 도주 조정산으로부터 비롯된 구천상제에 대한 신앙체계는 그 기본골격을 그대로 유지한 채 도전 박우당으로 계승되었으며, 이어서 새로운 종단의 발전을 가져오게 되는 전기점을 맞이하게 되었던 것이다.

2) 종단 대순진리회의 활동

도주로부터 유명遺命으로 종통을 계승한 도전께서는 이후 새로운 종단의 창설을 위해 1968년(무신년戊申年)에 경기도 안양 수리사修理寺에서 49일간의 공부를 하였다.[111] 그리하여 이듬해 1969년(기유년己酉年) 4월에 전반적인 기구를 개편하고 종단 대순진리회大巡眞理會를 창설하였으니 이로써 현대 종단의 본격적인 출범이 이루어지게 된 것이다.

당시 도전께서는 대순진리회 중앙본부 도장을 서울 성동구 중곡동中谷洞에 창건하시는 한편 건전하고 참신한 종교활동과 함께 연차적 사업으로 구호자선사업, 사회복지사업, 교육사업 등을 계획 추진하게 하였다.[112]

110 『전경』, 교운 2장 66절 참조.

111 『대순사상의 이해』, 대진대학교 출판부, 1998, '부록 1 대순종단의 연혁' 참조.

구호자선사업으로서는 불우이웃돕기 · 불우아동돕기 · 신체장애자돕기 · 이재민돕기 · 양로원 고아원돕기 등이 있으며, 사회복지사업으로서는 새마을 사업 · 자연보호캠페인 · 교통질서 및 거리정화운동 · 지역개발사업 · 방범활동 · 원호성금 · 방위성금 · 농촌일손돕기 · 미아보호운동 · 노인잔치 · 경로사상선양운동 · 청소년육성회돕기 등이 있다. 교육사업으로서는 매년 종단의 세출과목예산을 절감하여 교육기금을 조성, 1984년에 학교법인 대진학원을 설립한 뒤 종합대학인 대진대학교(1992)를 비롯하여 대진고등학교(1985) · 대진여자고등학교(1989) · 분당대진고등학교(1994) · 일산대진고등학교(1994) · 수서전자공예고등학교(1996) · 부산대진전자정보고등학교(1996) 등을 개교하였다.[113] 그리고 전문적인 교역자 양성을 위하여 1995년도에 대진대학교 대순종학과를 창설하였다.

종단의 규모는 1986년 여주수도장을 창건하면서 급격히 확대되어 갔으며 1987년에는 재단법인 설립이 허가되었다. 1989년에는 제주 수련도장이 개관되었고, 1992년에는 포천 수도장이 완공되었으며, 1993년에는 본부도장이 중곡동에서 여주로 이전되었다. 1995년에는 속초 금강산에 수련도장이 건축됨으로써 전국에 다섯 곳의 도장이 조성되었다.[114]

도세현황道勢現況에 있어서는 현대에 이르러 전국적으로 200만에 달하는 신자를 배출하였으며(1997. 12. 31 통계 1,953,483명),

112 『대순진리회 요람』, 교무부, 1969, p.13 참조.

113 『대순회보』, 대순진리회 출판부, 16면 참조.

114 『대순사상의 이해』, 대진대학교 출판부, 1998, '부록 1 대순종단의 연혁' 참조.

시설물로는 회관 91개소, 회실 154개소, 포덕소 1,115개소 합계 1,360개소(1998. 12. 31 통계)에 이르게 되었다.[115]

종단의 홍보와 교학사상에 대한 연구를 위해 다양한 인쇄물과 서적을 발간하기도 하였는데 주요 간행물과 연구저서들을 살펴보면 다음과 같은 것이 있다.

경전 관련

。『전경典經』: 대순진리회 교무부

—1974년 발간, 구천상제의 대순진리와 그 종통계승의 역사를 주제별로 기술하였다.

。『전경색인집』: 종단 대순진리회

—1992년 발행, 종단의 경전인 『전경』구절을 쉽게 찾아볼 수 있게끔 하는 목적에서 발간되었다.

교직자용 간행물

。『포덕교화기본원리布德敎化基本原理』: 대순진리회 교무부

—1975년에 발간되었으며 종단의 연혁과 해원상생의 교리를 현대사회에 맞게끔 설명하고 있다.

。『도헌道憲』: 종단 대순진리회

—1972년에 제정하여 75년, 76년, 85년에 각각 개정하였다.

。『대순지침大巡指針』: 종단 대순진리회

—1984년에 발간되었으며, 교직자의 수도생활에 지침이 될 수 있도록 도전都典의 훈시를 모아 정리한 것이다.

115 『宗團 大巡眞理會』, 화보집, 대순진리회 교무부, 1999 참조.

정기 간행물

。『대순회보大巡會報』 : 대순진리회 출판부 발행

—1983년 7월 25일에 창간호를 발행하였으며, 2013년 2월 현재 141호에 이르고 있다.

종단 홍보용 간행물

。『대순진리회요람大巡眞理會要覽』 : 대순진리회 교무부

—1969년에 처음 발행되었으며, 종단의 교리체계와 조직기구 등을 소개하고 있다.

。『대순성적도해요람大巡聖蹟圖解要覽』 : 대순진리회 교무부

—종단 초기 자료로서 종단의 연혁에 해당하는 구천상제의 일대기와 그 종통계승에 따른 내용을 성화聖畵로 모신 후 이를 연대별로 알기 쉽게 도해圖解해 놓은 것이다.

。『종단 대순진리회 화보집畵報集』 : 대순진리회 교무부

—1999년에 발간되었으며 각 도장의 전경 및 지방 회관의 사진을 수록하고 있다.

연구 저서

。『대순종교사상』 : 대순종교문화연구소

—1976년 초판발행, 1987년 증보개정판 발행, 대순진리회의 종교적 특징을 종교사상, 종교행위, 종교집단으로 각각 나누어 그 내용을 개괄적으로 설명하였다.

。『증산甑山의 생애와 사상』 : 대순종교문화연구소

—1979년 초판 발행, 신앙의 대상인 구천상제의 인물적 생애와 그 사상 개요를 이야기식으로 서술하였다.

◦『대순진리입문』: 대순종교문화연구소

—1987년 초판 발행, 종교학적 관점에서 대순진리회의 신앙 특징을 개괄적으로 설명하였다.

◦『대순진리강화』Ⅰ : 대순종교문화연구소

—1988년 초판 발행, 대순진리회의 신앙을 우주관·구제관·상제관의 사상에 입각하여 각각 설명하고 있다.

◦『대순진리강화』Ⅱ : 대순종교문화연구소

—1989년 초판 발행, 종교사적 시각에 입각하여 대순진리회의 발자취를 분석하고 이어서 대순신앙의 내용을 체계적으로 서술하고 있다.

◦『천지공사론天地公事論』: 대순종교문화연구소

—1989년 초판발행, 대순종교사상의 우주관에 해당하는 '천지공사'의 이념을 그 일반론과 함께 구조적으로 해명하고 있다.

논문집

◦『대순사상의 현대적 이해』: 대순종교문화연구소

—1983년 초판 발행, 대순사상의 특징을 논문주제로 삼아 그에 관한 여러 학자들의 논문을 모아 편찬한 것이다.

◦『대순논집大巡論集』: 종단 대순진리회

—1992년 발행, 대순진리회의 교학사상에 관하여 작성된 다양한 논문을 모아서 편찬한 것이다.

이처럼 도전께서는 1969년 이후의 종교활동에서 새로운 종단을 발전시킴에 따라 규모 있는 현대종교의 체제를 갖추었으며, 오늘날 대순진리회 신앙을 널리 확산시키는 데 절대적인 영도력領導力을 발휘하였던 것이다.

도전께서는 1996년 1월 23일(음력 12월 4일) 향년享年 80수壽로 화천化天하시었으며, 종단은 중앙종의회 체제로 오늘에 이르고 있다.

이상으로 도전 박우당의 생애와 종교활동에 대하여 정리해 보았다. 대순종단사 이해와 관련하여 이에 따른 몇 가지 역사 연구의 주제를 살펴보면 다음과 같다.

첫째는 한국 현대사의 전개에 있어서 대순진리회 종교활동의 특징과 그 발전에 관한 것이다. 해방 이후 한국은 1960년대부터 급속한 산업화와 도시화를 경험하였다. 이와 같은 변화에 따른 한국종교의 현황과 대순진리회 종단의 비약적인 성장과정을 여러 가지 통계자료를 참고하여 면밀히 살펴볼 필요가 있다.

둘째는 대순진리회의 삼대 주요사업인 구호자선사업, 사회복지사업, 교육사업 등에 대하여 종교의 사회적 기능 측면에서 그 시대적 의의 및 전개과정을 분야별로 역사적으로 고찰할 필요가 있다. 이 같은 연구는 오늘날 대순진리의 사회적 확산과 응용 및 종단의 정책수립에도 많은 도움이 될 수 있다고 본다.

셋째는 한국 민족운동사의 관점에서 현대 대순진리회가 지니는 민족종단으로서의 위상을 고찰하고 나아가 세계화시대 한국문화의 정체성 수립에 기여할 수 있는 가능성을 확인하는 작업이 필요하다. 아울러 현대 종교연합운동 등에 관해서도 종단사의 차원에서 다루어질 수 있을 것이다.

3장
교리론

1. 머리말

교리란 하나의 종교 내에서 인정되고 숭상되는 핵심원리를 말한다. 비교종교학적으로 볼 때 교리는 종교경험의 지적인 표현형식 중의 하나다. 여기에는 최초 주창자의 권위에 따라서 전승되어 오는 것도 있고, 종교 내에서 오랜 기간의 논쟁 끝에 공인된 교리도 있다. 대체로 교리는 종교 신앙인들 사이에서 거부될 수 없고 고정 불변의 진리로서 받아들여진다는 점에서 도그마(dogma)로 불리기도 한다.[116]

교리를 통해 우리는 하나의 신앙을 궁극적으로 확실하게 표명하는 것이 가능하며, 생활규범을 정하고 이에 따른 최종적인

116 도그마(Dogma)로서의 교리는 보다 넓은 의미에서의 독트린(Doctrine)과 구별된다. 도그마는 그리스어에서 유래하며, 오랜 기간에 걸쳐 결정되고 공인되었다는 점에서 절대권위를 지닌다. 이에 반해 독트린은 라틴어에서 기원하며, 후대에 와서 도그마보다 훨씬 넓은 의미로, 초종교적인 용어로 사용되는 경향이 있다. 또한 독트린은 변동 가능성이 있는 것을 말한다. 한편 그 어휘의 사용 전통으로 보면, 기독교에서는 도그마를 서방 가톨릭 교회의 정통교리를 지칭하고, 독트린은 서방뿐 아니라 다른 교회(예:동방교회)의 교의를 표현할 경우에 사용되었다.

목표를 명확히 설정한다. 이러한 교리는 분명히 어떤 권위가 있는 곳에서만 생길 수 있다.[117] 따라서 교리에 대한 이해와 해설은 주어진 신앙을 지성적으로 확고히 함과 동시에 풍부한 설명에 의해 신앙의 보편적 가치를 확인하는 데 있다 하겠다.

대순진리회의 교리는 역사적으로 종교활동을 통해 종단을 창설하신 조정산 도주에 의해 확립되었다. 도주께서는 1925년에 종단 무극도를 창도하시었으며, 이 때 신앙의 대상을 구천응원뇌성보화천존상제로 봉안奉安하고 종지宗旨와 신조信條 그리고 목적目的을 정하시었다. 여기서 종지, 신조, 목적이 바로 교리체계가 되며 그 구체적 내용은 『전경』에 다음과 같이 명시되어 있다.

종지宗旨

음양합덕陰陽合德 · 신인조화神人調化

해원상생解冤相生 · 도통진경道通眞境

신조信條

사강령四綱領—안심安心 · 안신安身 · 경천敬天 · 수도修道

삼요체三要諦—성誠 · 경敬 · 신信

117 요아힘바하, 김종서 역, 『비교종교학』, 민음사, 1988, p.136 참조.

목적目的

무자기無自欺—정신개벽精神開闢

지상신선실현地上神仙實現—인간개조人間改造

지상천국건설地上天國建設—세계개벽世界開闢[118]

즉 종지를 통해 대순진리회 신앙의 핵심원리를 나타내며, 신조를 통해 신앙생활의 규범을 정하고, 목적을 통해 신앙의 최종적인 귀결점을 제시하고 있다. 이와 같은 교리체계에서 각각의 항목이 의미하고 있는 바가 무엇이며, 나아가서 대순진리회 교리가 전반적으로 지니고 있는 사상적 특징은 어떠한지를 살펴보기로 하겠다.

2. 종지론宗旨論

1) 개요

종지(tenet)란 그 종파의 핵심적인 교의를 뜻하는 단어이다. 하나의 종단 내에서 종지는 구성원들에 의해 강력히 지지되고 진술되는 형태로서 모든 사상적 설명의 근간을 이루는 것을 말한다. 대순진리회 종단에서 이러한 종지는 각각 사자성어四字成語로 표현하여 총 열여섯 자로 구성되어 있다. 음양합덕陰陽合德·신인조화神人調化·해원상생解冤相生·도통진경道通眞境이 그것

118 『전경』, 교운 2장 32절.

이며, 대순진리를 압축하여 나타낸 말이기도 하다.

대순진리회의 종지는 1925년 도주 조정산의 무극도 종단 창설 시에 처음으로 공표되었다. 이러한 종지의 교리사적 가치는 무엇보다도 도주 조정산의 독창적인 교의가 잘 나타나 있다는 점이다. 일찍이 도주께서는 종단 역사에 있어서 구천상제로부터 종통을 세우신 분으로 알려져 있다.[119] 『대순지침』에 명시하기를, "도주님께서 진주眞主(15세)로 봉천명奉天命하시고 23세시에 득도하심은 태을주太乙呪로 본령합리本領合理를 이룬 것이며, 『전경』에 12월 26일 재생신再生身은 12월 4일로서 1년 운회의 만도滿度를 채우실 도주님의 탄생을 뜻하심이다"라고 하고, "본도의 연원淵源은 상제님의 계시(봉서)를 받으셔서 종통을 세우신 도주님으로부터 이어내려 왔다"고 하여 도주님이 구천상제의 종통계승자임을 분명히 하고 있다.[120] 따라서 종지는 종통계승자로서의 도주께서 구천상제의 진리를 핵심적으로 깨닫고 이를 요약하여 정리한 것임을 알 수 있다. 구천상제께서 인세人世에서 행하신 9년간의 대역사에 대해 그 역사가 지향하는 바의 이념적 요체를 도주께서 밝히심으로써 비로소 대순진리가 이 세상에 드러나게 된 것이다.

구천상제의 주된 역사는 9년간에 걸친 천지공사에 있다고 하겠는데, 그 원리는 바로 도주께서 확립한 종지에 의해서 이해되어질 수 있다. 다시 말해서 천지공사는 음양합덕 신인조화 해원상생 도통진경으로 진행되었으며, 이를 실현하는 데 목적이

119 『대순지침』에 따르면 '구천상제(九天上帝)님의 계시를 받으신 도주道主님께서 종통을 세우셨다'(p.13)라고 하였다.

120 『대순지침』, pp.13~14.

있다고 본다. 천지공사의 전체는 모두 이러한 종지로 설명될 수 있으며, 종지는 또한 천지공사를 통해 구체화되고 있다.[121]

종지와 천지공사의 관계에 있어서 먼저 음양합덕에서는 일음일양一陰一陽과 정음정양正陰正陽 그리고 음양조화陰陽調和 등에 관한 공사를 통해 확인할 수 있다.[122] 신인조화는 인존人尊, 신도神道와 인사人事, 강륜綱倫 등에 관한 공사에서 잘 드러난다.[123] 해원상생은 인간사회와 신명세계 그리고 천지 만물에 이르기까지 광범위하게 행해진 해원공사와 후천을 지배하는 상생원리에서 확인된다.[124] 도통진경은 후천선경과 도통군자, 지기통일, 문명통일 등의 공사에서 찾아볼 수 있다.[125] 이처럼 종지는 대순진리 그 자체이며 모든 사상의 귀결점으로서 확고부동한 교의로 자리 잡고 있다.

대순진리를 하나의 종교사상으로 이해하고자 한다면 그 사상적 범주는 크게 세부분으로 나눌 수 있다. 신관, 인간관, 세계관 등이 그것인데, 이는 모두 종교적 사고에 있어서 중심적인 주제들이다. 신과 세계, 그리고 신과 인간 사이의 관계들은 매우 중요하다.[126] 이러한 주제들에 관해서도 대순진리는 모두 종지에 의해서 압축되고 표방되어진다고 할 수 있다. 철학, 종교, 윤리, 사회와 같은 인간행동에 관한 주제에 있어서도 그 주된 사상적 요체는 모두 종지에 의해서 규정되고 있음을 주목해야 한다.

121 이경원 외, 『대순진리의 신앙과 목적』, 대순사상학술원, 2000, pp.97~114 참조.
122 『전경』, 공사 2장 16절.
123 『전경』, 교법 2장 56절, 예시 9절, 교법 3장 34절.
124 『전경』, 공사 1장 3절.
125 『전경』, 공사 3장 5절, 예시 12절, 예시 45절.
126 요아힘바하, 김종서 역, 『비교종교학』, 민음사, 1988, p.143.

예를 들면, 음양합덕에서의 음양은 동양철학의 전통에서 발견되어지는 주된 주제이며, 신인조화에서 신과 인간의 관계는 종교경험의 본질을 이루는 부분이다. 해원상생은 인간관계에서의 올바른 실천과 윤리의 문제를 다루고 있으며, 도통진경은 이상사회를 나타낸다. 이로써 볼 때 열여섯 자 종지는 대순진리회 종단의 모든 사상적 총체를 아우르고 있으며, 그 해석 또한 다양한 시각에서 이루어질 수 있음을 보여준다. 다음으로 이러한 종지에 대해서 개략적인 설명을 시도해보기로 한다.

2) 음양합덕陰陽合德

음양합덕은 본래 동양 고전 『주역周易』의 용어이다. 동양의 전통철학을 관통하는 원리는 바로 음양론陰陽論이며, 그 대표적인 문헌에서 이와 같은 개념을 핵심적으로 언급하였던 것이다. 즉 음물陰物과 양물陽物이 그 덕을 합하여 모든 만물을 이루고 또 그러한 만물은 '음양陰陽'이라고 하는 단일한 이치로 설명될 수 있다는 것이다.[127] 천지 삼라만상은 하나의 음양이며, 음양은 모든 만물의 보편적 진리에 해당한다. 이에 대해 중국의 유학자 주자朱子(1130~1200)는 말하기를 "만물이 비록 수없이 많으나 음양의 변화에서 나오지 않는 게 없다"[128]라고 하였다. 따라서 음양합덕에 관한 이해는 먼저 동양철학의 기초가 되는 음양론을 살피고,

127 『주역』, 繫辭傳 下 6장, 「子曰 乾坤 其易之門邪, 乾 陽物也, 坤 陰物也, 陰陽合德, 剛柔有體, 以體天地之撰, 以通神明之德, 其稱名也, 雜而不越, 於稽其類, 其衰世之意耶」

128 『주역』 繫辭 下 「萬物雖多, 无不出於陰陽之變, 故卦爻之義, 雖雜出而不差繆」

이어서 대순진리에서 강조하는 바의 음양합덕 의미를 알아야 할 것이다.

음양론에서는 먼저 음과 양의 개념이 있고, 이어서 음・양의 관계에 대한 이해가 있다. 음양의 문자적인 의미는 본래 '태양의 빛남'과 '태양이 구름에 가려짐'의 상태를 나타낸다. 후대에 이르러 양陽은 '산측山側의 햇빛이 비추어지는 곳', 음陰은 '햇빛이 비치는 반대편 산측의 그늘진 곳'이라는 의미로 정착되었다. 기존의 연구에 따르면 음양은 초기에 기후를 나타내는 원시적 개념으로부터 이원기二元氣라는 원질原質적 개념으로 발전하고, 이어서 만물의 유기적 연관성과 변화의 기본양상을 표상하는 '범주적' 개념으로 전개되었다고 본다.[129]

음양의 상호관계에 대해서는 전통적으로 '대대對待'라는 용어로 표현될 수 있다. 그 뜻은 '대립하면서 서로 끌어당기는 관계' '상대가 존재함에 의하여 비로소 자기가 존재한다고 하는 관계' '상호 대립하면서 상호 의존하는 관계'로 일단 규정된다.[130] 이러한 대대관념의 특징에 대해서는 크게 다음의 네 가지로 요약할 수 있다.[131] 첫째, 대대라는 관계는 무엇보다도 상반적인 타자를 적대적인 관계로 보는 것이 아니라 자신의 존재성을 확보하기 위한 필수적인 전제로서 요구하는 관계이다. 둘째, 대대는 상반적 또는 상호 모순적 관계를 상호 배척적 관계로 보는 것이 아니라 상호 성취의 관계, 더 나아가 운동의 추동력의 근거로 본다. 셋째, 대대관계에 있는 양자兩者는 대대관계에 있다는 그 자

129 최영진, 『역학사상의 철학적 탐구』 1989. 성균관대 박사논문, p.23~24 참조.
130 金谷治, 『易の話』 동경 강담사, 1972, pp.150~151 (최영진, 위의 책 재인용)
131 최영진, 위의 책, pp.34~37 참조.

체로서 균형과 조화를 이루고 있는 것으로 규정하려는 경향이 강하다. 넷째, 대대는 공간적 관계에 머무르지 않고 일日·월月·한寒·서暑, 하루 또는 1년과 같은 시간적 관계성을 포섭한다.

대순진리에서 이해되는 음양합덕은 이상과 같은 음양론을 전제하고 나아가서 구천상제의 천지공사로 인해 주어지는 새로운 세계의 구성원리로 작용한다고 본다. 이 때 새로운 세계는 곧 후천後天이며 선천先天에서의 모든 부조리와 모순이 제거된 이상적인 곳이다. 여기에 음양합덕은 선천의 음양분덕陰陽分德을 극복하고 '합덕合德'이라고 하는 진정한 화합의 경지를 추구하는 이념으로 받아들여진다.

대순진리의 음양합덕 사상은 크게 '일음일양一陰一陽'과 '정음정양正陰正陽'의 두 가지 특징으로 나누어 살펴볼 수 있다. 일음일양은 『주역』에서 "한번 음陰하고 한번 양陽하게 하는 것을 도道라고 한다.[一陰一陽之謂道]"[132]라고 한 것처럼, 하나의 음과 하나의 양이 상호 대등한 관계를 맺음으로써 비로소 차별이 없고 평등하며 원만하고 평화로운 세계를 이룰 수 있다고 본다. 선천에서는 이러한 음과 양이 서로 균등하지 못하여 조화를 잃었으며, 따라서 자연과 인간 사회에는 수많은 원冤이 발생하였다. 상제께서 행하신 천지공사는 바로 이와 같은 불균형을 없애고 모든 것을 원리적으로 일음일양이 되게끔 하였던 것이다. 정음정양은 음과 양이 각각 바른[正] 가치와 정당한 실재로서 합덕하는 것을 말한다. 즉 음은 정음正陰이 되어야 하고 양은 정양正陽이 되어야 한다. 이때의 정正은 윤리·도덕적으로 타당하며, 그 자

132 『周易』, 繫辭上傳.

체로 결함이 없는 것을 말한다. 특히 음·양의 관계에서 그 관계의 주체는 자기완결성을 지니고 상호관계를 통한 창조적 재생산에 기여해야 한다. 이런 점에서 정음정양은 일음일양의 양적인 관련성에 비해 음과 양의 질적인 관련성을 나타낸다고도 볼 수 있다.

결론적으로 음양합덕은 후천의 세계를 구성하는 기본원리로서 상제의 천지공사를 통해 구현된 새로운 세계의 이상적인 경지를 표현하고 있다 하겠다.

3) 신인조화神人調化

신인조화에서 주목되는 문제는 바로 신과 인간의 관계다. 즉 신인조화란 신과 인간이 서로 '조화調化'를 이룬다는 것이므로 여기서 신을 어떻게 이해하며 또한 인간의 위상은 어떠한가를 고찰하여야 한다. 이어서 '조화調化'라는 단어가 가지고 있는 고유한 의미에 대해서도 살펴보아야 할 것이다.

신神은 전통적으로 종교의 대상이며 동·서양의 종교에서 제각각 고유한 관념을 가지고 있다고 본다. 신의 존재를 인정하는 입장에서 유신론有神論이 있으며 여기에는 다시 일신론一神論, 다신론多神論, 범신론汎神論, 범재신론汎在神論 등이 있다. 개별 종교에서 이해하는 신관념은 저마다의 차이가 있을 수 있으나 대체로 유신론적 입장에서는 세계를 초월하여 존재하면서, 그것을 창조·유지·섭리하고 있는 인격적인 살아 있는 신을 믿는다. 인간은 이에 대해 피조물, 유한자, 피명령자로서 신의 뜻을 받들어 살아가는 것이 가장 바람직한 것으로 본다. 이 때 신과 인간의 관계는 주종主從 혹은 군신君臣, 창조와 피조의 관계로 묘사된다.

대순진리에서 바라보는 신에 대한 관념은 그 자체로 독자적인 성격이 있다. 우선 신은 신명神明으로 불리면서 모든 가치의 근원이자 만물을 유지하는 생명의 본질이다. 우주 전체에 편만해 있으며 만물이 제 기능을 발휘하도록 하는 힘이다.[133] 인간 행위의 올바른 근거는 신의 세계에 있으며 모든 윤리 · 도덕의 최종적 근거가 되는 것이 신이다. 이러한 신의 존재를 인정하고 인간세계와 결부시켜 이해하고자 한다는 점에서 인간과 신의 상호 유기적 관련성을 강조하고 있다. 이에 대해 인간의 위상은 바로 그 근원적 가치를 세계 속에 실현하고자 하는 데서 드러난다. 『전경』에 "천지가 일월이 없으면 빈껍데기에 불과하고 일월도 그것을 알아주는 사람이 없으면 빈 그림자에 불과하다."[134]고 한 것은 인간이 바로 우주의 본체이자 핵심 존재임을 말한 것이다. 또 "사람이 없으면 천지도 없다. 그러므로 천지가 사람을 낳고 사람을 쓰므로 천지가 사람을 쓰는 때에 참여하지 못하면 어찌 사람이라 하겠는가?"[135]라고 하여 인간의 주체성을 강조하고 있다. 여기서 신과 인간은 상호 대등한 관계에서 서로 의존하며 그 역할과 기능을 다하고 있다고 본다. 다음의 『전경』 구절은 이러한 신과 인간의 관계에 대해서 잘 말해주고 있다.

133 『전경』, 교법 3장 2절.「천지에 신명이 가득차 있으니 비록 풀잎 하나라도 신이 떠나면 마를 것이며 흙바른 벽이라도 신이 옮겨가면 무너지나니라.」

134 『전경』, 예시 21절 「천지 무일월 공각(天地無日月空殼) 일월 무지인 허영(日月無知人虛影)」

135 『전경』, 교법 3장 47절,「 然無人無天地 故天地生人用人 以人生不參於天地用人之時 何可曰人生乎」

> 신은 사람이 뒤에 없으면 (일을) 의뢰하여 맡길 곳이 없으며, 사람은 신이 앞에 없으면 이끌어 줄 대상이 없다. 신과 인간이 조화調和하여 만사가 이루어지고, 신과 인간이 화합하여 백가지 공이 성취된다. 신명은 사람을 기다리고 사람은 신명을 기다린다. 음과 양이 서로 합덕하고 신과 인간이 서로 통한 이후에 천도天道가 이루어지고 지도地道가 이루어진다. (또한) 신의 일이 이루어지고 나서 인간의 일이 이루어지며, 인간의 일이 이루어지고 나서 신의 일이 이루어진다.[136]

즉 신과 인간은 상호 의존관계에 있으며, 서로를 필요로 하고 있다. 신과 인간이 서로 상합相合함으로 인해 모든 일이 이루어지고 또한 천지도 질서를 찾는다고 본다. 이 때 신과 인간은 마치 음양론에서 음과 양의 관계와도 같다. 음양이 서로 합덕하듯이 신과 인간도 합덕함으로써 모든 조화가 나오고 이상적인 경지가 이루어질 수 있다는 말이다.

신인조화에서 주목해야 할 단어는 바로 '조화調化'이다. 이 때의 조화는 대순진리에서 고유한 용어이며 '조화調和(harmonization)'와 '조화造化(creation)'의 합성어이다. 신은 인간을 필요로 하고 인간은 신을 필요로 한다. 따라서 신과 인간이 상호 의존하고 화합하여 조화調和를 이룸으로써 또한 새로운 존재가 조화造化될 수 있다는 것이다.

신·인의 조화調化를 통해 탄생하는 새로운 인간 존재는 대

136 『전경』, 교운 2장 42절, 陰陽經,「神無人後無托而所依人無神前無導而所依神人和而萬事成神人合而百工成神明竢人人竢神明陰陽相合神人相通然後天道成而地道成神事成而人事成人事成而神事成」

순진리에서 '인존人尊'의 개념으로 설명될 수 있다. 여기서 인존이란 『전경』에서 "천존과 지존보다 인존이 크니 이제는 인존시대라. 마음을 부지런히 하라."[137]고 한 데서 표방된 단어이다. 즉 천존天尊과 지존地尊은 각각 신의 권위가 천·지에 속해있었던 시대를 말한다. 이때는 선천先天으로서 인간이 하늘과 땅에 부여된 일정한 신격을 숭배해 왔다. 하지만 천지공사 이후의 후천後天은 인존시대로서 모든 신적 권위가 인간에게 주어지는 때이다. 『전경』에 의하면 "사람마다 그 닦은 바와 기국에 따라 그 사람의 임무를 감당할 신명의 호위를 받느니라."고 하여 신은 인간을 호위하고 서로 화합하여 일을 한다.[138] 따라서 후천은 신과 인간이 조화調和되고 조화造化되어 신인간新人間이 탄생하므로 이를 이름하여 인존이라고 한다.

이상에서 살펴본 바와 같이 대순진리회 종지의 하나로서 '신인조화神人調化'의 이념은 신과 인간의 화합을 통한 이상적인 인간상을 제시하고 있으며, 이로써 새로운 종교관과 신관 그리고 인간관의 전형典型을 나타내고 있다 하겠다.

4) 해원상생解冤相生

해원상생은 대순진리회 종지의 하나이면서 대사회적 슬로건으로 제창된다. 왜냐하면 여기에는 하나의 실천 강령이 내포되어 있고 사회적인 계몽의 성격이 있기 때문이다. 『대순지침』에는

137 『전경』, 교법 2장 56절.
138 『전경』, 교법 2장 17절.

"해원상생 대도의 진리를 올바르게 이해토록 하라"[139]고 하였으며, 『대순진리회요람』에서는 상제께서 "신인의도의 이법으로 해원을 위주로 하여 천지공사를 보은으로 종결하시니 해원 보은 양 원리인 도리로 만고에 쌓였던 모든 원울이 풀리고 세계가 상극이 없는 도화낙원으로 이루어지리니 이것이 바로 대순하신 진리인 것이다'[140]라고 한 데서 알 수 있듯이, 해원상생은 대순진리를 대표하는 용어라고 할 수 있다. 여기서 해원상생의 종지 이해를 위해 주목해야 할 부분은 먼저 '원冤'에 대한 개념이며, 이어서 왜 해원이 필요한가, 그리고 상생의 의미는 무엇인가에 대해 살펴보아야 한다.

해원에서의 '원冤' 개념은 그 글자가 지닌 의미에서부터 유추할 수 있다. 『설문해자說文解字』에서는 "원은 구부리다는 뜻이다. 冖+免로 이루어져 있다. 토끼가 冖 밑에 있어서 달릴 수 없으므로 더욱 구부리고 꺾인다"라고 하였다.[141] 즉 본래의 뜻은 '구부리다'이다.[142] 이 한자 자형을 살펴볼 때 '한 마리의 선량한 토끼가 덮게 속에 갇혀서 움직이지 못하고 있는 형상이다.'[143] 따라서 그 의미가 확장되어 '무고하게 덮어 쓴 죄', '원통寃痛하게 누명을 쓰다' '원한怨恨', '증오憎惡' 등의 뜻을 갖게 되었다고 본다.[144] 원굴寃屈, 원혼冤魂, 신원伸寃 등도 그러한 '원'의 의미가 사

139 『대순지침』, 대순진리회 교무부, p.19.

140 『대순진리회요람』, 대순진리회 교무부, p.8.

141 許愼, 『說文解字』「冤屈也 從冖免 免在冖下不得走 益屈折也」

142 『漢書』에 '冤頸折翼'(목을 구부리고 날개를 꺾다)라고 하였다.(漢書卷四十五 蒯伍江息夫傳第十五)

143 李樂毅, 『漢字正解』3, 비봉출판사, 1994, p.624.

144 李樂毅, 위의 책.

용된 단어이다. 이와 같은 사전적 의미에서 살펴볼 때 원冤의 자의字意는 먼저 굴레에 갇힌 토끼의 심정과 연관이 있다. 토끼는 무고하며, 굴레에 갇혀서 억울하고 답답한 심정과 함께 자신을 가둔 자를 증오하기도 한다. 또한 그 굴레로부터 탈출하고픈 강렬한 소망이 있다. 한마디로 원冤은 원망怨望으로서 원한怨恨과 소망所望이 결합된 의미를 지닌다.

대순진리에서의 원冤은 비단 인간의 일상감정에서만 머무르지 않는다. 과거 인류역사의 전체를 지배한 원동력이 바로 이러한 원冤에서 시작되었다고 본다. 그 대표적인 『전경』구절은 다음과 같다.

> 상제께서 7월에 "예로부터 쌓인 원을 풀고 원에 인해서 생긴 모든 불상사를 없애고 영원한 평화를 이룩하는 공사를 행하리라. 머리를 긁으면 몸이 움직이는 것과 같이 인류 기록의 시작이고 원冤의 역사의 첫 장인 요堯의 아들 단주丹朱의 원을 풀면 그로부터 수천 년 쌓인 원의 마디와 고가 풀리리라. 단주가 불초하다 하여 요가 순舜에게 두 딸을 주고 천하를 전하니 단주는 원을 품고 마침내 순을 창오蒼梧에서 붕崩케 하고 두 왕비를 소상강瀟湘江에 빠져 죽게 하였도다. 이로부터 원의 뿌리가 세상에 박히고 세대의 추이에 따라 원의 종자가 퍼지고 퍼져서 이제는 천지에 가득 차서 인간이 파멸하게 되었느니라. 그러므로 인간을 파멸에서 건지려면 해원공사를 행하여야 되느니라"고 하셨도다.[145]

145 『전경』, 공사 3장 4절.

또 상제께서 가라사대 "지기가 통일되지 못함으로 인하여 그 속에서 살고 있는 인류는 제각기 사상이 엇갈려 제각기 생각하여 반목 쟁투하느니라. 이를 없애려면 해원으로써 만고의 신명을 조화하고 천지의 도수를 조정하여야 하고 이것이 이룩되면 천지는 개벽되고 선경이 세워지리라" 하셨도다.[146]

윗글에서 알 수 있듯이 원冤은 고대로부터 시작하여 누적된 부정적인 역사의 전개를 나타낸다. 그리고 이 원은 선천의 세계를 파멸지경에 이르게 한 원인이 된 감정으로 설명된다. 인간역사 뿐만이 아니라 자연물도 이에 지배되었으며,[147] 심지어 신명들도 원을 지녔다고 본다.[148] 이러한 원이 제대로 해소되지 않고 모든 만물과 인간역사에 악영향을 끼쳐왔으므로 이를 근본적으로 해소하는 것이 세계를 평화롭게 하는 길임을 말하고 있다. 진정한 해원이 됨으로써 인류가 화목하고 천지만물이 자기 자리를 찾으며, 신명의 세계가 조화를 이룩하고 천지도수가 안정되므로 비로소 천지가 개벽될 수 있다는 말이다. 따라서 '해원'이야말로 새로운 세계를 위한 전 우주적이고도 본질적인 진리임을 강조하고 있는 것이다.

해원을 통해 맞이하는 새로운 세계의 지배원리가 바로 상생相生이다. 인간과 우주 사물이 지닌 원冤을 모두 해소하여 어떤 부정적인 감정도 발생하지 않는 상태가 된다면 이러한 경지

146 『전경』, 공사 3장 5절.
147 『전경』, 행록 2장 15절.
148 『전경』, 교법 2장 14절, 교운 1장 20절 참조.

는 한마디로 상생이라고 할 수 있다. 상생은 상극相克과 대조를 이루는 단어이다. 상극은 선천의 세계를 지배하면서 상호 반목 투쟁하며 해를 입히는 관계를 뜻한다. 이에 반해 상생은 오직 상대에게 혜택만을 주고 서로를 위해 잘 되게끔만 하는 관계를 말한다. 더 이상 상대에게 원망이 없고, 또 다시는 원冤이 발생하지 않기 위해서는 상생의 관계가 되어야만 한다. 이로써 상생은 인류사회의 영원한 평화의 원리가 될 수 있다.

해원과 상생은 서로 유기적인 관련 하에 이해되어야 한다. 해원없는 상생이 있을 수 없으며, 상생없는 해원이 있을 수 없다. 해원만 있고 상생이 없다면 무질서와 방종放縱이 초래될 것이며, 상생만 있고 해원이 없다면 또 다른 원冤이 발생할 것이다. 여기에 해원은 상생의 진리와 결합하여 후천세계를 주도하는 핵심적인 가치관으로 작용하게 된다.

요약하면 해원상생의 종지는 과거 선천의 인류역사를 지배하였던 원冤을 근본적으로 해소하고, 전 우주적인 해원을 통해 영원한 평화의 원리로서 상생을 이룩하고자 한다는 데 그 의의가 있다.

5) 도통진경道通眞境

대순진리회의 종지인 도통진경道通眞境에서는 인간과 사회 그리고 우주세계의 모든 경계가 진리로서의 도道와 하나가 되고 막힌 곳이 없이 두루 통한 이상적인 경지가 이룩되는 것을 말한다. '도道가 통한 참된 세계'로서의 도통진경은 인간 정신의 개벽에서부터 사회생활 나아가 우주 만물에 이르기까지 진리 아닌 것이 없는 완전한 모습을 지향하고 있다. 여기서는 음양합덕과 신인조화 그리고 해원상생이 모두 조화를 이루고 하나의 진리가 되어 전 우주에 편만한 상태가 된다. 따라서 도통진경의 종지를 이해하기 위해서는 먼저 '도道'는 무엇을 말하며, 그것이 통한 상태로서의 진경은 어떤 세계인가를 살펴볼 필요가 있다.

도道에 대해서는 우선『대순지침』을 참고해 볼 때 다음과 같은 설명을 할 수 있다. "도道는 우주대원宇宙大元의 진리로서 영원하며 우주 만상의 시원始原이자 생성生成 변화의 법칙이고, 음양이며 이치이며, 경위며 법이다."[149] 즉 진리이면서 법칙이 되는 도道는 모든 판단의 준거가 되고 영원한 실재로서 이 우주에 존재한다고 본다. 영원불변하고 항상된 도가 이 우주에 가득차고 두루 관통될 때 비로소 이 우주는 안정되고 질서가 유지된다고 볼 수 있다. 하지만 그렇지 않고 도道가 단절되고 통하지 않는 상태가 있다면 그것은 불안하고 언제 괴멸될지 모르는 비정상적인 것이다. 대순진리가 이 땅에 출현한 것은 바로 이와 같은 도道의 단절과 무도無道의 상태를 치유하고 회복하기 위한 데 배경이 있다. 다음의『전경』내용은 이 문제를 잘 적시摘示하고 있다.

> 큰 병은 무도無道에서 생겨나고, 작은 병도 무도無道에서 생긴다.
> 그 유도有道함을 얻으면 그 큰 병은 약을 쓰지 않아도 낫고,
> 작은 병도 약을 쓰지 않아도 낫는다.
> 지기금지사월래至氣今至四月來 예장禮章

149『대순지침』, p.18, p.23, p.24, p.44 참조.

의통醫統

그 어버이를 망각하는 것이 무도이며,

그 임금을 망각하는 것이 무도이고,

그 스승을 망각하는 것이 무도이다.

세상에 충忠이 없고, 효孝가 없으며, 열烈이 없다. 그러므로 천하가 다 병이 들었다.

병세病勢

천하의 병을 지닌 자는 천하의 약을 쓰면 그 병이 곧 낫는다.[150]

윗글에서 알 수 있듯이 무도無道함은 병을 불러일으키고 이러한 병이 천하에 가득 차게 되었다는 것이다. 천하가 다 병이 들었다고 함으로써 도道가 없어진 선천의 세상을 바로잡고 다시 도道를 회복하기 위해 행해진 역사가 바로 구천상제의 천지공사이다. 천지공사로 인해 흐트러진 천지의 질서가 다시 조정되고 영원한 진리가 지배하는 세상을 건설하게 되니 이것이 바로 후천의 선경이 된다.

천지공사 이후에 맞이하는 새로운 세상으로서의 후천선경은 한마디로 진리로서의 도가 통한 참된 경지를 지향한다. 이것은 인류의 이상이며 영원한 평화의 세계가 도래한 것을 말한다.

150 『전경』, 행록5장 38절, 「大病出於無道, 小病出於無道, 得其有道 則大病勿藥自效 小病勿藥自效, 至氣今至四月來 禮章, 醫統, 忘其父者無道, 忘其君者無道, 忘其師者無道, 世無忠 世無孝 世無烈 是故天下皆病, 病勢, 有天下之病者 用天下之藥 厥病乃愈…”

이 세계를 일컬어 '진경眞境'이라고 할 수 있으며, 진리가 관통한 진리의 경지라 말할 수 있을 것이다.

그렇다면 도통진경에서의 '진경'은 구체적으로 어떤 세계인가. 이에 대한 묘사는 『전경』의 다음 구절에서 엿볼 수 있다.

> 후천에는 또 천하가 한 집안이 되어 위무와 형벌을 쓰지 않고도 조화로써 창생을 법리에 맞도록 다스리리라. 벼슬하는 자는 화권이 열려 분에 넘치는 법이 없고 백성은 원울과 탐음의 모든 번뇌가 없을 것이며 병들어 괴롭고 죽어 장사하는 것을 면하여 불로불사하며 빈부의 차별이 없고 마음대로 왕래하고 하늘이 낮아서 오르고 내리는 것이 뜻대로 되며 지혜가 밝아져 과거와 현재와 미래와 시방 세계에 통달하고 세상에 수水·화火·풍風의 삼재가 없어져서 상서가 무르녹는 지상선경으로 화하리라.[151]

즉 후천은 인간세상에서 볼 때 정치, 경제, 사회, 문화, 환경에서의 이상적인 경지를 보여주고 있으며, 인간의 불로불사가 실현되고 전 우주의 시대를 맞이하는 것을 말하고 있다. 인간에게 있어서는 어떠한 번뇌도 없고, 모두가 도道를 통한 사람이 되어 과거·현재·미래와 시방세계에 막힘이 없는 시대도 바로 후천이다.

이처럼 도통진경에서는 인간 사회뿐만이 아니라 전 우주세계에 진리의 도가 통하며 그리하여 인류가 소망하는 이상세계가 펼쳐지는 후천을 집약해서 표현하고 있다.

151 『전경』, 예시 81절.

3. 신조론信條論

1) 개요

대순진리회의 교리개요에 있어서 신조信條는 종지宗旨, 목적目的과 더불어 그 중심을 이루는 항목이다. 종지가 대순진리회 교리에서 하나의 이념적 진리를 말한다면 신조는 그러한 신앙적 진리를 실천적으로 표현하는 조목條目이 된다고 할 수 있다. 종지의 가르침을 온 몸으로 받아들이고 나아가 천도天道에 합치된 이상적 인간상을 이루기 위해서는 신조의 항목을 철저하게 지켜나가야 할 것이다. 종지의 진리를 몸체로 할 때 궁극적 목적에 도달하기 위한 신조는 마치 새의 양 날개와 같이 그 중요성은 아무리 강조해도 지나치지 않다. 본 장에서는 대순진리회 신조에서 표명된 주요항목을 이해하고 고찰함으로써 그 주된 의미체계를 밝히는데 역점을 두고자 한다.

본래 '신조'라는 말의 의미는 사전적으로 '①신앙의 개조箇條, 교의敎義, ②굳게 믿고 있는 생각, 도그마(dogma), 신념信念' 등을 말한다.[152] 하나의 신학적 번역용어로는 기독교 사상 전통으로부터 유래한 것으로 '신앙고백'이나 어느 특정 종교에서의 본질적인 믿음 내용을 요약한 것을 가리킨다.[153] 이때 신조의 영어단어 '크리드(Creed)'는 믿음보다 앞서는 것이 아니라 믿음을 전제로 하고, 언제나 내적인 삶 속에서 나온다고 한다.[154] 또한 인간

152 『국어대사전』, 민중서림, 1997 참조.

153 *The Encyclopedia of Religion*, Vol. 4, Mircea Eliade, Macmillan Publishing Company. 1987.

이 만든 신조 중 최상의 것은 계시된 진리에 가장 가깝고 진리를 올바르게 해설한 것으로 받아들여진다.[155] 이처럼 기독교 전통에서의 신조는 '신앙의 규범'을 가리키고 있다.

반면 대순진리회 교리 내에서의 신조의 의미는 기독교 전통과 정확히 일치하지는 않는다. 오히려 종지와 목적 사이에서 가교적인 역할을 하고, 진리를 현실에 구현하기 위한 방법론 혹은 교훈, 훈계 등의 의미가 강하다. 이때의 영어단어는 'Creed' 보다는 'Precept'에 가깝다. 따라서 신조에 관한 이해는 지적인 측면도 포함하고 있지만 행위적인 측면이 보다 강조된다는 점에서 실천학의 관점에서의 해석이 중요하다고 본다. 진리의 인식도 중요하지만 이를 어떻게 체험하고 표현할 것인가 하는 점이 신조 이해의 관건이 된다는 말이다.

대순진리회 신조는 크게 두 가지 영역으로 나뉜다. 하나는 사강령四綱領이며, 또 하나는 삼요체三要諦이다. 이 중에서 사강령은 다시 안심安心・안신安身과 경천敬天・수도修道로 나눌 수 있으며, 삼요체는 성誠・경敬・신信의 세 가지로 구성된다. '강령綱領'이라는 말은 그 소속 구성원들의 행동양식을 공통적으로 통일하는 근본 지침을 뜻하며, '요체要諦'란 수도인의 생활자세가 되는 가장 긴요한 진리를 말한다. 다음 절에서 이를 구체적으로 살펴보기로 한다.

154 필립 샤프 저, 박일민 역, 『신조학』, 기독교문서선교회, 2000, p.8. 영어단어 Creed는 라틴어 'Credo'(I believe)에서 유래하였다.

155 위의 책, p.11.

2) 사강령四綱領

□ 안심安心 · 안신安身

안심 · 안신은 모두 문법적으로 "마음[心]과 몸[身]을 안安한다"고 하는 구조로 되어 있다. 여기서 마음과 몸에 대한 기본적인 이해와 함께 '안安한다'고 할 때의 '안'의 의미를 심층적으로 이해할 필요가 있다. 먼저 그 공식적인 해설 내용을 중심으로 그 의미를 살펴보기로 한다.[156]

> **안심安心**
>
> 사람의 행동行動 기능機能을 주관主管함은 마음이니 편벽偏辟됨이 없고 사사私邪됨이 없이 진실眞實하고 순결純潔한 본연本然의 양심良心으로 돌아가서 허무虛無한 남의 꾀임에 움직이지 말고 당치 않는 허욕虛慾에 정신精神과 마음을 팔리지 말고 기대企待하는 바의 목적目的을 달성達成하도록 항상恒常 마음을 안정安定케 한다.
>
> **안신安身**
>
> 마음의 현상現象을 나타내는 것은 몸이니 모든 행동行動을 법례法禮에 합당케 하며 도리道理에 알맞게 하고 의리義理와 예법禮法에 맞지 않는 허영虛榮에 함부로 행동行動하지 말아야 한다.

156 『대순진리회요람』, p.15.

윗글에서 '안심'은 먼저 '마음'에 대한 이해에서부터 출발한다. 마음이란 사람의 행동 기능을 주관하는 특별한 내적 기관이다. 이러한 마음은 항상 정상적인 상태를 유지하여야 하는데, 그 주된 모습이 바로 '양심良心'이라는 것이다. 양심의 실질적인 상태에 대해서는 허무한 남의 꾀임에 움직이지 않고, 당치 않는 허욕에 함부로 사로잡히지 않는 것을 말한다. 그리하여 궁극적으로는 기대하는 바의 목적을 달성하게 하는 것으로서 '안심'의 중요성을 강조한다. 여기서 '안安'의 의미는 주로 '안정安定'으로 풀이되고 있다.

요약하면 안심이란 '모든 행동의 주관자인 마음이 항상 양심의 상태를 지니고 기대하는 바의 목적을 달성하도록 항상 마음을 안정케 하는 것'이다. 이에 대한 심층적인 이해를 위해서는 사람의 마음과 양심의 문제 그리고 지향하는 목적의 내용, 그 마음을 안정케 하는 방법 등이 탐구되어야 한다.

'안신'에 대해서는 먼저 몸에 대한 정의가 나온다. 몸은 '마음의 현상을 나타내는 것'이다. 이어서 이 몸은 행동으로 드러나는데, 모든 행동을 법례와 도리에 알맞게(합당) 함으로써 역시 몸을 안정케 하는 데 그 핵심요지가 있다. 여기서 '안安'의 의미는 설명 상 '(법례에) 합당함' 혹은 '(도리에) 알맞음' 등으로 풀이할 수 있을 것이다.

요약하면, '마음의 현상에 해당하는 몸이 그 모든 행동을 도리와 예법에 합당케 하는 것'이 된다. 안신을 심층적으로 이해하기 위해서는 몸이 사람의 마음과 관련하여 어떤 위상을 지니는가, 법례와 도리 혹은 의리와 예법의 구체적 내용은 무엇인가 그리고 윗글의 설명에서 나타나지는 않았지만 안심에서와 같이 안신을 통해 궁극적으로 도달하고자 하는 목적은 무엇인가 등의 문제를 생각해 볼 수 있을 것이다.

□ 경천敬天 · 수도修道

경천과 수도의 문법적인 의미는 각각 '천天을 경敬하며, 도道를 수修함'이다. 여기서 이해되어야 할 사항은 우선 '천天'과 '도道'의 의미이며, 이어서 경敬과 수修의 내용이 무엇인가이다. 그 공식적인 해설을 살펴보면 다음과 같다.

> **경천敬天**
> 모든 행동行動에 조심하여 상제님上帝任 받드는 마음을 자나깨나 잊지 말고 항상恒常 상제上帝께서 가까이 계심을 마음속에 새겨 두고 공경恭敬하고 정성精誠을 다하는 마음을 잊지 말아야 한다.
>
> **수도修道**
> 마음과 몸을 침착沈着하고 잠심潛心하여 상제님上帝任을 가까이 모시고 있는 정신精神을 모아서 단전丹田에 연마鍊磨하여 영통靈通의 통일統一을 목적目的으로 공경恭敬하고 정성精誠을 다하는 일념一念을 스스로 생각生覺하여 끊임없이 잊지 않고 지성至誠으로 봉축奉祝하여야 한다.

윗글에 입각해서 보면 먼저 '경천'에서의 '천天'은 곧 상제님을 뜻함을 알 수 있다. 상제님은 대순진리에서 신앙의 대상이며 최고의 신격을 지닌 우주의 주재자이시다. 신명계에서 볼 때 구천九天

이라는 최고위에 임재臨在하신 하느님으로서 모든 하위下位의 신명을 거느리고 삼계三界를 통찰하고 계신다. 특별히 '경상제敬上帝'라 하지 않고 '경천'이라 한 것은 상제께서 통솔하시는 신명계 전체를 아울러 표현한 것이라 볼 수 있다. 『전경』에 의하면 "하늘은 삼십육천三十六天이 있어 상제께서 통솔하시며 전기를 맡으셔서 천지 만물을 지배 자양하시니 뇌성보화천존상제雷聲普化天尊上帝이시니라."[157]고 하고, "천지에 신명이 가득 차 있으니 비록 풀잎 하나라도 신이 떠나면 마를 것이며 흙 바른 벽이라도 신이 옮겨가면 무너지나니라."[158]고 한데서 알 수 있듯이, 천天 그 자체는 신명으로 가득 찬 신의 세계를 대변한다고 볼 수 있다. 이러한 천天을 구분하면 크게는 구천九天으로 나눌 수 있고 다시 세분하면 삼십육천三十六天으로 나눌 수 있다는 것이다. 따라서 천天은 상제님을 위시爲始한 신명세계를 통틀어 표현한 대표 용어이며, 그 중심에는 언제나 상제님의 존재가 있음을 상기하여야 한다.

'경敬'자는 사전적으로 '외경畏敬함' '공경함' '존경함' 등의 뜻을 나타내는 동사이다. 이 중에서 특별히 '외경함'의 뜻은 '천天'의 뜻과 관련하여 짝을 이룰 수 있는 단어이다. 왜냐하면 '신명'은 우리의 눈에 보이지는 않지만 언제나 인간과 관계하고 있고 또 인간의 일거수 일투족을 살피면서 존재하고 있다. 이러한 신명의 존재에 대해 인간은 자신의 행동에 비추어 두려워할 줄 알아야 하며, 바로 그렇게 지켜보는 신명 앞에서 자신의 몸가짐을 바르게 할 수 있을 때 진정한 신앙인이 될 수 있는 것이다. 그리

157 『전경』, 교운 2장 55절.
158 『전경』, 교법 3장 2절.

하여 '경천'한다 함은 천지에 가득 찬 신명 앞에서 자신의 행동을 살필 줄 알며, 그 가운데 존재하는 상제님의 위상을 깊이 느껴서 상제님의 뜻에 맞도록 모든 정성을 다해 나가는 것을 말하고 있다.

'수도'에서의 도道는 곧 우주 대원의 진리이고 법칙이다. 이러한 진리 혹은 법칙을 관장하고 있는 분이 바로 상제님이시다. 우주 만유의 질서와 진리의 도를 자각하고 이어서 상제님의 존재를 신앙한다면 인간은 자신의 행동을 조심하지 않을 수 없다. 또한 인간은 그 진리에 합치되기 위한 노력을 함으로써 자신의 불완전함을 극복하고자 한다. 즉 '수도'는 '도를 닦는다'는 뜻으로 인간의 인격완성을 위한 노력이며, 진리를 향한 가르침의 실행이다. 대순진리회의 수칙에서도 언급된 바 있듯이 '일상 자신의 허물을 반성하고 과부족이 없는가를 살펴 고쳐나가는 것'이 바로 수도이다. 이러한 수도의 구체적인 행위로서 공부와 수련 그리고 기도 등이 있다.

수도하는 모든 행위를 일컬어 수행이라고 하며 그 주요한 활동들에는 모두 '주문呪文'이 포함되어 있다. 주문은 곧 '영문靈文'이며 천지신명의 이름을 담고 있다. 수행과정에서 모든 신명의 이름을 부르고 모심으로써 자신의 몸가짐이 바르게 되고, 또한 신명의 진리에 합치되어 신·인이 조화된 새로운 인간으로 거듭난다. 따라서 신조의 항목으로서 '수도'한다 함은 인간 자신의 한계를 극복하고 진정한 인간완성을 향해 노력하는 것이 인간의 참된 도리임을 강조하고 있는 것이다.

3) 삼요체三要諦

□ 성誠

삼요체로서의 '성誠'은 그 자의字意에서 '정성' '참됨' '진실로' '언어행위에 거짓이 없고 순일함' 등의 뜻을 지닌 글자이다. 한자의 구조상 '언言+성成'으로 되어 있어 양쪽 의미가 함축되어 있는 글자이다. 즉 사람이 일상생활에서 사용하는 말[言] 한마디가 그대로 성취되려면[成] 진실되고 정성스럽지 않으면 안 된다는 것이다. 이러한 '성'이 대순진리회 신조의 삼요체 중 하나로 명시된 것은 수도인으로서 반드시 지녀야만 하는 생활 자세와 직결되어 있기 때문이다. 먼저 그 해설을 살펴보면 다음과 같다.

> 도道가 곧 나요, 내가 곧 도道라는 경지境地에서 심령心靈을 통일統一하여 만화도제萬化度濟에 이바지할지니 마음은 일신一身을 주관主管하며 전체全體를 통솔統率 이용理用하나니, 그러므로 일신一身을 생각하고 염려念慮하고 움직이고 가만히 있게 하는 것은 오직 마음에 있는 바라 모든 것이 마음에 있다면 있고 없다면 없는 것이니 정성精誠이란 늘 끊임이 없이 조밀調密하고 틈과 쉼이 없이 오직 부족不足함을 두려워하는 마음을 이름이다.

윗글에서 살펴볼 수 있는 '성誠'의 의미는 대체로 마음의 자세와 관련이 있다. 이 마음이 몸의 주인인데, 마음을 어떻게 가지느냐에 따라 일의 결과가 달라질 수 있다는 것이다. 그 마음 자세의 첫째는 바로 일심一心이다. 도道와 나[我]가 하나 된 경지에서 심령을 통일하고 변함없는 마음으로 창생구제의 활동을 해나가는 것이 곧 일심이다. 그러기 위해서는 상제님에 대한 신앙이 확고부동하고 변함이 없어야 한다. 『대순지침』에 의하면 "성은 거짓이 없고 꾸밈이 없이 한결같이 상제님을 받드는 일이다."라고 하였다.[159] 이처럼 일심이란 상제님 신앙과 관련한 일관된 마음자세로서 삼요체인 성誠과 통하고 있다.

둘째는 진심眞心이다. 성誠이란 진실된 마음자세로 모든 일에 임하는 것이므로 일체의 거짓이 있어서는 안 된다. 만일에 거짓이 조금이라도 내포되어 있다면 그것은 몸의 행동으로 이어지며, 일의 결과도 좋지 못하다. 상제님의 말씀에 "진심견수복선래眞心堅守福先來"[160]라고 한 것은 이러한 '진심'의 중요성과 그 효용을 밝힌 것이라 하겠다.

셋째는 성심誠心이다. 성심에서의 '성'은 곧 정성精誠을 뜻한다. 정성이란 위의 해설에서 '늘 끊임이 없이 조밀調密하고 틈과 쉼이 없이 오직 부족不足함을 두려워하는 마음'이라고 하였다. 모든 일을 처리하고 진행하는 과정에서 방심하지 않고 부단한 노력으로 살펴나가며, 조금이라도 노력이 부족하지 않도록 최선을 다해나가는 마음자세가 성심이다. 여기에 '성誠'의 요체가 빛이 난다.

□ 경敬

삼요체의 두 번째 항목 '경敬'은 '공경함' '외경畏敬함' '삼가함'의

159 『대순지침』, p.51.
160 『전경』, 교법 2장 3절.

뜻을 지닌다. 한자의 구조상 '구苟'와 '복攴'의 결합으로 이루어진 회의자會意字이다. 복攴은 톡톡 가볍게 두드림이요, 구苟는 구차함을 나타내니 예의에 벗어난 행동이나 흐트러진 몸가짐을 바로 가질 수 있게끔 계도하는 의미를 지니고 있다. 이 역시 대순진리회의 신조 중 삼요체의 하나이므로 그 면밀한 이해가 필요하다고 하겠다. 그 공식적인 해설은 다음과 같다.

> 경敬은 심신心身의 움직임을 받아 일신상一身上 예의禮儀에 알맞게 행行하여 나아가는 것을 경敬이라 한다.

윗글에서 경敬은 우선 행동의 문제임을 알 수 있다. 특히 예의바른 행동을 하는 것이 경敬을 행하는 관건이 되고 있다. 『대순지침』에서도 경敬은 "예의범절을 갖추어 처신처세하는 것이다."라고 하였다.[161]

하나의 행동이 있기 위해서는 먼저 마음의 판단과 결정이 있어야만 하는데, 수도인에게 있어서 그 판단의 기준이 되는 것은 바로 진리로서의 '도道'이다. 따라서 모든 행동은 진리의 자각에 따른, 진리에 부합된 것이어야 할 것이다. 여기에 예의禮儀는 진리의 행위적 표현에 다름 아니다. 전통적으로 '예禮'는 '천리天理의 절문節文'이라고 하였다. 경敬은 이와 같이 예의바른 행동을 이끄는 실천적인 진리를 말한다.

161 『대순지침』, p.52.

□ 신信

신信은 사전에서 '믿음' '진실(성실)' 등의 뜻을 지니고 있다. 한자구조는 인人과 언言으로 이루어진 회의자會意字이다. 고대에 사람의 말은 언제나 행동을 전제하므로 믿을 만하지 않으면 말을 하지 않는다고 보았다. 또한 사람이 말을 하는 것은 언제나 믿을 만하고 성실하기 때문이라는 데서 오늘날의 뜻이 정해졌다고 본다. 대순진리회 신조로서 신信에 관한 해설은 다음과 같다.

> 한마음을 정定한 바엔 이익利益과 손해損害와 사邪와 정正과 편벽偏辟과 의지依支로써 바꾸어 고치고 변變하여 옮기며 어긋나 차이差異가 생기는 일이 없어야 하며 하나를 둘이라 않고 셋을 셋이라 않고 저것을 이것이라 않고 앞을 뒤라 안하며 만고萬古를 통通하되 사시四時와 주야晝夜의 어김이 없는 것과 같이 하고 만겁萬劫을 경과經過하되 강하江河와 산악山岳이 움직이지 않는 것과 같이 하고 기약期約이 있어 이르는 것과 같이 하고 한도限度가 있어 정定한 것과 같이 하여 나아가고 또 나아가며 정성精誠하고 또 정성精誠하여 기대한 바 목적에 도달케 하는 것을 신信이라 한다.

위의 설명에 입각하여 신의 의미를 살펴보면 크게 세 가지로 나누어 설명될 수 있다. 첫째는 신앙으로서의 신信이다. 여기서 신앙은 곧 신앙의 대상이신 상제님에 대한 신앙을 말한다. 구체적으로는 『대순지침』에 입각해서 강세하신 강증산이 구천상제이심을 신앙하는 것이며, 상제께서 천하를 대순하시고 광구천하 · 광제창생으로 지상선경을 건설하시고자 인세에 강세하셔서 전무후무한 진리의 도를 선포하셨음을 신앙하는 것이며, 해원상생 · 보은상생의 양대 진리가 마음에 배고 몸으로 행하도록 신앙하는 것이며, 『전경』을 근본으로 하여 참다운 도인이 되도록 신앙하는 것을 말한다.[162]

둘째는 신념으로서의 신信이다. 『대순지침』에서는 "일관성의 믿음을 사실화하여 삼계三界 · 삼법三法의 성 · 경 · 신으로 자아대성自我大成을 위한 작업이 신信"이라고 하였다.[163] 어떠한 의심도 품지 않고 오로지 믿음을 일관하여 자아를 대성시켜 나가는 데 필요한 것이 바로 신념이다. 이러한 신념은 신조에서 신信이 지닌 주요한 의미 중의 하나이다.

셋째는 신뢰로서의 신信이다. 신信은 자신의 신앙과 신념을 지키는 데 있어서도 중요하지만 특히 타인과의 관계에서 보다 잘 드러난다. 모든 인간관계는 하나의 신뢰를 기반으로 구축되며, 신뢰가 무너지면 무질서와 부도덕이 생겨난다. 이러한 신信의 의미에 대해서 『대순지침』에서는 "백성이 국가를 믿지 않고 자식이 부모를 믿지 않는다면 난신적자亂臣賊子가 될 것이다"라고 하였으며, "수도자가 믿음이 부실하면 결과적으로 난법난도자가 된다."라고 하여 신뢰의 중요성을 강조하고 있다.[164] 또한 상제께서 "너희들이 믿음을 나에게 주어야 나의 믿음을 받으리라"[165]고 한 것은 신뢰란 먼저 나의 믿음을 상대에게 표현하고

162 『대순지침』, p.17.
163 『대순지침』, p.53.
164 『대순지침』, p.53.
165 『전경』, 교법 1장 5절.

주어야 받을 수 있는 것을 말한다.

이상에서 살펴본 바와 같이 삼요체로서의 성誠・경敬・신信은 안심安心・안신安身・경천敬天・수도修道의 사강령과 같이 대순진리회 신조의 주요 항목을 이루고 있으며, 종지의 이념을 목적으로 구현하는 필수 요건이 되고 있다.

4. 목적론目的論

1) 개요

대순진리회의 교리에 있어서 목적에 관한 항목은 하나의 종교 활동이 추구하는 궁극적인 경지가 있음을 말한다. 모든 종교는 세속적인 생활에서 얻을 수 없는 어떤 성스러운 가치를 추구하며, 그것이 개인적이든 세계적이든 종교를 수행하는 사람에게 분명한 의미를 제공해준다. 종교인의 목적의식은 이와 같은 궁극적이고도 성스러운 가치에 정향되어 있을 때 현세적인 삶의 고난을 극복하고 또한 내세에서의 보상을 기대한다. 불교에서 일컫는 '해탈解脫'이라든지, 유교에서의 '성인成仁', 기독교내에서의 '구원救援' 등은 모두 해당 종교의 고유한 문화적 전통을 담고 있는 용어로서 그 공동체에 속한 신앙인들이 공통으로 추구하는 목적이라 할 수 있다. 비록 용어의 표현과 내용은 다를지라도 모든 종교는 궁극적이며 성스러운 하나의 목적의식을 가진다는 점에서 서로 통한다고 볼 수 있을 것이다.

대순진리회 수도의 목적을 한마디로 말한다면 '도통道通'이라고 할 수 있다. 『대순지침』에 따르면 "수도의 목적은 도통이니 수도를 바르게 하지 못했을 때는 도통을 받을 수 없다는 것을 알아야 한다."고 하였다.[166] 즉 수도修道는 대순진리회의 종교 활동이며, 도통은 그러한 활동이 추구하는 궁극적인 목적에 해당한다. 이러한 도통의 구체적인 내용을 밝힌 것이 바로 교리상의 목적이다. '목적'은 인간과 세계의 이상적 경지에 대한 문제로서 크게 세 가지 항목으로 제시되어 있다.

첫째는 '무자기無自欺 · 정신개벽精神開闢'이다. 여기서는 인간의 내적內的인 주체가 되는 정신의 문제를 놓고 이것이 목적하는 바의 이상적인 경지를 제시한다. 인간의 정신은 육체와는 달리 사고하고 판단하는 능력을 지니며, 육체를 통제하고 이끄는 활동적인 능력을 지닌다. 그 자체로 결함이 없고 새로운 진리로 각성된 상태에서 도달하는 새로운(개벽된) 정신 경지가 있음을 말하고 있다.

둘째는 '지상신선실현地上神仙實現 · 인간개조人間改造'이다. 여기서는 인간에 관한 총체적인 가치가 실현되는 상태를 제시한다. 인간은 먼저 그 본질이 되는 정신의 개벽으로 인해 새로운 존재로 거듭나게 되고, 그 육체적 현실마저도 변화된 모습을 이룬다. 인간은 궁극적으로 자신이 지닌 유한성有限性을 극복하고 인격적으로든 육체적으로든 완전한 상태를 이루는 경지가 있음을 말하고 있다.

셋째는 '지상천국건설地上天國建設 · 세계개벽世界開闢'이다. 여기서는 인간 사회를 둘러싸고 있는 모든 것, 즉 이 세계의 이상

166 『대순지침』, p.37.

적 경지를 보여주는 것으로 신앙의 목적이 전 우주적으로 달성된 상태를 나타낸다.

이상의 목적에 관한 문제를 놓고 보면 단계적으로는 우리의 사고를 확장해 나가는 과정을 담고 있다. 또한 목적에는 인간과 세계의 유기적인 결합을 통해 달성되는 전 우주적인 구원관을 명시하고 있다. 앞서 설명한 '종지'를 진리의 본체로 놓고 보면, '신조'는 진리의 실천방법이 될 것이며, 이에 '목적'은 그 진리의 가치실현이라는 점에서 상호 연관되어 있다고 하겠다. 다음 절에서는 이러한 목적의 항목들이 지시하는 내용을 구체적으로 살펴보기로 한다.

2) 무자기無自欺—정신개벽精神開闢

대순진리회의 목적으로 제시된 '무자기無自欺'는 우선 문법적으로 풀이하면 '스스로 속임이 없음'이다. 이 때 속이지 않는다는 것은 자신의 마음을 속이지 않음이다. 대순진리회 수도인이 준행하는 훈회와 수칙에는 이러한 무자기에 대해 다음과 같이 언급되어 있다.

훈회

1. 마음을 속이지 말라.

수칙

3. 무자기는 도인의 옥조玉條니 양심을 속임과 혹세무민惑世誣民하는 언행과 비리괴려非理乖戾를 엄금함.[167]

즉 우리 마음의 본질은 양심이니 양심을 속이지 않는 것이 무자기이며, 양심에 어긋나는 행동으로써 혹세무민하고 비리괴려하는 행동을 해서는 안 된다는 것이다. 양심이란 인간본연의 천성天性이며 그 마음이 무욕청정無慾淸淨한 상태를 말한다. "마음이 참되지 못하면 뜻이 참답지 못하고, 뜻이 참되지 못하면 행동이 참답지 못하고, 행동이 참되지 못하면 도통진경에 이르지 못할 것이라"[168]고 하였듯이 마음은 뜻을 주관하고 뜻은 행동을 자아내며 행동이 곧 일의 결과를 이끌어낸다. 따라서 인간 행위의 근본이 되는 그 마음을 속이지 않음으로써 모든 선善이 구현될 수 있다.

무자기는 곧 정신개벽으로 이어진다. 여기서 정신이란 사고하고 판단하는 인간의 주체를 말한다. 마음과 정신은 동양 문화권에서 엄격히 구분 짓기는 힘들지만 인간의 모든 정신활동은 또한 마음과 직결되어 있다고 본다. 인간의 마음에 속임이 없이 무욕청정한 양심의 상태를 지닌다면 그 정신 또한 올바른 사고와 판단이 가능할 것이다. 수도를 통해 도달하고자 하는 궁극적인 목적은 이러한 정신의 새로운 상태 즉 개벽된 경지를 지향하고 있다.

'개벽'이란 말은 본래 '개천벽지開天闢地'의 준말로서 천지가 처음으로 열린다는 뜻이다. 이것은 '폐합閉闔'의 반대말로서 하나의 세계가 열리고 닫히며 다시 열리는 과정을 반복하는 것을 말한다. 태초에 우주가 처음으로 시작된 것은 개벽이며, 이는

167 『대순진리회 요람』, 대순진리회 교무부, p.21.
168 『대순지침』, 대순진리회 교무부, p.76.

그 이전에 닫힌 상태로서의 '혼돈混沌미분未分'의 단계가 있었음을 전제하고 있다. 그만큼 개벽은 그 이전에 비해 완전히 새로운 모습을 보여준다는 뜻에서 하나의 변화된 상태를 극적으로 표현한 단어이다. 따라서 '정신개벽'이라는 말은 우리 인간의 정신이 그 이전의 정신과는 완전히 다른 새로운 상태의 경지를 얻게 되는 것을 말하며, 그것이 무자기를 통해 실현되는 인간정신이 추구하는 궁극적 목적임을 나타내고 있는 것이다.

3) 지상신선실현地上神仙實現—인간개조人間改造

지상신선에서의 '신선神仙'은 '선인仙人' '선仙' '신인神人' '진인眞人' 등의 다양한 명칭으로 일컬어지는데, 사전적으로는 불로불사不老不死의 술術을 얻은 사람을 통칭하고 있다.[169] 여기서는 주로 인간의 육체적 한계를 뛰어넘은 이상적인 인간상을 지칭한다고 본다. 원래 신선은 현실에 존재하지 않는 사람으로서 별도의 세계에 있을 것으로 상상되어왔다. 천상天上은 이와 같은 신선들이 머무는 이상향이다. 하지만 '지상신선'이라고 하면 인간의 이상적인 모습이 천상세계에 있지 않고 현실세계에서 확인되는 새로운 인간상을 말한다. 이러한 지상신선을 실현하는 것이 곧 대순진리회의 목적임을 명시하고 있다.

인간의 지상신선 실현이 가능한 이유는 바로 구천상제께서 행하신 천지공사에 근거를 두고 있다. 하늘과 땅을 뜯어 고쳐서 후천의 선경을 건설하고 또한 사람도 이에 맞추어 새로운 모습

169 『大漢和辭典』一, p.601 참조.

을 갖추게 되니 지상신선이 그것이다.

> 이제 하늘도 뜯어고치고 땅도 뜯어고쳐 물샐틈없이 도수를 짜 놓았으니 제 한도에 돌아 닿는 대로 새 기틀이 열리리라. 또 신명으로 하여금 사람의 뱃속에 출입케 하여 그 체질과 성격을 고쳐 쓰리니 이는 비록 말뚝이라도 기운을 붙이면 쓰임이 되는 연고니라.[170]

즉 후천선경에서는 인간도 그 환경에 맞는 새로운 모습으로 변모된다는 것이다. 신명으로 하여금 사람의 뱃속에 출입케 하여 그 체질과 성격을 고쳐 쓴다고 하였으므로 지상신선이란 신명과 인간의 합일合一적 조화調化에 의해 탄생하는 신인간新人間의 모습을 지향하고 있다. 자기가 지닌 본래의 체질과 성격을 뜯어고칠 수 있다면 분명 육체적인 한계와 정신적 결함을 극복한 새로운 인간의 모습을 확인할 수 있다. 후천의 인간상은 마치 선경仙境과 선인仙人의 관계와 같다. 환경적으로 도화낙원의 극치를 묘사한다면 그 세계를 살아가는 인간 또한 신선 선녀의 모습에 비유될 수 있을 것이다. 천지공사는 이러한 후천선경을 이루는 역사적 근거가 되면서 지상선경을 살아가는 인간으로서의 '지상신선'을 상정하고 있다.

인간개조는 현실의 인간이 근본적으로 상제의 천지공사가 지향하는 후천선경의 삶을 사는 인간으로 변모됨을 뜻한다. 후천과 대칭을 이루는 선천에서의 인간이란 생로병사의 고통을

170 『전경』, 교법 3장 4절.

겪으면서 자신의 욕구에 사로잡혀 지속적으로 원망을 자아내는 상극적 현실의 인간이다. 이러한 인간의 부정적 모습을 탈피하여 후천의 인간으로 거듭나는 것이 곧 인간개조이다. 다시 말해서 후천의 인간이란 상생相生의 시대를 열어가는 상생적 실천의 주체이며, 그 마음을 거울과 같이 닦아서 진실하고 정직한 인간의 본질을 회복한 인간이다. 이러한 인간이 또한 지상신선이 되므로 지상신선을 실현하는 것이 곧 인간개조라고 말할 수 있다.

4) 지상천국건설地上天國建設—세계개벽世界開闢

지상地上이라고 하는 말은 '땅 위'라는 뜻을 지니며 '지면地面' '지표地表'라는 말과도 서로 통한다. 여기서 지상은 단순히 자연 상태로서의 의미라기보다는 인간이 딛고 서있는 현실적 기반이며 삶의 터전이다. 한마디로 지상은 인간의 현실을 총체적으로 나타내고 있는 단어이다. 이런 의미에서 '지상'에 대한 사전적 풀이에는 '이 세상' '현세'라는 뜻이 추가되어 있다.[171]

천국天國이라는 말은 글자 뜻에서 '하늘나라'를 뜻하고 있는데, 이는 유신론적 종교전통과 관계가 깊다. 동양에서는 기독교적 교리전통과 문화전래를 통해 익숙한 용어로 알려져 있다.[172] 특히 천국은 '천당' '낙원' 등의 개념과 상통하는 것으로 절대자 하느님이 머무는 이상세계를 지칭하고 있다. 이러한 천국을 지상의 현실에 건설한다고 하는 것이 하나의 목적으로 제시되어 있다.

171 이희승 편저, 『국어대사전』, 민중서림, 1997.

172 『辭海』上, 「基督敎謂神所居曰天國」 中華書局.

지상천국건설이 가능한 것은 구천상제의 천지공사로 인해서이다. 상제께서 행한 천지공사는 묵은 하늘 즉 선천의 역사를 새롭게 개조하기 위한 신천지 창조의 역사이다. 선천의 한계를 극복하고 인류로 하여금 새로운 세계를 맞이하게끔 하는 데 천지공사의 목적이 있다.

> 상제께서 이듬해 4월에 김 형렬의 집에서 삼계를 개벽하는 공사를 행하셨도다. 이때 상제께서 그에게 가라사대 "다른 사람이 만든 것을 따라서 행할 것이 아니라 새롭게 만들어야 하느니라. 그것을 비유컨대 부모가 모은 재산이라 할지라도 자식이 얻어 쓰려면 쓸 때마다 얼굴이 쳐다보임과 같이 낡은 집에 그대로 살려면 옆어질 염려가 있으므로 불안하여 살기란 매우 괴로운 것이니라. 그러므로 우리는 개벽하여야 하나니 대개 나의 공사는 옛날에도 지금도 없으며 남의 것을 계승함도 아니요 운수에 있는 일도 아니요 오직 내가 지어 만드는 것이니라. 나는 삼계의 대권을 주재하여 선천의 도수를 뜯어 고치고 후천의 무궁한 선운을 열어 낙원을 세우리라" 하시고 "너는 나를 믿고 힘을 다하라"고 분부하셨도다.[173]

지상천국은 '앞으로 오는 좋은 세상' '후천' '지상선경' 등으로 묘사된다. 곧 후천선경을 지칭한다고 볼 때, 이 세계는 인류가 누릴 수 있는 최고의 안락함과 풍요로움을 담고 있다. 『전경』에 의하면, 밥을 짓거나 농사를 짓는 것이 전혀 수고롭지

173 『전경』, 공사 1장 2절.

않으며, 도인에게는 햇빛처럼 밝은 등대와 황금으로 된 집이 있다. 모든 사람이 불로불사하며, 옷과 밥이 자동적으로 나오며 국가 간의 전쟁이 없는 평화의 세계가 후천이다.[174] 이로써 후천은 정치적으로나 경제적으로 또는 사회적으로 절대안정과 이상을 누리게 되며 인간의 행복과 자연의 조화가 어우러져 우주세계 전체의 극락이 달성되는 세상이다. 지상천국은 인간이 죽어서 가는 영혼의 세계도 아니며 인간으로서 넘볼 수 없는 신들만의 세계도 아니다. 인간이 처했던 선천의 위기로부터 구제창생을 위해 강림한 상제께서 직접 창조해내는 현실의 세계이다. 천지공사는 바로 그 창조의 역사를 대변하고 있다.

> 상제께서 "이후로는 천지가 성공하는 때라. 서신西神이 사명하여 만유를 재제하므로 모든 이치를 모아 크게 이루나니 이것이 곧 개벽이니라. 만물이 가을 바람에 따라 떨어지기도 하고 혹은 성숙도 되는 것과 같이 참된 자는 큰 열매를 얻고 그 수명이 길이 창성할 것이오. 거짓된 자는 말라 떨어져 길이 멸망하리라. 그러므로 신의 위엄을 떨쳐 불의를 숙청하기도 하며 혹은 인애를 베풀어 의로운 사람을 돕나니 복을 구하는 자와 삶을 구하는 자는 힘쓸지어다"라고 말씀하셨도다.[175]

윗글에서 세계개벽은 지상천국건설을 통해 맞이하는 우주세계의 극적인 변화를 지칭한다. 여기서 개벽은 만물의 성숙이

174 『전경』, 예시 81절.
175 『전경』, 예시 30절.

며 참된 가치실현이다. 참된 자와 거짓된 자는 성숙과 멸망의 기로에서 나누어지며, 의義와 불의不義가 판가름 나는 순간이 바로 개벽이다.[176] 그리하여 가을의 결실과도 같이 참된 자는 큰 열매를 얻어 그 수명이 길이 창성하며, 거짓된 자는 말라 떨어져 길이 멸망하는 것으로 천지는 성공을 거두게 된다. 세계개벽은 이와 같이 천지의 성공이면서 그러한 성공을 향해 나아가는 전 우주적인 변화의 양상을 표현하고 있다. 세계개벽이 됨으로써 모든 불의는 제거되고 지상천국으로서의 복된 삶이 이루어지게 되니 인류가 원하는 이상사회가 이로써 실현된다고 보는 것이다.

5. 대순진리회 교리의 사상적 특징

앞서 살펴본 대순진리회 교리는 그 자체로 고유한 사상적 특징을 지니고 있다고 본다. 다음은 이러한 특징에 관하여 세 가지로 나누어 살펴보기로 하겠다.

1) 창도주 고유의 종교체험 및 지적표현

대순진리회 교리의 확립은 주지하다시피 창도주 조정산의 종교활동에 의해서 이루어진 것이다. 종단의 연혁에 따르면 창도주는 15세에 부조전래父祖傳來의 배일사상排日思想을 품고 만주 봉

176 『전경』, 예시 30절 참조.

천지방으로 망명하여 구국救國운동에 활약하다가 도력道力으로 구국제세救國濟世할 뜻을 정하고 입산수도하던 중 23세시에 대순진리에 감오感悟 득도得道하였다. 도주께서는 종통계승의 계시를 받고 망명 9년 만에 귀국하여 전국각지를 편력 수도하시다가 1925년에 전북 구태인 도창현道昌峴에 도장을 세우고 종단 무극도를 창도하게 되었다.[177] 이 때 공식적으로 공표된 교리가 바로 오늘날 종단 대순진리회 교리의 골격을 이룬 것이다.

하나의 종교 내에서 일컬어지는 교리는 기본적으로 교조의 종교체험에 대한 지적 표현의 내용을 담고 있다. 도주道主의 교리 공표과정에는 그 고유한 체험의 양식을 살펴볼 수 있다. 즉 신앙대상의 발견과 진리에 대한 자각 그리고 도주의 전인적인 반응과 종교활동으로 이어지는 일련의 과정은 이후 교리생성의 근간을 이루게 된다. 종단 교리개요의 내용에는 이러한 도주의 고유한 종교체험을 반영하고 있다는 점에서 하나의 특징을 찾을 수 있다. 그 일련의 과정을 정리해 보면 다음과 같다.

먼저 도주께서 발견한 신앙대상은 전지전능한 최고신이면서 인세강림을 행한 역사적 존재이다. 도주께서는 구세제민救世濟民의 염원 하에 공부하던 중 한 신인神人으로부터 "시천주侍天主 조화정造化定 영세불망永世不忘 만사지萬事知 지기금지至氣今至 원위대강願爲大降"의 글을 받았으며, 밤낮으로 그 주문을 송독하는 과정에서 마침내 상제로부터 종통계승의 계시를 받게 되었다.[178] 이후 도주께서는 '조선으로 귀국할 것'과 '김제 원평에 갈

177 『대순진리회 요람』, pp.11~12 참조.

178 이하는 『전경』, 교운 2장의 내용을 참조함.

것' 등의 계시와 함께 상제의 누이동생인 선돌부인으로부터 유일한 봉서까지 받음으로써 역사적으로 강림한 상제의 존재를 확신하게 된다. 도주께서 밝힌 상제의 위격은 '구천응원뇌성보화천존九天應元雷聲普化天尊상제'로서 이는 곧 천지만물을 지배자양支配滋養하는 최고신격을 뜻하고 있다. 도주께서는 종도들에게 설명하기를 "…하늘은 삼십육천三十六天이 있어 상제께서 통솔하시며 전기를 맡으셔서 천지 만물을 지배 자양하시니 뇌성보화천존상제雷聲普化天尊上帝이시니라."[179]고 하여 이러한 신격을 교리체계에 있어 신앙대상으로 설정하게 되었던 것이다. 오늘날 종단의 요람에서 설명하고 있는 신앙의 대상은 이 호칭을 중심으로 최고신격의 의미를 해설하고 있다.

도주의 종교체험에 나타난 두 번째 특징은 신앙대상인 상제와의 교감을 통해 전인적인 반응과 함께 참된 진리에 대한 자각을 갖는다는 점이다. 만주 봉천에서 '왜 조선으로 돌아가지 않느냐, 태인에 가서 나를 찾으라'[180]는 명을 받고 귀국한 도주는 원평을 거쳐 구릿골 약방에 이르면서 9년 동안 이룩한 상제의 공사를 밟았으며, 모악산 대원사에 머무르며 개벽 후 후천 5만년의 도수를 비로소 펼치게 되었음을 선언하였다. 이후 통사동通士洞 재실에서 밤낮으로 공부하시던 도주께서는 상제의 대순진리가 '금불문今不聞 고불문古不聞'의 도道로서 무극대운無極大運의 해원상생解冤相生 대도大道임을 밝혔다.[181] 도주께서는 또한 자신의 공부를 '요순우왕일체동堯舜禹王一切同'에 비유하였으며,[182] 전교傳敎

179 『전경』, 교운 2장 55절.
180 『전경』, 교운 2장 8절.
181 『전경』, 교운 2장 18절.

와 각도문覺道文을 통해 진리에 대한 고유한 관점을 제시하였다.[183] 여기에 도주의 종교체험은 곧 종단창설로 이어지며 그 고유한 진리체계를 확정하게 되었던 것이다. 종지와 신조, 목적 등은 이 과정에서 정립된 도주의 고유한 지적표현에 해당한다 하겠다.

세 번째로 도주께서 세운 교리개요는 당신의 종교체험이 행위를 통해 심화되어 나간 결과라는 점이다. 처음 조선에 귀국한 도주께서는 안면도에 머무르면서 우일재宇一齋를 마련하여 공부하였으며, 대원사, 통사동 재실, 부안 변산의 굴바위 등지에서 공부를 계속하며 상제의 대순하신 진리를 사람들에게 설법하였다. 이 과정에서 도주께서는 납월도수 북현무도수 둔도수 단도수 폐백도수를 겪으면서 마침내 무극도를 창도하는 시기를 맞이하게 되었으니 당시의 교리는 이와 같은 수많은 도수度數 속에서 확립된 것이다. 도주께서는 종단창설과 더불어 교리개요를 확정함으로써 상제의 대순하신 진리를 체계적으로 전달하기 위한 지식체계를 분명히 하였던 것이다.

이상에서 살펴볼 때 종단 교리개요의 사상적 특징에는 먼저 최초 종단을 창설한 도주의 종교체험이 전제되어 있음을 알 수 있으며, 그러한 종교체험이 하나의 지식체계로 정형화되는 과정에서 모든 교리가 생겨났음을 확인할 수 있다.

---

182 『전경』, 교운 2장 23절.

183 특히 각도문覺道文에 나타난 도주의 사상은 심학(心學)적 기반 하에 상제로부터의 종통계승을 정당화하고 있다. 즉 도를 깨닫는다는 것은 '성인聖人의 심법(心法)을 깨닫는 것이고 성인聖人의 진실(眞實)을 깨닫는 것'이라서 도주는 그러한 심법과 진실을 깨달은 자로서 상제의 가르침을 받들고 대도(大道)와 대덕(大德) 대업(大業)을 이어나가는 것임을 밝혔다.(교운 2장 33절 참조)

2) 전통적 사유의 비판적 계승 및 변용

대순진리회 교리개요의 사상적 특징 가운데 두 번째는 종지와 신조, 목적의 내용이 모두 그 자체로 전통적 사유를 비판 계승하는 측면이 있다는 점이다. 이 때 말하는 전통적 사유란 한국 문화가 형성되기 시작한 고대로부터 근대에 이르기까지 중국대륙과 연계된 동양사상의 전통을 일컫는다. 흔히 동양적인 사유는 크게 나누어 인도적인 것과 중국적인 것으로 양분되기도 하는데, 이 때 한국은 반도적인 환경요인을 안고 문화적인 말초지로서 주변적이면서 중심적인 특질을 발휘하였다고 본다.[184] 주로 중국대륙을 통해 유입된 사유체계는 전통사상으로서 유儒·불佛·도道 삼교三敎가 있었으며, 고유사상으로는 신화神話나 풍류도와 같은 사유체계가 존재하였음을 역사를 통해 확인할 수 있다. 이와 같은 사유체계는 최고신 상제께서 강림한 조선조 말에 이르기까지 꾸준히 한민족의 의식세계를 지배하였다고 할 수 있으며, 그 결과 새로운 사상으로 등장한 대순진리의 교리적 표현에는 그 이전까지의 전통사상을 배경으로 비판 극복 변용變容하는 형태로 나타나게 되었던 것이다.

먼저 신앙의 대상에 해당하는 정식 호칭은 '구천응원뇌성보화천존상제九天應元雷聲普化天尊上帝'로서 이는 공히 유·불·도 삼교의 영향 하에 전해온 최고신격의 호칭을 표현한 것이다. "보화普化는 십왕十王제천諸天이요, 천존天尊은 구천九天을 총할하며 명령을 내리는 존령尊靈인데, 보화천존普化天尊은 제천諸天의 왕이

184 조지훈, 『한국문화사 서설』, 나남출판, 1996, pp.19~29 참조.

요 조화造化의 조祖다."[185]라는 설명에서도 알 수 있듯이 호칭에는 불교와 도교의 최고 신격神格이 내포되어 있고, 또한 '상제'라는 명칭은 고대 유교의 인격적 최고신에 해당한다.[186] 이로써 볼 때 신격에 대한 표현은 전통사상이 내포되어 있다.

하지만 그러한 신격의 현현양상과 신앙대상으로의 봉안奉安 과정에는 이미 창도주 고유의 종교체험이 반영되어 재정립되는 과정을 밟게 됨을 주목하지 않을 수 없다. 즉 최고신 상제는 하나의 관념적 대상으로만 존재하지 않으며 끊임없이 인간세상과 교류하는 과정에서 한 인간으로 화신化身하면서 역사적인 존재로 임재臨在하는 신神이다. 창도주의 종교체험에서 확인할 수 있듯이 한 인간에게 선택적으로 계시를 내리는 신적 존재이면서 역사적 실존 인물인 상제께서는 도주의 새로운 종교적 자각을 일깨웠던 것이다. 오늘날 대순진리회의 교리에서는 그 신앙대상에 대한 호칭을 '구천응원뇌성보화천존'의 신격에다가 '강성상제姜聖上帝'의 호칭이 더해져서 최고신격으로서의 고유한 모습을 보여주고 있다. 여기에는 바로 역사적 인물로서의 강증산과 전통적인 최고신격의 대상을 일치시킴으로써 대순진리회 신앙의 본질을 드러내고 있다 하겠다.

다음으로 종지와 신조, 목적의 표현에서 나타난 특성도 전

185 최병두, 『佛敎要集』中, 세창서관(김영진 「옥추보경 해제」p.1 재인용, 『옥추보경』 민속원)

186 『玉樞寶經』에 언급되어 있는 '구천응원뇌성보화천존'의 신격에 대해서는 그 해제에 도교(道敎)의 최고신을 지칭한다고 하였으나, 그렇다고 이 경전을 순수한 도교경전으로만 보지는 않으며 불설(佛說)의 옷을 입은 도서(道書)로서 이미 불교사찰을 통해 배포되고 있었던 것으로 분석하고 있다. 가장 오래된 판본은 1570년에 이미 간행된 것으로 보고 있으며, 영조 9년(1736)에 보현사에서 완본(完本)이 개간되고 1838년에 다시 중간(重刊)한 것으로 기록된다.(김영진 「옥추보경해제」, 『옥추보경』, 민속원, pp.1~7 참조.)

통적 사유와 깊은 관련이 있다고 본다. 종지에 해당하는 음양합덕陰陽合德 신인조화神人調化 해원상생解冤相生 도통진경道通眞境은 각각 동양전통의 고전古典에 기초하여 그 개념을 유추해 나가야만 한다. 음양합덕은 기본적으로 『주역周易』에 등장하는 용어인데 주역의 철학적 사고의 근간을 이루는 음양론陰陽論을 토대로 한다. 신인조화는 『서경書經』의 '신인이화神人以和'에서 엿볼 수 있는 신인관계론과 연관이 있으며, 해원상생에서의 해원은 무속巫俗을 연상시키고, 상생은 '노장老莊'사상에서 발견할 수 있는 개념이다. 도통진경에서의 도道는 동양사상 전체를 관통하는 진리의 대명사로서 일컬어진다. 이상의 사실만 놓고 보더라도 이미 종지의 사상에는 전통적 가치관이 짙게 깔려 있음을 알 수 있다.

하지만 대순진리의 고유성은 이를 무비판적으로 계승하기보다는 자체의 신앙적 틀 내에서 창조적으로 해석하고 나아가 이를 새로운 개념으로 변용시키고 있다는 데서 가치를 발견하게 된다. 즉 종지는 구천상제의 천지공사로써 주어지는 새로운 세계의 이념이므로 전통사회에서 인식되어온 개념을 상제신앙의 관점에서 재해석하여야만 하는 것이다. 음양은 이미 오래된 용어이지만 진정한 합덕合德의 경지는 역사적으로 존재하지 못했다는 점, 신인관계에 대해서는 많은 이론이 있어왔지만 그것을 조화調化라는 경지에서 설명하지 못했다는 점, 이 때 조화는 조화調和와 조화造化의 합성어로 볼 수 있다. 해원상생에 있어서도 이는 인간적 한계를 넘어서 전 우주적 범위에서 이해되어져야 하며, 도통진경 또한 유·불·도가 통합된 대국적인 차원의 세계를 지향한다는 점에서 교리의 독창적인 가치를 발견할 수 있어야한다.

신조에 있어서 사강령, 삼요체 또한 유·불·도 삼교의 사상을 고루 담고 있다고 볼 수 있으나 그 본질은 상제 신앙을 기반으로 한 신앙적 개념에서의 신조임을 망각해서는 안 된다. 특히 삼요체에 나타난 성誠·경敬·신信의 개념은 어떤 철학성을 논하기 이전에 철저히 신앙적 입장 하에서 설정된 교리임을 인식할 때 그 사상적 특질을 발견할 수 있으리라 본다.

목적에서도 마찬가지로 그 표현은 유·불·도 삼교의 사상적 전통을 담고 있으며 여기에는 서학西學의 주제도 반영하고 있다. 하지만 그 조합된 내용을 하나의 목적이라는 틀에서 바라본다면 궁극적인 가치실현의 과정을 단계화한 것이다.

이상에서 살펴본 바와 같이 대순진리회 교리가 지니는 사상적 특징의 하나는 그 시대의 전통적 사유를 배경으로 하고 있지만 그 본질에는 언제나 상제신앙의 목적을 실현하기 위한 비판적 계승과 변용이 있었다는 점을 지적하고자 한다.

3) 미래지향적 신사고新思考의 발휘

대순진리회 교리개요에서의 종지와 신조, 목적은 그것이 미래지향적 가치관을 지니고 현실을 초극하는 이론을 담고 있다는 점에서 주된 사상적 특징을 발견하게 된다. 즉 상제께서는 19세기 말에 강세降世하시어 20세기의 서장을 여는 시점에 바야흐로 천지공사天地公事를 단행하시었는데, 이 역사는 100여년이 지난 지금에 이르러 우리 인류가 깨닫고 신봉信奉해 나가야만 하는 하나의 인생 좌표로 주어지고 있다. 구천상제의 사상은 어떤 과거 전통사회에 대한 동경과 회귀回歸를 위해 등장한 것이 아니라 세계를 새로운 질서로 재편하고 나아가 그 새로운 시대를 살아가기 위한 신사고 또는 신 가치관으로 작용한다는 것이다.[187]

이미 상제님의 말씀에 의하면, "…대개 나의 공사는 옛날에도 지금도 없으며 남의 것을 계승함도 아니오. 운수에 있는 일도 아니오. 오직 내가 지어 만드는 것이니라.…"[188]라고 하여 천지공사의 독창성을 밝힌 바 있다. 이 때 천지공사가 가져다주는 새로운 세계는 바로 '후천선경後天仙境'이라고 하는 이상낙원을 가리키고 있으며, 이는 오직 상제의 권능에 의해서 제작되고 주어지는 세계임을 뜻한다. 따라서 상제께서 선언한 진리는 한 시대에 국한된 이데올로기가 될 수도 없으며 타인의 사상을 계승하는 것도 아닌 유일무이한 가치를 지닌다. 대순진리회에서 주창하고 있는 교리는 이러한 점에서 상제님 천지공사 이후의 변화되는 세계를 설명하고 또한 새 시대를 맞이하기 위한 사고방식의 전환에 초점이 맞추어져 있다.

종지에 나타난 이념에서 살펴보면 먼저 '음양합덕'에서는 새로운 철학적 사고를 예견하고 있다. 동양전통의 음양론에서는 음양陰陽 대대성對待性의 논리에 입각해서 세계를 설명하였다.

187 동아시아적 사고를 대변하는 유교사상은 이런 점에서 대순사상과 대비된다. 유교 창시의 중심인물로 받아들여지는 공자의 사상에는 근본적으로 고대사회에 대한 동경이 깃들어 있다. 『論語』述而篇에서 「子曰 述而不作 信而好古 竊比於我老彭」이라고 하고, 『中庸』30장에서는 「仲尼 祖述堯舜 憲章文武 上律天時 下襲水土」, 28장에서는「子曰 吾說夏禮 杞不足徵也 吾學殷禮 有宋 存焉 吾學周禮 今用之 吾從周」라고 하였다. 여기서 볼 때 공자는 유교사상을 자신의 순수한 창작으로 보지 않고 선왕(先王)의 사상을 조술(祖述)하였음을 밝혔으며, 아울러 그들의 치적을 통해서 그 인격과 사상을 이어받은 것이다. (『유학원론』성균관대학교 출판부, 1992, pp.11~15 참조)

188 『전경』, 공사 1장 2절.

이는 음과 양의 관계성에서 출발하여 음·양의 두 범주로 분류되는 상반자相反者들의 균형있는 조화성調和性을 지향한다. 음양합덕은 여기에서 한 발 더 나아가 음과 양이 그 덕을 합하여 무한히 새로움을 창조하게 되는 조화성造化性을 나타낸다. 이런 관점에서 음양합덕은 후천문명을 주도하는 새로운 사고로 자리매김될 수 있다. 신인조화에 나타난 이념은 하나의 새로운 종교적 가치관을 지향한다고 본다. 종교가 문제 삼고 있는 바는 바로 신과 인간의 관계성이며 여기에 '조화調和'와 '조화造化'의 합성어인 '조화調化'라는 경지를 제시함으로써 신과 인간의 합일合一을 지향하고 있다. 이에 따라 신관과 인간관도 새롭게 정립되어야 할 것이다. 해원상생은 전 세계인류가 실천해 나가야만 하는 새로운 윤리적 이상으로 풀이될 수 있다. 선천의 세월동안 쌓인 인간 상호간의 원한관계를 해소하고 나아가 상생의 이념으로 관계할 때 비로소 인류의 영원한 평화가 찾아 올 수 있다고 본다. 도통진경에서는 인류가 소망하는 이상사회를 제시한다. 아직 한 번도 겪어보지 못한 낙원의 이상을 현실세계에서 누릴 수 있도록 인도한다는 점에서 도통진경은 미래 사회의 전형을 담고 있다.

안심·안신, 경천·수도, 성·경·신과 같은 신조는 종지에 나타난 이념을 실현하기 위한 하나의 실천방법으로 기능하며, 나아가 미래의 이상을 현재화시켜 주는 가치를 지닌다. 무자기·정신개벽, 지상신선실현·인간개조, 지상천국건설·세계개벽에 나타난 목적의식은 과거와는 전혀 다른 새로운 세계를 지향하고 있으며, 이를 '개벽'이라는 극적인 단어로 표현하고 있다. 정신개벽이란 인류의 새로운 가치관으로의 전환을 부르짖은 것이며, 인간개조에서는 후천을 살아가는 인간의 미래 모습을 말하며, 세계개벽은 후천선경의 건설을 통해 맞이하는 이상사회의 모습을 표현한 것이다. 이와 같이 종지와 신조, 목적의 교리개요는 그 자체로 미래지향적 가치를 담고 있다 하겠다.

이상으로 대순진리회 교리에 나타난 체계와 그 사상적 특징에 관해서 살펴보았다. 하나의 종교가 발생하여 인간사회의 문화를 주도해 나가기 위해서는 반드시 요구되고 있는 것이 바로 교리적인 내용이라고 할 수 있다. 종교경험의 지적인 표현이라고 할 수 있는 이 교리는 모든 종교적 실천을 가능하게 하는 정신적 원동력으로 작용한다. 어떠한 실천도 정신무장이 되어 있지 않으면 지속될 수 없는 것처럼, 보다 진실되고 봉사하는 실천이 요구되는 종교 활동에서 그 교리에 대한 이해와 신념은 무엇보다도 중요하다 하겠다.

대순진리회 교리에 나타난 특징은 창도주의 혜안과 고유한 체험으로 표현된 것인 만큼 그 연원淵源을 받드는 수도인들에게 있어 보다 각별한 이해가 요구된다. 현대사회가 당면한 제반 문제를 교리적 관점에 입각하여 대안을 제시할 수 있어야 하며, 나아가 미래사회에 대한 희망찬 전망을 말할 수 있어야 한다. 이런 점에서 오늘날 교리연구에 대한 관심을 가지고 새로운 문화창달을 주도해 나가기 위한 수도인들의 노력은 아무리 강조해도 지나치지 않다.

4장 수도론

1. 머리말

수도修道란 '도道를 닦는다[修]'는 뜻으로, 하나의 진리[道]를 신앙하는 마음에서 이를 정형화된 행위로 표현하는 제반 활동을 말한다. 신앙이 전제가 되어 수도하는 생활을 할 때 이를 수행修行이라 하며, 이렇게 수행하는 사람을 일컬어 신앙인 혹은 수도인이라고 한다. 대순진리회의 수도는 대순진리를 마음으로 닦고 몸으로 행하여 심신心身이 일치가 되도록 하는데 목적이 있다.[189] 즉 일체의 명성을 구하지 않고 명덕明德을 수행하되 자신의 재덕才德을 계발하여 지선至善에 이르도록 하는 것이 수도의 관건이 된다.[190] 이를 위해서는 대순진리회의 신조信條인 사강령四綱領(安心, 安身, 敬天, 修道)과 삼요체三要諦(誠, 敬, 信)에 입각하여 수도하고, 종단의 제규정을 엄수하여 삿된 방법을 취하지 않아

189 『대순지침』, p.45.
190 『대순지침』, p.46.

야 한다. 또한 일상생활에서의 수도는 언제나 '자신을 반성하고 과부족이 없는가를 살펴 고쳐 나가는 것'이 될 것이다.

대순진리회의 수도에 대한 정의는 『대순진리회요람』에서 다음과 같이 명시하고 있다.

> 수도修道는 심신心身을 침잠추밀沈潛推密하여 대월對越 상제上帝의 영시永侍의 정신精神을 단전丹田에 연마鍊磨하여 영통靈通의 통일統一을 목적目的으로 공경恭敬하고 정성精誠하는 일념一念을 끊임없이 생각生覺하고 지성至誠으로 소정所定의 주문呪文을 봉송奉誦한다.[191]

즉 수도는 심신心身(몸과 마음)을 일치시키되 근본적으로 구천상제에 대한 신앙을 중심으로 하는 정형화된 활동이다. 이런 점에서 수도는 일종의 종교의례적인 특징을 지닌다. 오늘날 수도의 항목에는 기도祈禱와 공부工夫 그리고 수련修鍊 등이 있으며, 모두 소정所定의 주문을 봉송하는 것으로 진행된다. 수도를 하나의 의례적인 관점에서 바라볼 때 종단의 치성致誠행사 참여도 수도활동의 일환으로 볼 수 있을 것이다.

수도의 목적은 궁극적으로 도통道通에 있으며, 수도를 바르게 하지 못했을 때에는 도통을 받을 수 없다.[192] 따라서 수도를 함에 있어 상제님의 말씀을 항상 마음에 새겨 언행과 처사가 일치되게 생활화하여 세립미진細入微塵되고, 마음이 무욕청정無慾清淨이

191 『대순진리회요람』, p.18.
192 『대순지침』, p.37 참조.

되었을 때 도통진경道通眞境에 이르게 된다고 한다.[193] 본 장에서는 이상의 수도 항목에 있어서 그 구체적인 절차와 방법 그리고 의의에 대해서 살펴보기로 하겠다.

2. 기도

1) 개요

기도는 모든 종교문화에 있어서 가장 보편적인 종교의례의 하나이다. 이는 집단으로 행해질 수도 있고 개인적 차원에서 행해질 수도 있다. 특히 집단적 차원에서 행해지는 제례의 축소판으로서의 기도는 개인의 자아를 궁극적 실재와 연결 짓는 정형화된 의례로서의 가치를 지닌다.

종교문화의 역사에서 보면 이러한 기도는 여러 형태로 이루어져 왔음을 알 수 있다. 다양한 기도문구와 같이 하나의 말 그 자체로 취급되는 기도도 있고, 몸과 손동작의 요소들까지 포함하는 하나의 행위로서의 기도도 있으며, 하나의 종교전통이 지니는 기풍 혹은 그 특징과 원리들을 묘사하기 위한 주제로서의 기도도 있다. 이 모든 기도형태를 포괄하는 보편적인 원리가 있다면 그것은 신과 인간 사이의 교제를 강화하고 뒷받침하는 수단으로서 기능한다는 것이다. 종교학자의 설명에 따르면 기도를 통해서 인간은 비로소 신과 교통할 수 있다고 한다. 말하기

193 『대순지침』, p.39.

보다는 주로 듣게 되는 그 대화는 인간에게 연속적으로 생명을 주는 접촉이며, 이를 확실히 하기 위해서 기도를 한다. 그러한 기도의 가장 짧은 형태는 신의 임재를 청하기 위해 신의 이름을 외치는 것이라고 한다.[194]

이렇게 기도란 본질적으로 그 기도의 대상에게 요청하기 위해서 하는 종교행위이며, 그 내용은 곧 인간문제를 해결하기 위한 것으로서 1차적으로는 신의 힘에 매달려서 소원을 성취시켜 주기를 바라는 것이다.[195] 물론 그와 같은 요청은 하나의 종교 내에서 전제된 신앙 속에서 가능한 것이다. 이 때 기도의 대상이 되는 궁극적 실재는 보다 인격적인 존재로 다가온다. 말하자면 그 대상은 의사소통이 가능하고 인간에게 응답할 수 있는 존재로서의 특징을 지닌다는 것이다. 하지만 오늘날 기도는 깨달음적인 수행의 전통을 지닌 불교에서도 이루어지고 있으므로 반드시 타력적인 의미만을 지닌다고 볼 수는 없다. 즉 신앙의 내재적 측면으로서 자아의 완성을 기하고 궁극적인 지혜를 얻기 위한 자기 침잠과 집중을 하는 데에도 기도는 필요하다. 여기에 불교의 만트라 수행과 같은 송주誦呪로서 내면의 불성을 일깨워 궁극적 경지인 해탈을 이루고자 할 때 기도는 그 수행자의 정진精進방법이 될 것이다. 따라서 넓은 의미에서 기도란 종교적 신앙인이 자신의 신앙목적을 이루기 위한 실천적인 노력이며, 신앙대상과의 합일을 추구하는 요청적 활동으로 규정할 수 있다. 개별 종교에서 제시하는 종교적인 목적에 뜻을 같이 하고,

194 Joachim Wach, *The Comparative Study of Religions*, Columbia University Press, New York and London, 1958, p.110.

195 岸本英夫,『宗教學』, 大明堂, 東京, 1982, p.82.

신앙인으로서의 삶을 사는 사람이 그 자신의 신앙목적을 달성할 수 있는 주체적이고도 내밀한 길이 된다는 점에서 기도는 종교 활동에서 더없이 중요한 지위를 차지하고 있다.

2) 기도의 목적

대순진리회에서 기도는 그 중요성에 비추어볼 때 앞서 말한 기도의 일반적인 의미 외에 그 고유한 신앙체계가 결부되어 있다. 즉 기도란 대순진리회 신앙의 대상이 되는 구천상제(九天應元雷聲普化天尊姜聖上帝)의 정신에 화합하는 것이며, 신앙의 목적으로서 도통을 달성하기 위한 수도활동修道活動이다. 바른 수도는 곧 바른 기도에서 시작하며, 바른 기도를 위해서는 그 기도의 올바른 정신을 이해해야만 한다.

도전님의 훈시訓示에 의하면 기도란 다음과 같이 정의되고 있다.

> 기도란 몸과 마음을 편안히 하여 상제님을 가까이 모시는 정신을 모아서 단전에 연마하여, 영통의 통일을 목적으로 공경하고 정성을 다하는 일념一念을 끊임없이 생각하고, 지성으로 소정所定의 주문을 봉송하는 것을 말합니다.[196]

여기서 상제님을 가까이 모시는 정신이란 다름 아닌 신앙대상이신 구천상제의 진리에 부합되는 정신을 말한다. 상제께서

196 대순진리회출판부『大巡會報』, 제4호, 제2면, 1986.4.14.

는 천하를 대순大巡하시어 광구천하匡救天下 · 광제창생廣濟蒼生으로 지상선경地上仙境을 건설하시고자 인세人世에 강세降世하셔서 전무후무한 진리의 도道를 선포하시었다.[197] 그 진리의 핵심은 해원상생 · 보은상생에 있으며, 이 양대 진리가 마음에 배고 몸으로 행하도록 하는 것이 곧 대순진리회 신앙의 요지라고 할 수 있다.[198] 기도란 이러한 진리가 신앙인 자신과 일치되도록 염원하고, 주송呪誦을 통해 그 실천적인 힘을 얻는 것을 말한다.

> (기도란) 진실된 마음으로 정성을 다하여야 하며 가면가식이란 있을 수 없습니다. 참된 정성이 있는 곳에 상제님의 하감下鑑하심이 있는 것이며, 천지신명의 보살핌이 있다는 것을 알아야 합니다.[199]

또한 기도를 올릴 때의 자세는 참된 정성 그 자체이어야 하며 일체의 거짓된 마음이나 태도가 있어서는 안 된다. 신앙인 자신의 필요에 의해서 요청을 하는 행위로 이어지는 기도인 만큼 남의 강요에 의해서 이루어질 수도 없고, 남이 하니까 나도 한다는 식의 비주체적인 사고로 행해질 수도 없다. 궁극적으로 기도는 신앙인 자신의 염원이 주성呪聲을 통해 신앙대상께 전달되어 상제님과 천지신명의 가피加被를 입음으로써 수도의 목적을 달성하기 위한 수단이 되는 것이다.

197 『대순지침』, p.17.
198 위의 책, 같은 쪽.
199 『大巡會報』, 같은 쪽.

그렇다면 기도의 주된 목적은 어떻게 요약될 수 있는가. 이는 『전경』에 언급되어 있는 다음의 기도문에 그 핵심이 담겨있다고 본다.

> 祈禱
>
> 侍天主造化定永世不忘萬事知至氣今至願爲大降[200]
>
> (기도 : 상제님을 모시면 조화가 정해지고, 평생토록 잊지 않으면 만사를 알게 된다. 지극한 기운이 지금 이르니 바라옵건대 크게 내려지기를 기원합니다.)

윗글에서 볼 때 신앙대상인 구천상제에 대한 영시永侍의 정신으로 일념을 다하여 기원하면 상제님의 절대적인 권능으로 모든 조화가 생겨나고 그러한 정성에 변함이 없으면 모든 만사를 환히 아는 영통靈通의 지혜를 얻을 수 있다는 말이다.[201] 여기에 핵심되는 단어는 바로 '모심[侍]' 경지이다. 그 뜻은 마치 인간관계에서 자식이 살아계신 부모를 모시듯이, 제자가 스승을 모

200 『전경』, 행록 5장 38절.

201 최수운의 『東經大全』論學文에는 이 주문에 대한 자세한 해설이 나와 있다. 이를 소개하면 다음과 같다. 「侍者 內有神靈 外有氣化 一世之人 各知不移者也 主者 稱其尊而與父母同事者也 造化者 無爲而化也 定者 合其德定其心也 永世者 人之平生也 不忘者 存想之意也 萬事者 數之多也 知者 知其道而受其知也故 明明其德 念念不忘則 至化至氣 至於至聖」(번역: 「시」라는 것은 안에 신령이 있고 밖에 기화가 있어 온 세상 사람이 각각 알아서 옮기지 않는 것이요, 「주」라는 것은 존칭해서 부모와 더불어 같이 섬긴다는 것이요, 「조화」라는 것은 무위이화요, 「정」이라는 것은 그 덕에 합하고 그 마음을 정한다는 것이요, 「영세」라는 것은 사람의 평생이요, 「불망」이라는 것은 생각을 보존한다는 뜻이요, 「만사」라는 것은 수가 많은 것이요, 「지」라는 것은 그 도를 알아서 그 지혜를 받는 것이니라. 그러므로 그 덕을 밝고 밝게 하여 늘 생각하며 잊지 아니하면 지극히 지기에 화하여 지극한 성인에 이르느니라.) 대순진리회 신앙에 따르면, 본래 최수운(1824~1864)의 동학은 상제님의 강림 이전에 상제로부터 濟世大道의 계시를 받아서 주창된 것으로, 계시 내용의 핵심은 위의 주문에 담겨있다고 본다.

시듯이, 신하가 임금을 모시듯이 그렇게 친숙한 관계를 뜻한다. 이러한 관계는 일방적이기보다는 서로를 위한 쌍방적 보완관계이며, 권위와 복종의 관계라기보다는 자애와 존경의 관계이다. 진정으로 '모심'의 경지에 도달한다면 그것은 상호 불가분不可分 합일合一의 상태를 이룬 것이며 완벽한 상호 소통이 가능하다. 대순진리회 기도의 목적은 이처럼 '모심'의 자세에 입각하여 상제님의 정신에 합일하고자 하는 영통의 통일에 주된 가치가 있다 하겠다.

3) 기도의 절차

대순진리회 기도의 목적과 관련하여 그 절차를 살펴보면 다음과 같다.

> 기도의식의 절차는 법수봉전法水奉傳—분향焚香—배례拜禮—고유告由—주문전부봉송呪文全部奉誦 후 기도주祈禱呪, 태을주太乙呪 봉송(각 이십사독)—좌배坐拜—심고心告—예필禮畢로 되어 있다. 본부, 방면회관, 회실, 포덕소, 자택에서 개인적으로나, 집단적으로 기도의식이 거행되는데, 평일기도와 주일기도로 구분된다. 그리고 의식의 거행시간은 기도의 종류에 따라 정해져 있다. 정해진 시간은 그 나름의 종교적 의미가 있다.[202]

202 대순진리회출판부『大巡會報』, 제4호, 제 3면, 1986.4.14.

윗글의 설명에서 그 각각의 용어에 대한 간략한 설명을 시도하면 다음과 같다.

① 법수봉전法水奉傳[203]

깨끗한 물을 전용 그릇에 받아서 기도상 위에 올려놓는 절차를 말한다. 물은 그 자체가 지닌 정화력과 재생의 특징으로 근원적인 생명력을 상징하고 있는데, 전통적으로 종교에서는 치병이나 침례의 경우에 주로 사용되어져 왔다. 『전경』의 설명에 따르면, 도주께서는 "…물은 흘러 내려가나 오르는 성품을 갖고 있느니라. 삼라만상의 근원이 수기를 흡수하여 생장하느니라.…"[204]고 하였으며, 『대순지침』에는 "천지의 이치가 일육수一六水에 근원하였으므로 선천先天의 하도河圖와 낙서洛書의 역리易理가 모두 수중水中에서 표출된 것을 알 수 있다"[205]라고 하였다. 따라서 물을 기도 시작 전에 올린다는 것은 삼라만상 근원의 진리와 맞닿아 있는 자연물로써 진리를 추구하는 신앙인의 염원을 상징적으로 표현한 것이다.

② 분향焚香

기도를 모시는 자리 앞에서 향촉을 태우는 것을 말한다. 전통적인 제례에서 분향은 강신降神분향焚香을 뜻한다. 즉 향긋한 향을 태워 하늘에 계시는 조상의 신령이 향기를 타고 오시라

203 법수봉전의 절차는 각 가정에서 행하되 축시(밤1시~3시)기도에 한정해서 진행된다.

204 『전경』, 교운2장 55절.

205 대순진리회 교무부, 『대순지침』,1984, p.14.

는 상징적인 행사였다.[206] 이에 반해 뇌주酹酒는 지하에 계실 지도 모르는 조상 혼백을 모시는 절차이다. 따라서 기도 의식에서 분향을 한다는 것은 신앙의 대상이신 구천상제를 위시하여 천지신명의 존재를 기도하는 자리에서 직접 모시겠다는 의미로 해석할 수 있다.

③ **배례拜禮**

절을 하는 절차이다. 먼저 구천상제님께 법배法拜로 4배하고, 우진일보右進一步하여 평배平拜로 도주 옥황상제님께 4배하며, 좌진이보左進二步하여 석가여래께 평배로 3배하고, 갱진일보更進一步하여 명부시왕, 오악산왕, 사해용왕, 사시토왕께 평배로 2배하고, 우진사보右進四步하여 관성제군, 칠성대제, 직선조, 외선조께 평배로 2배하고, 좌진이보左進二步하여 칠성사자, 우직사자, 좌직사자, 명부사자께 몸을 45°정도 좌측으로 돌려 향남向南 읍揖을 한다.

④ **고유告由 · 주문봉송呪文奉誦**

국가나 사가私家에서 중대한 일을 치르기 전이나 치른 뒤에 그 사유事由를 종묘宗廟나 사당祠堂에 고告하는 일을 말한다. 기도 의식에서 고유를 한다는 것은 바로 그와 같은 중대한 일을 하기 이전에 마음으로 신명 앞에 고하는 것을 뜻한다. 이러한 고유는 소정의 주문봉송으로 이어진다. 주문의 순서는 먼저 봉축주로 시작하여 태을주, 기도주, 진법주, 칠성주, 운

206 전례연구위원회, 『우리의 생활예절』, 성균관, 1992, p.251.

장주, 이십팔수주, 이십사절주, 도통주, 신장주, 해마주, 신성주, 태을주로 마치고, 이어서 태을주와 기도주를 각각 24독씩 외운다.

⑤ 좌배坐拜

배례를 약식略式으로 행하는 것을 말한다. 자리에서 일어서지 않고 앉은 자리에서 행하며, 약간씩 방향을 바꾸어가면서 절의 횟수를 지켜 머리를 숙여서 예를 갖추는 것이다.

⑥ 심고心告

마음으로 고하는 절차로서 기도가 지닌 요청적 성격을 담고 있는 내적 행위를 말한다. 기도하는 사람 자신이 필요로 하는 소원을 성취할 수 있도록 신앙대상에게 마음으로 요청하고 기원하는 순서이다.

⑦ 예필禮畢

모든 절차를 다 마치고 기도하는 자리에서 조심스럽게 물러나는 것을 말한다.

⑧ 기도祈禱 일시日時

평일平日기도와 주일主日기도로 나누어지며, 달력에서 갑일甲日과 기일己日이 주일主日이 된다. 시간은 평일에 진辰·술戌·축丑·미未시에 거행하며, 주일에는 자子·오午·묘卯·유酉시가 더해져서 하루에 8번을 행하게 된다.

이상의 절차를 통해서 기도가 진행되며, 그 각각의 절차는 나름의 의미를 지니고 있음을 알 수 있다. 본질적으로 기도는 자신의 소원을 요청하기 위한 것이므로 먼저 기도의 대상을 차례대로 부르고 접견한 뒤에 외경畏敬하는 마음으로 자신의 바람을 전달하는 절차로 이루어져 있다. 이와 같은 기도를 통해 수도활동의 전형이 드러나며, 신앙인으로서의 참된 인격을 형성하는 데 있어 기도생활은 필수적이라고 할 수 있다.

3. 공부

1) 개요

대순진리회의 수도 항목에 있어서 '공부工夫'는 종단의 고유한 행사이자 특별한 의미를 지니는 단어이다. 『전경』 전반에 걸쳐 언급되고 있는 단어로서 공부는 하나의 의례적인 특성을 지니며 또한 목적달성과 직결되어 있는 가치 지향적 활동 그 자체를 말한다. 이러한 공부는 『전경』을 살펴볼 때 강세하신 구천상제님께서도 행하셨으며, 종단을 창설하신 도주께서도 행하시었다. 인간의 활동에 있어서 특별히 성스러운 가치를 지향하는 정형화된 형식과 과정을 통틀어서 공부라고 할 수 있다. 넓은 의미에서 공부는 뚜렷한 목적의식을 지니고 그것을 이루기 위해 노력해나가는 제반활동을 말한다.

종단활동에 있어서 특별히 '공부'를 한다고 할 때는 하나의 정형화된 의례가 있고 그에 따른 지정된 방법이 있음을 의미

한다. 『대순진리회요람』에서 언급된 바 있듯이,

> 공부工夫—일정一定한 장소場所에서 지정指定된 방법方法으로 지정指定된 시간時間에 주문呪文을 송독誦讀한다.[207]

라고 하여 공부는 특별히 정해진 시간과 공간의 규정이 있음을 알 수 있다. 즉 넓은 의미에서의 공부는 별도로 시·공간의 제약을 둘 수 없겠으나, 종단의 의례로서 행해지는 공부는 시간과 장소가 특별히 정해져 있다는 것이다. 오늘날 종단의 공부의례의 기원은 1957년 조정산 도주의 설법에 따르고 있다.

> 도주께서 이해 11월에 도인들의 수도공부의 설석을 명령하고 공부는 시학侍學 시법侍法으로 구분케 하고 각 공부반은 三十六명으로 하며 시학은 五일마다 초강식初降式을 올리고 十五일마다 합강식合降式을 올리며 四十五일이 되면 봉강식奉降式을 행하게 하고, 시법은 시학공부를 마친 사람으로서 하되 강식을 거행하지 않고 각 공부 인원은 시학원侍學員 정급正級 진급進級의 각 임원과 평신도로써 구성하고, 시학원은 담당한 공부반을 지도 감독하고 정급은 시간을 알리는 종을 울리고 진급은 내빈의 안내와 수도처의 질서 유지를 감시하여 수도의 안정을 기하게 하고, 시학관侍學官을 두어 당일 각급 수도의 전반을 감독하도록 하셨도다.[208]

207 『대순진리회요람』, p.18.
208 『전경』, 교운 2장 62절.

윗글에서 볼 수 있듯이 공부는 크게 시학侍學과 시법侍法으로 구분한다.[209] 매 공부는 지정된 인원 36명이 진행하며, 공부자는 해당 직급에 따라 맡은 임무를 가지고 있다. 1일 24시간의 일정으로 진행하되 전 공부인원은 임원과 평신도로 구성하여 역할을 분담한다. 공부에 참여하는 모든 사람은 각자의 맡은 바 임무를 다하고 또한 책임자는 공부반을 지도 감독하는 역할을 한다. 모든 공부자가 혼연일체가 되어 공부를 진행할 때 성공적인 수도를 하였다고 보며, 이는 수도의 목적 달성에도 기여할 수 있다. 다음으로는 이러한 공부의 구체적인 절차와 방법 그리고 의의에 대해서 살펴보기로 한다.

2) 공부의 절차 및 의의

□ 시학공부

현재 종단에서 시행하고 있는 공부의례는 시학侍學과 시법侍法이 있다. 먼저 시학공부는 36명이 한 반이 되어 하루 24시간을 책임진다. 매일 반이 바뀌어 5일이 되면 180명이 모여 초강식初降式을 올리고, 15일마다 540명이 모여 합강식合降式을 올린다. 45일째 되는 날에는 봉강식奉降式을 올리게 되는데 이 때 총인원은

209 시학, 시법 외에도 현재 종단에서 실시하고 있지는 않으나 단계적으로는 법학(法學)공부와 청학(青學)공부가 있는 것으로 알려져 있다. 법학공부는 시학과 시법을 마친 자에 한해서 실시하며, 외수반 36명 내수반 36명으로 평도인 24명, 정원 11명, 시학원 1명으로 구성된다. 36명의 내·외수반은 각각 12조를 편성, 한 조에 정원급 이상 임원 1명과 평도인 2명이 배정된다. 외수들은 태을주·기도주·이십사절주를, 내수들은 태을주·기도주·이십팔수주를 독송한다. 청학공부는 앞의 세 단계 공부를 마친 도인들 중에서 선출된 자들에게 시행된다. (『대순회보』, 제4호, p.3, 1986 참조.)

1620명이 된다. 이렇게 시학공부는 24시간을 공부한 이후에 초강식, 합강식, 봉강식의 절차를 마쳐야만 끝나게 된다.

시학공부반의 인원구성과 공부시간에 외우는 주문은 다음과 같다.

<table>
<tr><th colspan="2">구 성</th><th>인원수</th><th>주 문</th></tr>
<tr><td rowspan="4">임원</td><td>시학원侍學員</td><td>1명</td><td rowspan="3">운장주雲長呪</td></tr>
<tr><td>정급正級</td><td>2명</td></tr>
<tr><td>진급進級</td><td>3명</td></tr>
<tr><td>회원會員</td><td>6명</td><td>칠성주七星呪</td></tr>
<tr><td colspan="2">외수外修 평도인</td><td>12명</td><td rowspan="2">태을주太乙呪
기도주祈禱呪
도통주道通呪</td></tr>
<tr><td colspan="2">내수內修 평도인</td><td>12명</td></tr>
</table>

해당 직급별로 책임을 살펴보면, 시학원은 담당한 공부반을 지도감독하고, 정급은 시간을 알리는 종을 울리고 진급은 내빈의 안내와 수도처의 질서 유지를 감시하여 수도의 안정을 기하게 한다. 회원과 평도인은 자신에게 주어진 시간에 정해진 장소에서 해당 주문을 정성껏 외워야 한다. 또한 모든 공부반에는 시학관侍學官을 두어 당일 각급 수도의 전반을 감독한다.

당일 공부반의 의례절차와 순서는 다음과 같다.

① 호명呼名 및 주의사항전달

공부가 시작되기 몇 시간 전에 해당 공부반의 출석여부를 점검하고, 개인의 순번, 위치, 임무, 주의사항 등을 주지시키는 절차이다. 시학원은 이때 당일 공부반의 명단을 전달받고 당일의 일진日辰에 따른 개인의 공부순서와 주문방법 등을 확인한다. 현재는 오후 9시에 실시하고 있다.

② 드는 봉심奉審

공부를 시작하기 전 당일 공부반 전원이 영대에 올라가 신앙대상 앞에서 예를 갖추어 지정된 배례拜禮를 올리고 심고心告를 드리는 절차이다. 현재는 오후 10시에 실시하고 있다.

③ 24시간 공부工夫

각 반원은 자신에게 주어진 시간과 장소에서 정해진 주문을 송독함으로써 성실하게 공부를 수행한다. 24시간 중 기도시간에는 전원이 모여서 1시간 동안 기도를 올린다. 단 전체주문의 봉송순서는 일진日辰상 양일陽日에는 태을주를, 음일陰日에는 기도주를 먼저 읽고 이어서 다음 주문을 읽는다.

④ 나는 봉심奉審

24시간의 공부를 마친 이후에 반원 전체가 영대에 올라가서 배례를 드리는 절차이다. 현재는 오후 11시에 실시하고 있다.

이상의 시학공부와 함께 시행되는 강식降式의 절차는 다음과 같다.

① **초강식初降式**

24시간의 시학공부를 마친 5개 반원 180명이 모여서 치르는 의식절차를 말한다. 초강식은 5개 반원들 가운데 먼저 공부한 반 순서대로 봉행한다. 의식순서를 살펴보면 다음과 같다. 일동정렬 · 취석면수→배례→법좌→정렬 · 면수→시독원侍讀員의 주문 전문全文봉송→해당공부반의 주문봉송(봉축주1독, 태을주4독, 기도주4독, 도통주4독)→좌배→일동 흥→일동부복(녹명지소상)→일동 흥→예필 국궁 퇴.

② **합강식合降式**

초강식을 거친 5개 반원들을 중심으로 각각 세 차례가 거듭되면 합강식을 치른다. 이 때 총 인원은 540명으로써 총 15개 반이 모이게 된다. 합강식은 총 5개반으로 구성하되, 각 반은 시학공부 3개 반 씩을 합친 내 · 외수 평도인 72명으로 편성한다. 합강식의 진행순서는 초강식의 절차에 준하여 거행한다.

③ **봉강식奉降式**

초강식과 합강식을 마친 45개 반 총인원 1620명이 모여서 45일째 되는 날에 거행하는 시학공부 과정의 최종 의식절차이다. 참례자 전원은 식이 진행되기 전에 대기하고 있다가 북소리에 맞추어 본전 앞에 정렬한다. 의식이 시작되면 봉강장奉降長 1인은 봉강문 전체를 낭독하되, 먼저 전문前文을 선창先唱하고 합강장合降長 2인은 이를 따라 읽으며 이어서 공부반 전원이 따라 읽는다. 후문後文은 각각 세 번씩 낭독한다. 봉강문

낭독이 끝난 후 합강장 2인은 영대에 올라가 배례를 드리고 공부반 전원은 질서 있게 해산한다. 봉강식 때 낭독하는 봉강문奉降文 전문全文은 다음과 같다.

봉강문奉降文

대강식大降式은 생략하옵고

후일後日을 기하오며

날짜나 기념하기 위하옵서

봉강奉降중이오니

봉강식奉降式으로 현알見謁올립니다.

천지대팔문天地大八門

일월대어명日月大御命

금수대도술禽獸大道術

인간대적선人間大積善

시호시호時乎時乎 귀신시호鬼神時乎

시구시구矢口矢口 조을시구鳥乙矢口

대강대강大降大降 해원신解冤神

□ 시법공부

시법공부는 시학공부를 마친 자에 한해서 참여할 자격이 주어진다. 시학공부와 마찬가지로 36명이 한 반이 되며 24시간을 담당한다. 인원구성은 시학공부와 동일하되 주문은 구분 없이 진법주眞法呪로 통일되어 있다. 매 사람이 각각 오전 오후 지정된 시간을 책임지며, 임원을 포함하여 내·외수 3명이 한 조가 되어 한 시간씩 지정된 장소에서 주문을 외운다. 그 대체적인 절차는 시학공부와 동일하나 24시간 내의 공부 방법에는 차이가 있다. 그 주요특징을 살펴보면 다음과 같다.

▷ 시법 공부반은 별도로 지정된 공부장소에서 공부한다.

▷ 지정주문은 모두 진법주만을 봉송한다.

▷ 공부를 위한 조는 임원(시학원 · 정진급 · 회원) 중 한 사람(정원), 외수 한 사람, 내수 한 사람 등의 3인 1조로 구성되며, 모두 함께 공부방에 들어가서 한 시간씩, 오전 오후로 나누어 공부한다.

▷ 조편성은 시학공부 명단과 동일하며 각 열의 같은 번호로 하고 공부순위도 번호 순으로 한다.

▷ 공부자는 공부실에 들어가기 20분전에 연습실로 가서 봉축주 1독, 태을주 4독, 기도주 4독, 진법주 4독을 하고 공부실 앞에서 대기한다.

▷ 공부방에 들어갈 때는 정원이 먼저 문을 열고 들어가고 외수와 내수가 뒤따라 들어간다. 앞의 공부자가 뒤로 물러앉을 때 그 자리에 부복하되, 개인 위치는 중앙에 임원(시학원, 정급,진급, 회원) 중 한 사람, 그 왼쪽에 외수, 오른쪽에 내수가 앉는다.

▷ 모두 부복하면 정원은 무릎을 꿇은 채 분향하며, 이어서 모두 일어나 법좌하고 좌배를 올리고 주문을 같이 외운다.

▷ 기타 대기방법과 교대방법 등은 모두 시학공부와 동일하나, 세 사람이 같은 장소에서 동일한 주문을 외우는 것에 차이가 있다.

□ 공부의 의의

대순종단에서 실시하고 있는 공부工夫는 하나의 종교의례이면서 수도인들의 수도활동의 하나이다. '공부'라는 단어가 가지고 있는 특별한 의미 외에도 오늘날 종단의 '공부'행사의 중요성과 그 의의에 대해서 살펴볼 필요가 있다. 『전경』에 언급된 다음 구절은 이를 잘 나타내고 있다.

> 또 상제께서 말씀을 계속하시기를 "공자孔子는 七十二명만 통예시켰고 석가는 五百명을 통케 하였으나 도통을 얻지 못한 자는 다 원을 품었도다. 나는 마음을 닦은 바에 따라 누구에게나 마음을 밝혀 주리니 상재는 七일이요, 중재는 十四일이요, 하재는 二十一일이면 각기 성도하리니 상등은 만사를 임의로 행하게 되고 중등은 용사에 제한이 있고 하등은 알기만 하고 용사를 뜻대로 못하므로 모든 일을 행하지 못하느니라" 하셨도다.[210]

> 이 말씀을 마치시고 공우에게 "천지의 조화로 풍우를 일으키려면 무한한 공력이 드니 모든 일에 공부하지 않고 아는 법은 없느니라. 정북창鄭北窓 같은 재주로도 입산 三일 후에야 천하사를 알았다 하느니라"고 이르셨도다.[211]

윗글에서 볼 때 수도의 궁극적인 목적은 도통임을 알 수 있

210 『전경』, 교운1장 34절.
211 『전경』, 교운1장 35절.

다. 이러한 도통은 과거 특정 종교 내에서 제한적으로 이루어졌으나 대순진리에서는 수도과정을 거친 모든 사람에게 주어진다고 한다. 다만 그 도통의 경지에는 차등이 있으니 곧 상등과 중등, 하등으로 구분된다고 하였다. 여기에 공부의 중요성이 거론되고 있는데, 즉 "모든 일에 공부하지 않고 아는 법은 없느니라"고 하여 도통의 목적을 위해서는 무한한 공력을 드려나가는 활동이 필요하다는 것이다. 한사람의 신앙인 혹은 수도인으로서의 자격을 갖추고 그에 따른 수도의 목적을 달성하고자 한다면 그 과정으로서의 '공부'가 필수적으로 요구된다. 이때의 공부는 넓은 의미에서 수도의 전 과정이 될 수 있고, 좁은 의미에서는 종단에서 행하는 지정된 방법을 말한다. 어떤 의미에서건 '공부'는 수도활동에서의 진정성眞正性(authenticity)을 나타내고 있고, 수도의 목적인 도통을 이루기 위한 직접적인 과정이라는 점에서 그 의의를 지니고 있다 하겠다.

4. 수련

1) 개요

수련修鍊의 문자적인 의미는 '닦고 단련함'이다. 일반적으로 수행하는 사람은 자신이 지닌 수행의 목표를 달성하기 위하여 일상적인 자아自我를 다스리지 않으면 안 된다. 일상의 자아는 언제나 육체적 욕구와 정신적 번뇌에 사로잡혀 있으며 이러한 자아에 매몰되어 있는 한 수행자의 이상理想에 도달할 수가 없다.

따라서 모든 수행자는 자신의 몸과 마음을 그 수행의 정신에 부합하게끔 조절하고 단련함으로써 이상적인 목표를 달성할 수 있게 되는데, 이와 같은 수행자의 특별한 자기훈련의 활동을 일컬어 수련이라고 한다. 일반 종교에서의 수련은 힌두교에서는 요가(Yoga), 불교에서는 참선參禪, 유교에서는 극기克己 수양修養, 도교에서는 양생養生 등으로 불리며 다양하게 전개되었다고 본다.

대순진리회에서의 수련은 기본적으로 '수심연성修心鍊性과 세기연질洗氣鍊質'의 취지에 부합하는 활동을 말한다. 즉 수련이란 자신의 세속적인 심성을 닦고 연마하며 또한 기질을 세련되게 하는 것이다. 그렇게 하기 위해서는 정좌하여 지정된 주문을 반복해서 읽는 방법이 요구된다.

수련修鍊

시간時間과 장소場所의 지정指定이 없이 기도주祈禱呪 혹은 태을주太乙呪를 송독誦讀한다.[212]

대순진리회 수련에서 특히 주목되는 바는 지정된 주문(기도주 혹은 태을주)을 송독하는 것이다. 주문呪文은 곧 영문靈文이며 주문을 외우는 사람에게 신명을 응하게 하는 글이다.[213] 『전경』의 상제님 말씀에 따르면 이러한 주문 가운데 가장 으뜸가는 것

212 『대순진리회요람』, p.18.

213 『전경』, 교법 2장 23절. 「전쟁사를 읽지마라 전승자의 신은 춤을 추되 패전자의 신은 이를 가나니 이것은 도를 닦는 사람의 주문 읽는 소리에 신응(神應)되는 까닭이니라.」

은 '태을주太乙呪'라고 하였다. 상제님께서는 종도들에게 "오는 잠을 적게 자고 태을주를 많이 읽으라. 그것이 하늘에서 으뜸가는 임금이니라. 오만 년 동안 동리동리 각 학교마다 외우리라"[214]고 하여 태을주의 중요성을 강조하고 있다. 이와 같은 주문의 유래는 다음의 구절에서 밝혀져 있다.

> 종도들이 모인 곳에서 상제께서 三월 어느 날 가라사대 "지금은 신명 해원시대니라. 동일한 五十년 공부에 어떤 사람을 해원하리오. 최 제우는 경신庚申에 득도하여 시천주侍天呪를 얻었는바 기유己酉까지 五十년이 되니라. 충남忠南 비인庇仁 사람 김경흔金京訢은 50년 공부로 태을주太乙呪를 얻었으되 그 주문을 신명으로부터 얻을 때에 그 주문으로써 많은 사람을 살리라는 명을 받았느니라"고 말씀을 하시고 이어서 "이 두 사람 중의 누구를 해원하리오"라고 물으시니 시좌하고 있던 종도들 중에서 광찬이 "상제님의 처분을 기다리나이다"고 아뢰니 상제께서 다시 말씀하시기를 "시천주는 이미 행세되었고 태을주를 쓰리라" 하시고 읽어 가르치시니 그 주문은 이러하였도다.
> "吽哆吽哆 太乙天上元君 吽哩哆哪都來 吽哩喊哩娑婆啊"[215]

즉 태을주는 김경흔의 50년 공부에 의해 신명으로부터 얻은 주문이며, 그 주문으로써 많은 사람을 살리라는 명을 받았다고 한다. 상제님의 말씀에 따르면 '시천주는 이미 행세되었고 태을

214 『전경』, 교운 1장 60절.
215 『전경』, 교운 1장 20절.

주를 쓰리라'고 하였으므로 오늘날 종단에서는 바로 이 태을주를 위주로 하여 수련을 진행하고 있다. 다음으로는 이러한 수련의례의 기본적인 절차와 그 의의에 대해서 살펴보기로 하겠다.

2) 수련의 절차 및 의의

□ 절차

수련은 그 주된 내용이 지정된 주문을 반복해서 송독하는 것이므로 다른 의례에 비해 비교적 간단한 절차를 지닌다고 할 수 있다. 수련은 개인단위로 할 수도 있고 집단으로 행할 수도 있다. 시간과 장소의 지정은 없으나 정갈한 곳을 택해서 2시간 이내로 한다. 그 대체적인 절차는 다음과 같다.

▷ 정갈한 방을 택하여 수련장소를 정한다.

▷ 기구로는 향과 향로를 준비하여 기도상에 진설하고, 촛불은 켜지 않는다.

▷ 분향을 하고 법배法拜를 하거나, 좌배坐拜를 한다.

▷ 지정된 주문을 봉송한다. 주문은 먼저 종단에서 사용하는 전체주문을 다 외운 다음 태을주만 반복해서 송독한다. 1시간씩 수련하되 중간에 10분 정도 휴식한 후에 계속한다.

▷ 주문송독이 끝나면 좌배한 후에 심고心告를 드린다.

▷ 구령자의 구령에 맞추어 모두 일어나고[興], 예필禮畢 국궁鞠躬하여 퇴退한다.

종단의 수련의례는 수도인 자신의 성정性情을 단련하고 기질을 연마하는 것인 만큼 수련과정에서 상당한 인내를 요한다. 따라서 수련하는 동안 부작용이 나타나지 않도록 유의하여야 하며, 초심자는 항상 임원의 지도와 감독 하에 행하는 것이 좋다. 현재 종단의 수련행사에서는 그 절차 못지않게 주의사항으로 숙지해야 할 항목이 있으므로 수련을 위해서는 알아둘 필요가 있다. 다음은 일부 지방 회관에 따라서 게시된 내용이므로 참고로 소개하고자 한다.

▷ 정신을 모으지 않고 주력呪力을 얻는 데 힘쓴다.

▷ 몸에 약간이라도 고통이 있으면 즉시 몸을 움직여 편한 자세를 취한다.

▷ 마음이 안정되지 않고 마음이 불안할 때에는 일어나서 안정을 취하고 다시 앉아서 수련을 시작한다.

▷ 수련이란 모든 것이 그 사람의 기운에 맞추어야 한다. 노약자에게는 수련을 금한다.

▷ 몸에 이상이 있으면 수련을 중지하고 책임자에게 속임 없이 말하여 의료원에 가서 치료를 받도록 한다.

□ 수련의 의의

수도인에게 있어서 수련은 세속적인 자아로부터 벗어나 성스러운 실재에 부합하기 위한 자기 훈련의 과정이라 할 수 있다. 인간의 본래적인 자아는 청정한 본질을 지니고 태어났지만 단련되고 세련되지 않으면 사사私邪롭고 욕심에 치우쳐 수도의 목적을 달성하기 어렵다. 인간 본래의 양심을 회복하고 대순진리로써 활연관통豁然貫通하기 위해서는 일상의 자아를 다스리기 위한 수련이 필수적이라 본다.

『전경』의 일화를 살펴보면 상제께서는 종도들에게 주문을 사용하여 지속적으로 수련을 시키셨음을 볼 수 있다. 오주五呪, 시천주侍天呪, 태을주太乙呪 등이 이때 사용되었다. 다음의 구절은 이와 같은 수련이 가져다준 결과로서 오늘날 수련의 의의를 짐작케 하고 있다.

> 이때에 오랫동안 가물었도다. 상제께서 갑칠에게 청수 한 동이를 길어오게 하신 후 일러 말씀하시기를 "아래와 웃옷을 벗고 물동이 앞에 합장하고 서 있어라. 서양으로부터 우사를 불러와서 만인의 갈망을 풀어주리라" 갑칠이 말씀대로 옷을 벗고 동이 앞에 합장하여 서니 문득 검은 구름이 사방에서 일어나고 큰 비가 내리니라. 이때 상제께서 갑칠에게 "청수를 쏟고 옷을 입으라" 하시고 종도들에게 이르시니라. "너희들도 지성을 다하여 수련을 쌓으면 모든 일이 뜻대로 되리라." 류찬명이 "이런 일은 세상 사람이 다 모르니 원컨대 세상 사람으로 하여금 널리 깨닫게 하여 주소서" 하고 아뢰었도다. [216]

즉 수련은 모든 일이 뜻대로 되기 위한 지성의 노력 과정이며, 구체적으로는 주문의 가치가 실현되는 직접적인 활동이다. 주문은 믿고 읽는 데서 힘이 드러나며, 반복된 암송과정에서 자연스럽게 체화體化되어 나간다. 수련의 의의는 이와 같이 수도자

216 『전경』, 권지 2장 35절.

로서 수도의 목적을 달성하기 위한 자기 훈련의 과정이며, 신명의 이름으로 구성된 주문의 송독을 통해 신과 인간이 합일할 수 있는 주된 방법임을 보여주고 있다.

5. 치성의례

1) 개요

치성의례致誠儀禮는 현재 종단 대순진리회에서 정기적(혹은 부정기적)으로 거행하는 종교행사이며 주요 의례의 하나이다. 이는 개인적인 차원에서 행해지기도 하고, 집단적인 차원에서 정해진 장소와 시간에 거행되기도 한다. 이른바 가입의례의 형태 혹은 달력에 입각한 의례의 형태로 진행된다.

'치성'致誠이라는 말은 사전적으로는 '정성을 다함' 혹은 '신神·불佛에게 정성을 드림' 등으로 풀이된다. 한국 고전古典 문헌에 등장하는 치성의 개념은 주로 조정朝廷에서 군주가 뭇 백성을 대표하여 신령 혹은 천신天神에게 제사를 올리는 경우에 사용된 단어이다. 사가私家에서 치성致誠이라는 단어를 쓰는 경우는 아주 드물다. 즉 전통적으로 치성이란 군주가 제물을 갖추어 신령에게 극진한 정성으로 예를 갖추는 것을 말한다.[217] 이것이 전

217 『朝鮮王朝實錄』宣祖大王 誌文,"…王曰: "予見則異於是. 夫神之在天下,如水之在地中,無所往而不在. 鬼神無常享,唯其致誠,則神在是矣. 故古人或設壇而祭,豈必待木主哉」; 中宗 14年, 己卯 "…祭必以誠爲貴. 雖非親祭,致誠之至,則可也」; 明宗 11卷, 6年, 辛亥 "…今此觀射之事,當此遇災致誠之時,行之未安. 退行何如」

래되어 오늘날 종교공동체의 의례형태로 차용되어 왔다고 본다.

대체로 치성의례는 전통적인 희생제의(Sacrificial Rite)의 맥락에서 바라볼 수 있지만, 원시적인 형태의 희생犧牲 그 자체보다는 한국전통의 제례祭禮를 변용하고 있다는 점에서 전통문화적인 가치를 더욱 중요시 여기고 있다. 여기서 전통문화란 동아시아의 유교적인 가치와 맞물려 있는 것인데, 특별히 대순진리회가 정치화精緻化된 유교의례를 계승했다기보다는 오랜 세월에 걸쳐 한국문화의 저변에 내재되어 있는 제례에 대한 종교적 의식과 그 문화적 유구함을 계승했다고 보는 것이다. 이와 같은 시각은 오늘날 의례구성의 항목과 세부절차 등에서 발견되는 고유한 부분들이 있다는 데 근거를 두고 있다.

희생제의에 기원을 두고 있는 치성의례는 원칙적으로 인간과 신의 '교제(communion)'에 초점을 맞추는 경향이 강하다. 즉 드리는 자와 받는 자의 관계에서 '제물祭物'은 양자兩者를 매개하고 있으며, 그 자체가 성화聖化되는 것으로 여겨진다. 양자는 제물에 참여함으로써 서로 교제하는 것이다.

희생제의에 관한 이론에서 희생(sacrifice)[218]의 의미는 다양하게 이해되어질 수 있다. 헨리허버트(Henri Hubert)와 마르셀모스(Marcel Mauss)의 고전적인 정의에 의하면 희생제의는 "희생물의 성화聖化를 통해 도덕적 인간이 관심을 두는 어떤 목적을 달성하도록 인간의 조건을 변화시키는 하나의 종교적 행위"이다.[219]

218 라틴어 sacrificium(sacer는 "holy"를 뜻하며, facere는 "to make"를 뜻한다)에서 유래된 단어이다. 즉 최상의 완전한 의미에서 종교적 행위를 함축하고 있으며, 또한 어떤 대상을 신성하게 만드는 행동으로 이해되어진다. 공물(供物, offering) 혹은 선물(gift)과 동의어로 사용된다.

219 Henri Hubert and Marcel Mauss, *Sacrifice— Its Nature and Function,* Tran

현대에 이르러 『종교백과사전(The Encyclopedia of Religion)』의 설명을 인용하면 희생은 선물, 토템 공동체의 식사, 성聖과 속俗의 세계간의 연결, 주술, 태초 사건들의 재현, 불안반응, 폭력전환을 위한 메카니즘 등의 뜻이 있다.[220] 희생제의가 어떤 의미를 지니든 하나의 공동체에서 지향하는 목적을 달성하기 위해 그 의례는 정형화되어 왔으며 또한 고유한 메카니즘을 가지고 있는 것으로 여겨진다.

한편 학자에 따라서 희생제의적 식사의 중요성을 강조하기도 한다. 같이 먹는다는 것은 참여자들과 신 사이에 존재하는 친교의 상징이고 먹히는 동물과 마셔지는 술은 희생의 상징이 된다.[221] 이러한 상징은 본래 세상에 속한 것이지만 제의에 의하여 성화되어 세상으로부터 분리된 것을 말한다. 성화된 상징 안에서 두 가지 현실이 합쳐지고 신과 인간이 서로 만나는 것이다.[222] 마샬 사흘린(Marshall Sahlins)은 "신들에게 음식으로 바쳐짐으로써 희생물은 그 신의 본질을 획득하게 되고, 그 희생물을 인간이 먹게 되면 그 제물 속에 있는 이러한 신적인 힘이 인간에게 전달된다"고 하였다.[223] 이처럼 제의적 식사는 의례의 일부

---

slated by W.D.Halls, The University of Chicago Press, 1964, p.13 (프랑스어 초판은 1898년에 'Essai sur la Nature et la Fonction du Sacrifice'의 제목으로 발간되었다.)

220 Mircea Eliade ed., *The Encyclopedia of Religion,* Vol 12, Macmillan Publishing Company, 1987, pp.550~553 참조.

221 Joachim Wach, *The Comparative Study of Religions,* Columbia University Press, New York and London, 1958, p.109.

222 게라르두스 반데레에우 지음, 손봉호 길희성 옮김,『종교현상학 입문』분도출판사, 1995, p.252.

223 캐서린 벨 지음, 류성민 옮김, 『의례의 이해』 한신대학교 출판부, 2007, p.228 재인용.

로서 희생제의의 중요한 절차 중의 하나로 인식된다. 오늘날의 한자문화권에서는 전통적으로 '음복飮福'으로 알려져 있는데 가정의 제사나 단체의례에서 빼놓을 수 없는 절차다.

이상에서 살펴본 바와 같이 치성의례는 희생제의의 특징에서 이해되어진다. 여기에는 형식적인 구성요소와 함께 그에 속한 상징적인 의미들을 다양하게 고찰할 수 있다. 하나의 종교가 지닌 많은 의례적인 형태에도 불구하고 희생제의는 거의 모든 종교에서 가장 널리 확산되어 있는 것으로 알려진다. 개인 혹은 종교공동체가 지향하는 바의 목적을 위해 신적인 대상에 대해 제물을 드린다는 것은 성聖·속俗을 넘나드는 종교행위의 다이내믹한 형태라 할 수 있다. 따라서 희생제의에 관한 의례연구는 종교연구에서 폭넓은 가치를 지닌다고 하겠다. 다음으로는 이와 같은 시각에서 오늘날 대순진리회 치성의례의 유형과 절차를 구체적으로 분석해보기로 하겠다.

2) 치성의례의 유형과 절차

□ 가입의례—입도치성入道致誠

가입의례(rites of initiation)는 의례연구에 있어서 주요한 분과를 차지하고 있다. 이는 통과의례(rites of passage)의 일종으로 볼 수 있으며, 입문入門의례, 입사入社의례, 입회入會의례 등으로 다양하게 불리어진다. 아놀드 반게넵(Arnold Van Gennep)의 고전적인 연구에 따르면 통과의례는 "문지방을 넘음"으로써 하나의 세계에서 다른 세계로 옮아가는 것이라고 한다. 이 의례의 기본형식은 이전의 세계로부터 분리(separation)되는 과정, 다른 세계로 옮아가는 전이(transition)의 과정, 그리고 새로운 세계 속에 들어가는 통합(incorporation)의 과정 등 세 단계로 구성된다.[224] 여기에는 성인식, 혼례, 상례, 출산, 입회 등의 일련의 의례들을 다 포함하고 있다. 리처드 콤스탁(Richard Comstock)은 특별히 입문의례에 대해서 이는 정신적인 변화와도 관련된다고 하였다. 즉 입문의례는 인간의 정신을 범속한 상태로부터 성스러운 상태로 이행시킨다. 입문의례를 치르는 사람들은 영혼의 암흑기를 상징하는 온갖 고난, 그리고 괴물의 뱃속으로 들어가는 것으로 상징되는 죽음, 새로운 존재로의 부활이라는 과정을 통해서 하나의 새로운 정체로 탈바꿈하고 재창조되며 재구성된다는 것이다.[225] 엘리아데(M.Eliade)는 이러한 입문의례(혹은 가입의례)를 통하여 진정한 신의 테오파니(theophany), 씨족의 계보신화, 도덕률이나 사회법의 집성, 요컨대 우주 속에서 인간의 위치 등을 배우게 된다고 하였다.[226]

대순진리회 치성의례의 유형에 있어서 가입의례는 입도치성入道致誠의 형태로 거행되고 있다. 입도는 곧 입문, 입회를 뜻하며, 대순진리회의 종교 공동체에 가입하여 수도인이 될 것을 서약하는 것을 말한다. 개인단위로 거행되기도 하며 여러 명이 동시에 참여하여 거행되기도 한다. 범속한 일상으로부터 분리되어 신성한 종교세계에 들어가기 위해서는 하나의 상징적인 통과의례를 필요로 하는데, 이를 통해 입도자는 정신적 전환을

224 Arnold Van Gennep, *Rites of Passage*, Chicago; The University of Chicago press, 1960, pp.20~21.

225 W. Richard Comstock 지음, 윤원철 옮김, 『종교의 탐구—방법론의 문제와 원시종교』 제이엔씨, 2007, p.95.

226 Mirecea Eliade 지음, 이은봉 옮김, 『종교형태론』, 한길사, 1996, p.118.

이루고 새로운 정체로 부활되는 과정을 밟는다.

입도치성의례의 의의에 대해서는 종단 내부자료에 다음과 같이 설명되어 있다. 즉 "입도의식은 새로 입도하는 사람이 본회의 취지와 신조를 따르고, 상제께서 대순하신 진리를 적극 수용함으로써 덕화선양에 앞장설 수 있는 충실한 도인이 되어 신앙의 대상을 영시불망永侍不忘할 것임을 맹서하는 의식이다"라고 하였다.[227] 그 주요절차에 대해서는 다음과 같다.

① 성령지위봉안聖靈之位奉安

집사자가 상의 정 중앙에 성령지聖靈紙를 봉안한다. 이 성령지는 신앙의 대상인 구천응원뇌성보화천존강성상제九天應元雷聲普化天尊姜聖上帝의 존호尊號를 써서 입도자의 정면에 붙이는 것을 말한다.[228]

② 진설陳設

치성을 위해 준비한 치성물(제수祭需)을 모두 상위에 가지런히 진열해 둔다. 이 때 입도자는 치성을 위한 모든 준비가 끝나있는 상태이어야 한다.[229]

227 대순진리회 교무부, 『예법교안』 v3.0.

228 성령지聖靈紙의 정확한 글귀는 「九天應元雷聲普化天尊姜聖上帝至神至聖聖靈之位」이다.

229 『대순지침』에 의하면 "입도의식은 입도자의 첫 정성이므로 본인의 성의껏 전수(奠需)를 차려 올리도록 하여야 한다. 그러나 형편에 따라 청수 한 그릇도 무방하다." 〈1983.2.15.〉 고 하였으며, "입도의식의 전수는 주(酒)·과(果)·포(脯)로써 통일하도록 하라"〈1982.1.2.〉고 하여 현재는 메(밥)를 올리지 않고 진행하고 있다.

③ **분향焚香, 납폐지소상納幣紙燒上**

집사자執事者는 굴좌屈坐의 상태에서 소정의 주문(봉축주 한 번, 태을주 네 번, 기도주 네 번)을 외우면서 납폐지[230]를 태워 올린다.

④ **집사자執事者배례拜禮**

집사자는 소정의 배례(법배)를 올린다.

⑤ **초헌初獻정저正箸**

집사자가 처음으로 술잔을 드리고, 이어서 젓가락을 제물 위에 가지런히 올려놓는다.

⑥ **일동배례一同拜禮**

집사자를 포함하여 입도자 전원은 다 같이 배례를 드린다.

⑦ **아헌亞獻정저正箸 개기開器삽시揷匙, 집사자배례**

두 번째 술잔을 드리고, 젓가락을 다른 제물위에 올린다. 이어서 메(밥)그릇의 뚜껑을 열고 숟가락을 꽂는다. 집사자 혼자서 배례를 드린다.

⑧ **삼헌三獻정저正箸**

세 번째 술잔을 드리고, 젓가락을 다른 제물로 옮겨서 놓는다.

230 이 납폐지에는 신앙대상의 존호와 도통주, 운장주 등의 주문이 쓰여 있다. 의식을 진행하는 과정에 총 9장을 태우게 되어있다.

⑨ 일동배례一同拜禮

집사자를 포함하여 입도자 전원은 다 같이 배례를 드린다.

⑩ 일동一同부복俯伏, 집사자 고유告諭

전원이 엎드린 상태에서 집사자는 일어나 앉아서 소정의 주문呪文 전문全文을 독송한다.

⑪ 일동一同 흥興, 녹명지錄名紙 소상燒上

입도자 전원이 일어난다. 이후 집례자가 입도하는 사람의 이름을 호명하면 대답을 하고 앞으로 나와 꿇어앉아서 자신의 이름이 써 있는 녹명지를 태워 올린다. 이 때 집사자는 소정의 주문(기도주)을 봉송한다.

⑫ 일동一同부복俯伏, 유식侑食

모두 엎드린 상태에서 신령으로 하여금 많이 흠향歆饗하시기를 권하는 절차이다.

⑬ 일동一同 흥興

모두 일어난다.

⑭ 하시下匙 합개合蓋

집사자는 숟가락을 내려놓고 모든 메 그릇 뚜껑을 덮는다.

⑮ 일동배례一同拜禮

모든 참석자는 다같이 배례를 드린다.

⑯ 성령지聖靈紙 소상燒上

모든 참석자가 시립侍立한 상태에서 집사자는 성령지를 떼어서 불에 태워 올린다. 이 때 집사자는 소정의 주문(기도주)을 외운다.

⑰ 예필禮畢, 국궁鞠躬

소정의 의례를 마치고, 모든 참석자는 허리를 굽힌 후 뒤로 물러난다.

⑱ 철상撤床 및 음복飮福

진설陳設되어 있는 모든 치성물을 상에서 내리고, 참석자는 치성음식을 나누어 먹으며 성령聖靈의 감화感化를 기린다.

이상의 의례절차에서 특별히 주목되는 부분은 가입의례(입도치성)의 주체가 되는 입도자의 서약이다. 입도자는 특별히 자신의 성명이 기록되어 있는 녹명지錄名紙를 지존 지엄한 상제 앞에서 불사름으로써 정신적 전환을 이루고, 신성한 신앙 세계에 다시 태어나게 된다. 말하자면 입도자는 입도치성을 통해 범속의 세계로부터 분리되어 신성의 세계로 전이되며 이어서 상제님의 정신에 통합되는 일련의 절차를 밟는 것이다.

가입의례가 가입자 개인의 삶의 단계에 의미를 부여하고 명확한 구획을 해 주는 것과 마찬가지로, 달력의례(calendrical rites)들은 끊임없이 재생되는 하루하루의 순환, 매달의 순환, 매년의 순환을 창출해 줌으로써 시간의 경과에 사회적으로 의미 있는 명확한 구획을 설정해준다.[231] 이 두 의례들은 시간을 "끊임없는 재출발과 반복으로 이루어진 질서 있는 연속"으로 나타나게 한다.[232]

달력의례들은 보통 계절의 변화에 따라 주기적으로 거행되며, 시기적으로는 태양력과 태음력 둘 다를 고려하여 결정된다. 이러한 달력의례에는 크게 세시의례와 기념의례 두 가지로 나눌 수 있다. 세시의례는 주로 땅의 풍요에 직・간접으로 의존하는 모든 농경민족에게서 발견되는 형태로서 인간 공동체의 활동과 태도를 자연환경의 계절적 리듬과 더 큰 우주적 질서와 조화를 이루기 위한 데 목적을 둔다고 할 수 있다.[233] 한편 기념의례는 하나의 공동체 내에서 주요한 역사적 사건을 분명하게 회상하고 기념하기 위한 의례이다. 엘리아데에 따르면 모든 것은 어떤 초월적인 실재에 참여하고 있는 한에서만 자기 동일성과 실재성을 획득한다고 한다. 또한 모든 행위는 어떤 원초적인 행위를 반복하는 한에서만 의미와 실재성을 가진다.[234] 따라서 모든 의례에는 신성한 모델, 하나의 원형이 존재하게 되는데 기념

231 캐서린 벨 지음, 위의 책, p.206.
232 캐서린 벨 지음, 위의 책 재인용.
233 캐서린 벨 지음. 위의 책, p.208.
234 Mircea Eliade 지음, 신재중 옮김, 『영원회귀의 신화』, 이학사, 2003, pp.15~16.

의례는 공동체 내에서 위대한 영웅의 역사와 관련된 축일, 성전의 건축 등을 추념함으로써 원형을 주기적으로 갱신하고 반복하는 것을 뜻한다.

대순진리회 치성의례 가운데 이상의 달력의례 유형은 세시의례로서의 절기치성과 기념의례로서의 경축일치성이 있다. 이를 자세히 살펴보면 다음과 같다.

① 세시歲時의례—절기節氣치성

달력의례에서 세시의례(절기치성)는 1년의 주기에서 반복되는 성스러운 시간의 체험을 전제한다. 자연의 변화에서 주기적으로 찾아오는 의미 있는 시간들은 세속적 시간들과 본질적으로 다르다. 자연환경의 계절적 리듬에 맞추어 더 큰 우주적 질서와 부합하고자 하는 노력은 주요한 변화의 시점에서 의례를 행함으로써 성스러운 시간으로 변모된다. 여기서 의례를 행하는 자는 비균질적인 시간을 통해 하나의 성현을 체험하게 된다. 대순진리회의 세시의례 즉 절기치성은 1년의 주기에 걸쳐서 계절의 변화를 결정하는 주요 단계에 따라 거행된다. 이를 시간 순으로 나누어 종류를 고찰해보면 다음과 같다.

㊀ 동지冬至치성

태양력에 근거하여 24절기의 처음 시작에 해당하는 시간이다. 1년을 24절후節候로 나누어 보면 동지는 일양一陽시생始生하는 단계로서 태초의 창조를 상징하는 시간이다. 의례행위는 이러한 창조의 원형을 반복하는 한에서 의미를 지닌다.

㈡ 납향臘享치성

납평臘平 혹은 가평절嘉平節이라고도 한다. 납일臘日에 각 지방 회관 또는 회실에서 거행하는 치성이다. 납일은 동지 후 세 번째 돌아오는 미일未日을 말하며, 이날에는 전통적으로 나라에서 새나 짐승을 잡아 종묘사직에 공물로 바치고 대제大祭를 지내는가 하면, 사가私家에서도 제사를 지냈다고 한다. 군민이 납향에 쓰일 납일고기를 잡아 조정에 올리기 위해 인력을 동원하기도 하였다.

㈢ 원단元旦치성

태음력에 근거하여 새해가 시작되는 첫 날에 치성을 드리는 것을 말한다.

㈣ 정월正月 대보름치성

태음력에 근거하며, 음력 1월 15일에 올리는 치성을 말한다. 한국의 세시풍속에서 대표적인 명절의 하나이다. 대보름은 상징적인 측면에서 달, 여성, 대지의 음성陰性원리에 의한 명절이다. 달의 생성과 소멸주기에 따라 가장 밝은 대보름 달빛으로 모든 재액災厄을 물리친다고 한다.

㈤ 입춘立春치성

태양력에 근거하며, 음력으로는 정월의 절기이다. 양력으로는 2월 4일경이다. 동양에서는 이날부터 봄이라고 한다. 입춘 전날이 절분節分인데 이것은 철의 마지막이라는 뜻이다. 따라서 입춘을 마치 연초年初처럼 본다. 즉 봄 계절의 시작에 치성을 올린다는 것이다.

㊅ 입하立夏치성

양력 5월 5~6일경으로 이날부터를 여름으로 본다. 즉 여름계절의 시작에 치성을 올린다.

㊆ 하지夏至치성

양력 6월 21일경, 음력으로는 5월 중이다. 하지 때는 일 년 중 태양이 가장 높이 뜨고 낮의 길이가 길므로 북반구의 지표면은 태양으로부터 가장 많은 열을 받는다. 이때는 동지와는 반대로 일음一陰 시생始生하는 시간이므로 모든 음성陰性이 시작하는 때이다.

㊇ 입추立秋치성

음력 7월 초순, 양력 8월 8~9일경이다. 가을의 계절이 시작한다는 뜻으로 이날부터 입동 전까지를 가을로 친다. 즉 가을계절의 시작에 치성을 올린다는 것이다.

㊈ 중추仲秋치성

태음력에 근거하여 음력 8월 15일 한가위 명절에 올리는 치성이다. 대표적인 만월명절로서 모든 만물이 결실하여 오곡이 풍성한 시기에 수확을 경축하고자 하는 세시풍속이 있다. 정월 대보름과 같이 달의 생명력을 높이 사고 풍요와 재생을 기원하는 뜻에서 치성을 올린다.

㊉ 입동立冬치성

태양력에 근거하여 양력 11월 7~8일경이다. 겨울이 시작되는 시기로 동양에서는 입동 후 3개월을 겨울이라고 한다. 즉 겨울 계절의 시작에 치성을 올리는 것을 말한다.

② 기념의례—경축일 치성

달력의례의 또 다른 형태의 하나로서 기념의례가 있다. 이는 주요한 역사적 사건을 분명하게 회상하고 의례를 통해 성스런 원형을 재현하는 것이다. 달력상에서 기념되는 일련의 의례 과정을 통해 종교공동체는 전체가 지향하는 공통의 신념과 종교적 이미지를 제시하게 되는데, 개인은 이러한 의례에 참여함으로써 그 공동체의 구성원임을 발견하게 되고 또한 동질감을 느끼게 된다. 하나의 종교공동체에서 기념이 될 만한 역사적 사건으로는 중심인물의 탄신과 서거, 종교적 진리의 계시, 성전의 건립, 순례, 기타 기념비적인 사건 등과 관련이 있다.

대순진리회 종단의 기념의례로서 경축일치성은 신앙대상의 강세降世와 화천化天, 도주道主의 탄강과 화천, 종교적 계승과 계시, 성전으로서의 영대靈臺봉안奉安, 그리고 각 지방의 회관개관일 등이다. 기념치성의 모든 날짜는 태음력에 근거하고 있다. 그 종류를 구체적으로 살펴보면 다음과 같다.

㊀ 강증산姜甑山 상제上帝 강세일降世日

대순진리회의 신앙대상이 되는 구천상제는 본래 구천대원조화주신九天大元造化主神으로서 최고신격을 지니고 이조말엽의 역사적 대종교가인 강증산으로 화신化身하였다. 때는 신미辛未년 이조 고종 8년 음력 9월 19일이며, 양력으로는 1871년 11월 1일이다. 대순신앙의 역사적 기원이 되는 강증산 상제의 탄신을 기념하기 위해 치성을 거행하며, 태음력에 기준하여 매년 음력 9월 19일이 치성일이 된다.

㈡ 강증산 상제 화천일化天日

강증산 상제는 1909년(기유년) 6월 24일에 40년간의 순회巡回주환周環활동을 통해 전대 미증유의 위대한 진리를 선포하고 이에 수반된 삼계공사를 마친 후 화천하게 되었으니, 지존至尊지엄至嚴한 구천응원뇌성보화천존상제九天應元雷聲普化天尊上帝의 신격을 갖게 되었다. 상제의 화천과 신격의 정립에 따른 새로운 신앙의 출현을 기념하는 의미에서 매년 음력 6월 24일에 치성을 올린다.

㈢ 조정산趙鼎山 도주道主 탄강일

강증산 상제의 대순하신 유지를 계승하여 모든 신앙의 체계를 정립한 조정산 도주의 역사적 탄신을 기리기 위해 치성을 드리는 날이다. 조정산 도주는 1895년(을미년) 12월 4일에 탄강하였다.

㈣ 조정산 도주 봉천명奉天命일

조정산 도주는 1909년(기유년, 15세시) 4월 28일에 부친과 함께 고국을 떠나 이국땅인 만주에 가게 되었다. 이 시기는 강증산 상제의 삼계공사가 마무리되고, 이어서 도주의 종교활동이 처음으로 시작되는 때이므로 종단의 위대한 역사를 기념하기 위해 치성을 드린다.

㈤ 조정산 도주 득도일得道日

조정산 도주는 만주에서 망명생활을 하면서 동지들과 구국운동에 활약하다가 도력으로 구국제세할 뜻을 정하고 입산공부를 하게 되었다. 드디어 1917년(정사년, 23세시) 2월10일에 도주는 강증산 상제의 대순진리에 감오感悟득도得道하고 천부天賦의 종통계승의 계시를 받게 되었다. 도주의 득도에 의해 위대한 종교적 진리가 역사적으로 계시되었음을 기념하기 위해 치성을 드린다.

㊅ **조정산 도주 화천일**化天日

1958년 3월 6일(무술년, 64세시)에 조정산 도주는 50년 공부 종필로 도인의 각종 수도방법과 의식행사 및 준칙 등, 도道의 모든 체계를 확립한 뒤 유명遺命으로 종통을 도전都典 박우당朴牛堂에게 전수하고 화천하였다. 조정산 도주의 역사적 생애와 50년 공부를 기념하기 위해 치성을 드린다.

㊆ **영대**靈臺 **봉안일**奉安日

대순진리회의 성지聖地이자 성전聖殿인 도장道場은 여러 동의 종교 건축물로 구성된 신성한 장소로서 모든 수도인들이 결집하고 성현聖顯을 체험하는 특별한 곳이다. 모든 건물 가운데 가장 중심이 되는 곳을 영대靈臺라고 하는데, 여기서 참배객은 신앙의 대상을 예배하고 또한 수많은 신명의 존재를 체험하게 된다. 따라서 영대를 새롭게 짓고 신앙대상을 모시게 된 성스러운 날을 기념하기 위해 치성을 드리는 것이다. 현재 전국의 도장 및 영대는 다섯 곳이다. 1971년(신해년) 음력 5월 24일에 서울 중곡동에 도장을 완공하고 영대를 봉안하였으며, 1986년(병인년) 10월 25일에 경기도 여주에 도장을 완공하고 영대를 봉안하였으며, 1989년(기사년) 6월 24일에 제주도, 1992년(임신년) 6월 24일에 경기도 포천, 1996년(병자년) 12월 13일에 강원도 속초에 각각 도장을 완공하고 영대를 봉안하였다.

㈧ 지방 회관 개관일

대순진리회의 도장 및 영대를 제외하고 전국 각지의 수도인들은 조직상 각 방면의 회관 또는 회실을 건축하여 운영할 수 있다. 각 지방에서는 저마다의 연운緣運조직을 결성하고 중앙본부의 지침에 따라 체계적인 수도생활을 영위하게 되는데, 그 중심이 되는 공간인 회관은 신앙인들에게 하나의 성스러운 장소로 여겨진다. 즉 모든 회관에는 신앙대상인 구천상제의 진영眞影이 모셔져 있는데, 신앙인들은 참배를 통해 성현聖顯을 체험하게 된다. 이와 같은 회관건물을 건축하고 개관한 날을 기념하여 특별히 그 공동체에 속한 사람들이 모여서 매년 기념치성을 드리는 것이다. 개관일은 각 지방 회관마다 다르다.

③ 치성절차

달력의례의 치성절차는 대체로 앞서 언급한 가입의례의 치성순서와 비슷하나 다만 개인적 차원에서 행해지는 일회성 의례가 아닌, 공동체 전체의 사람들이 모여 매년 반복되는 집단의례라는 점에서 총괄적인 성격을 지니고 있다. 개인적 가입의례도 사실은 이 같은 집단의례의 기초로부터 연역되어 나온 것으로 볼 수 있다. 그 절차에 대해서 살펴보면 다음과 같다.

(1) 진설陳設

치성의례에 필요한 모든 치성물을 정해진 장소에 진열하고, 의례행위를 위한 모든 준비를 갖춘다.

(2) 일동정렬一同整列 취석就席 면수俛首

참석자 전원은 정렬하여 각자의 자리를 잡고, 모두 머리를 숙인 채 경건한 자세로 서 있는다.

(3) 분향焚香

모든 주변 환경을 정화하고, 치성의 대상이 되는 신령이 강림하기를 바라는 마음에서 향을 태워 올린다. 이 때 치성장소에 마련되어 있는 북을 고수鼓手가 15회 두드린다.

(4) 봉헌관奉獻官 배례拜禮

치성의례에 참석한 모든 사람들을 대표하여 봉헌관이 소정의 배례를 올린다.

(5) 초헌정저初獻正箸

봉헌관의 최초 헌작獻爵과 함께 젓가락을 치성 음식위에 놓는다.

(6) 일동배례一同拜禮

참례자 전원이 같이 배례를 드린다.

(7) 아헌정저亞獻正箸, 개기삽시開器揷匙

두 번째 술잔을 올리며, 메 그릇의 뚜껑을 열고 숟가락을 꽂는다.

(8) 봉헌관배례

봉헌관이 배례를 올린다.

(9) 삼헌정저三獻正箸

세 번째 술잔을 올리고, 젓가락을 다른 치성음식 위에 놓는다.

(10) 일동배례一同拜禮

다 같이 배례를 올린다.

(11) 일동부복俯伏一同, 고유告諭

전원이 엎드린 상태에서 대표 봉헌관은 소정의 주문을 외운다.

(12) 일동 흥興, 일동 법좌法座

⒀ 태을주 기도주 도통주 각 4독

봉헌관이 주문 송독을 마치면 참석한 모든 사람은 앉아서 소정의 주문을 같이 외운다.

⒁ 퇴갱退羹 반개半蓋

국을 물리고 메 뚜껑을 반쯤 닫는다.

⒂ 유식侑食

전원이 엎드린 상태에서 신령으로 하여금 많이 흠향歆饗하시기를 권하는 절차이다.

⒃ 하시下匙 합개合蓋

숟가락을 내려놓고 메 그릇의 뚜껑을 덮는다.

⒄ 일동배례一同拜禮

참석자 전원이 다 같이 배례를 드린다.

⒅ 예필禮畢 국궁鞠躬, 퇴退

모든 의례를 마치고 허리를 굽힌 뒤 뒤로 물러난다.

⒆ 철상撤床, 음복飮福

진설된 모든 치성물을 제단에서 내리고 정리한 뒤, 참석자는 치성음식을 나누어 먹으며 성령聖靈의 감화感化를 기린다.

이상의 치성절차는 가입의례에서 행해지는 입도치성과 대동소이하다고 할 수 있으나, 다만 개인의 입도치성절차에서 행해지는 납폐지 소상과 녹명지 소상이 포함되어 있지 않다는 점이다르다. 또한 치성장소에 마련되어 있는 북을 타고打鼓함으로써 전체적인 장엄함을 더하고, 참례자 전원이 일정부분에서 소정의 주문을 합송合誦한다는 점이 하나의 특징이 될 수 있다.

6. 대순진리회 수도의례의 종교적 상징성

대순진리회의 수도는 그 항목에 대한 설명 자체로 상징성을 지닌 내용이 많다. 원래 종교의례 자체가 하나의 상징적인 행위인 만큼 수도의 개별 항목에서 공통으로 나타나는 절차는 교리와 관련하여 그 상징적인 특징을 보여주고 있다. 여기서는 법배와 송주 그리고 일시 등에 관해서 그 상징적인 의미를 살펴보기로 한다.

1) 법배法拜의 상징성—인존人尊사상

대순진리회 수도에서 공통된 의례 중의 하나는 배례拜禮법에 관한 것이다. 총 15배로 이루어지는 이 절차는 신앙의 대상을 중심으로 이 우주를 다스리는 천지신명 모두를 대상으로 하고 있다. 물론 신앙의 대상은 구천상제로서 최고의 신격을 지닌 분이지만, 그 휘하에는 또한 다양한 유형의 신들이 존재한다고 본다. 대순진리회의 신관은 다신과 일신의 통일적 성격을 지니고 있다. 모든 천지신명에 대해 공경하는 자세를 지니면서 그 속에 유일하며 최고위의 상제를 중심으로 신의 체계가 통일되어 있다고 보는 것이다. 따라서 궁극적 실재로서의 신앙대상은 언제나 구천상제이시다. 배례는 이러한 신앙대상에 대해 경배하는 행위이며 그 방법에는 교리적인 이해가 전제되어 있다. 현재 종단에서 사용하는 용어로서 '법배法拜'라는 말은 바로 그 절하는 행위에 진리(교리)가 깃들어 있다는 말이다. 법배는 곧 신앙대상인 구천상제께 올리는 예禮이며, 나아가 구천상제께서 내놓으신 진리를 몸으로 표현하는 것이기도 하다. 그 구체적인 요령은 이미 상제께서 재세시에 지도하신 바가 있다.

> 상제께서 차 경석의 집에 유숙하시니 종도들이 모여와서 상제를 배알하였도다. 이 자리에서 상제께서 양지 온 장에 사람을 그려서 벽에 붙이고 제사 절차와 같이 설위하고 종도들에게 "그곳을 향하여 상악천권上握天權하고 하습지기下襲地氣식으로 사배하면서 마음으로 소원을 심고하라"고 명하시니라. 종도들이 명하신 대로 행한 다음에 상제께서도 친히 그 앞에 서서 식을 마치시고 "너희는 누구에게 심고하였느냐"고 물으시니라. 어느 종도 한 사람이 "상제님께 심고하였나이다"고 말씀을 올리니, 상제께서 빙그레 웃으시며 가라사대 "내가 산 제사를 받았으니 이후에까지 미치리라" 하시고 "자리로서는 띠자리가 깨끗하니라"고 일러 주셨도다.[235]

위의 기록을 놓고 볼 때 법배란 '상악천권上握天權'하고 '하습지기下襲地氣'식으로 상제님께 사배四拜를 드리는 것이다. 즉 '위로는 하늘의 권세를 모두 쥐고, 아래로는 땅의 기운을 다 거두어 받아서' 상제님과 대면하는 것이다. 하늘과 땅은 인간의 본래적인 발생근원을 말한다.[236] 하지만 대순진리회에서 인간은 그와 같은 하늘과 땅의 기운을 모두 거두어 우주의 가장 중심이 된다

235『전경』, 교운 1장 37절.

236 周廉溪,『太極圖說』참조, "…無極之眞,二五之精,妙合而凝,乾道成男,坤道成女,二氣交感,化生萬物,萬物生生,而變化無窮焉,惟人也,得其秀而最靈,形旣生矣,神發知矣,五性感動,而善惡分,萬事出矣"

는 것으로 주요 사상을 이루고 있다. 다음의 『전경』 말씀을 살펴보자.

천존과 지존보다 인존이 크니 이제는 인존시대라. 마음을 부지런히 하라.[237]

위의 가르침에 따르면 인간은 천지와 상대하는 존재로서 '인존人尊'으로서의 가치를 지닌다. 이 때 인존이라 함은 '인본'人本(Humanism), '인권人權(Human rights)', '인도人道', '인간중심(Human—centeredness or Anthropocentrism)'등의 용어와는 맥락을 달리하는 것으로 대순진리의 고유한 인간관을 나타내는 말이다.

인존을 이해하기 위해서는 먼저 천존과 지존의 의미에 대해서 살펴보아야 한다. 본래 존尊이라는 글자는 한자의 원형에서 볼 때 신앙적인 대상을 가리키고 있다. 술병을 양손으로 받쳐 들고 특정 대상을 향해 경배하는 데서 '존'자가 형성되었다.[238] 말하자면 '하늘'에 신격이 부여되어 '천존'이 되며, '땅'에 신격이 부여되어 '지존'이 된다. 인간은 과거에 이렇게 천존과 지존의 시대를 살아왔다고 본다. 천지天地를 경배하며 어린아이처럼 천지의 신격으로부터 보살핌을 받아왔던 것이다. 하지만 이제는 '인존시대'라고 하였으므로 그 모든 신격은 인간 자신에게 임재臨在한다. 천지의 새로운 주인으로서 새로운 인간이 탄생하며,

237 『전경』, 교법 2장 56절.

238 이낙의, 『한자정해』Ⅳ, 비봉출판사,1994, p.765 (본래의 뜻은 술그릇, 또는 고대에 제사지낼 때 쓰던 그릇이다. 고문의 자형은 [illegible] 으로, 두 손으로 술항아리를 받쳐 들고 있는 모습이다. 공경하는 마음으로 술을 바친다는 데서 그 의미가 확장되어 '존경하다' '존귀하다' '존중하다' 등의 뜻을 갖게 되었다.)

이러한 인간은 신과 합일된 신인조화神人調化의 인간이다. 신을 무시하지 않으며, 그렇다고 신에 복종하고 의지만 하는 나약한 인간이 아닌, 신과의 주체적인 결합을 이룬 인간을 말한다.

인간이 인존이 될 수 있는 근거는 바로 '마음'에 있다. 위의 성구에서 '마음을 부지런히 하라'는 가르침은 이러한 마음이 모든 신과 교통할 수 있는 유일한 길이 되기 때문이다.

> 마음이란 귀신의 추기이며 문호이며 도로이다. 추기樞機를 열고 닫고 문호門戶를 들락날락하며 도로를 오고가는 신에는 혹 선한 것도 있고 혹은 악한 것도 있다. 선한 것은 스승으로 삼고 악한 것은 고쳐 쓴다. 내 마음의 추기와 문호와 도로는 천지보다도 크다.[239]

윗글에서 인간의 마음은 천지와 신명을 매개하는 실체로서 인간 내면에 자리 잡고 있다. 모든 신명이 인간의 마음을 통해서 오고 가고 하므로 그것을 판단하고 선택하면서 참된 선善을 이룰 수 있다. 인간이 천존 지존보다 클 수 있는 것은 바로 이 '마음'이 천지보다도 크기 때문이다. 따라서 인존이 되는 길은 이 마음을 제대로 자각하고 실천하는 데 달려 있다고 본다.

인존의 시대에는 또한 인간 누구나가 천지 운행의 주체가 되어 모든 일을 결정할 수 있게 된다. 그만큼 인간의 가치

239 『전경』, 행록 3장 44절 "… 天用雨露之薄則必有萬方之怨 地用水土之薄則必有萬物之怨 人用德化之薄則必有萬事之怨 天用地用人用統在於心 心也者鬼神之樞機也門戶也道路也 開閉樞機出入門戶往來道路神 或有善或有惡 善者師之惡者改之 吾心之樞機門戶道路大於天地"

가 극대화되고 인간의 위대함이 드러나는 시대라고 할 수 있다. 『전경』에서

> 선천에는 모사謀事가 재인在人하고 성사成事는 재천在天이라 하였으되 이제는 모사는 재천하고 성사는 재인이니라.…[240]

라고 한 것은 이러한 관점을 잘 드러내주고 있다. 구천상제께서 제시한 후천의 새로운 인간관은 '모사재천謀事在天 성사재인成事在人'의 사고로서 인간이 보다 능동적이고 창조적인 주체로 우주에 등장하는 것을 말한다. 인간의 모든 능력에는 또한 그와 결합된 신의 위엄이 뒷받침되어 있다. 대순진리회에서는 이처럼 인간의 인존적인 본질을 추구하는 것이야말로 인간의 자기실현이며 자기완성이라고 본다.

이상과 같이 법배는 인존사상을 상징적으로 보여주는 주요한 의례적 표현이다. 천지의 모든 권위와 기운을 인간이 다 거두며, 나아가 천지의 신명을 거느리고 우주의 주인이 된다는 것으로 인간의 가치를 극대화하여 표현하고 있다. 인존사상은 대순진리회 인간관의 핵심이라고 할 수 있다. 하나의 의례적 실천에 해당하는 수도에는 이렇게 대순진리회의 신앙이자 핵심사상인 '인존'의 이념이 짙게 깔려 있다.

240 『전경』, 교법 3장 35절.

2) 송주誦呪의 상징성—신인의도神人依導

대순진리회의 수도에는 또한 주문봉송呪文奉誦의 순서가 있는데, 이는 송주誦呪로써 수도의 목적이 달성될 수 있음을 보여준다. 주문呪文에서의 '주呪'는 곧 주적呪的인 행위를 말하며, 주문은 바로 그 주적행위에 사용되어지는 경문經文이다. '주적행위'란 특정한 물건이나 인간, 또는 인간의 행위가 초자연적인 힘을 가진다는 생각에 의거, 그 힘을 이용해서 목적을 달성하려는 행위를 말한다.[241] 따라서 주문은 글귀 그 자체가 초자연적인 힘을 지니고 있다는 데서 주적인 행위에 사용되어질 수 있다.

기도절차에서 주문을 사용한다는 것은 기도의 목적 달성을 위해 초자연적인 힘이 같이 한다는 것을 의미한다. 대순진리회 주문에 나타난 모든 글귀는 우주에 존재하는 신명들의 이름이다. 수많은 신명 가운데에서 대순진리회 신앙의 핵심을 차지하는 신의 이름을 집중적으로 부르는 것이다. 그렇게 신의 이름을 부름으로써 신의 임재臨在를 가능하게 하고, 나아가서 신神·인人이 조화된 참된 인존人尊의 경지를 추구한다.

송주誦呪절차는 한편으로 대순진리회의 신관神觀을 여실히 보여주는 대목이기도 하다. 즉 신의 이름을 소리 내어 불러서 신과 마주한 뒤 기도하는 사람의 소망을 신에게 직접적으로 요청하는 모습은 신과 인간의 밀접한 관계를 보여주기 때문이다. 대순진리회 신관에 따르면 신과 인간은 각각 별개의 세계에서 분리되어 존재하지 않고 상호간의 교류 속에 모든 세상사가 전

241 종교학사전 편찬위원회, 『종교학대사전』, 한국사전연구사, 1998, p.1199.

개된다고 한다. 신의 세계가 인간사회에 영향을 미치며 또한 인간의 행위가 신의 세계에 영향을 미치기도 하여 상호 영향을 주고받는다고 한다.

> 인망을 얻어야 신망에 오르고 내 밥을 먹는 자라야 내 일을 하여 주느니라.[242]

> 신은 사람이 먹는 대로 흠향하니라.[243]

> 사람들끼리의 싸움은 천상에서 선령신들 사이의 싸움을 일으키나니 천상 싸움이 끝난 뒤에 인간 싸움이 결정되나니라.[244]

위의 전경구절에서 보면 먼저 신의 세계는 인간의 행위로 인해서 영향 받고 있다. '신망'이라고 하는 것과 '신이 흠향을 한다'는 것 등은 인간행위를 전제함으로써 가능한 표현이다. 그리하여 마침내 사람들끼리의 싸움이 신들 사이의 싸움을 일으키기도 한다는 데서 인간행위가 신계에 영향을 미치고 있음을 단적으로 보여주고 있는 것이다. 이러한 신들 간의 싸움이 끝나면 다시 그 결과가 인간계의 역사에 영향을 미치게 되는데, 인간과 신은 이렇게 상호 교류관계 속에 놓여 있다는 것이 대순진리회의 기본 신관이다.

242 『전경』, 교법 1장 25절.
243 『전경』, 교법 1장 49절.
244 『전경』, 교법 1장 54절.

대순진리회의 신인관계를 한마디로 말한다면 '신인의도神人依導'로 요약될 수 있다. 인간과 신의 단절된 관계가 아니라 인간행위의 근간이 되는 것이 신이며, 인간은 또한 신의 의지를 실현할 수 있는 현실적 주체로서 신이 위탁委託해야만 하는 대상으로서의 가치를 지닌다. 이러한 신인관계를 『대순진리회요람』에서는 '신인의도神人依導'의 이법이라고 하였다.[245] 신은 사람이 없으면 의탁할 곳이 없으며, 사람은 또한 신이 없으면 앞에서 인도해 줄 대상이 없다.[246] 신과 인간이 이렇게 서로를 필요로 하고 이상적으로 화합하며 상통함으로써 만사가 이루어지고 모든 가치가 실현될 수 있다는 것이다.

대순진리회의 종지로 표명된 '신인조화神人調化'의 이념은 이러한 신인의도의 기반 하에서 얻게 되는 결과이다. 조화調化라는 개념은 조화調和라고 할 때의 '고를 조'와 조화造化라고 할 때의 '될 화'가 합성하여 이루어진 글자이다. '고르다'는 개념은 모두가 동등 동권하고 상호 어울린다는 의미를 지니며, '된다'는 것은 완전히 새로운 존재로 재탄생하게 됨을 뜻한다. 조화調化가 되기 위해서는 먼저 신과 인간이 친밀해지는 조화調和가 선행되어야 하며, 이어서 합일이 됨으로써 새로운 조화造化가 가능하다. 진정한 인존人尊의 모습은 이러한 신인조화의 이념과 부합된 것이라 할 수 있다.

245 대순진리회 교무부, 『대순진리회요람』, 3. 취지, "…강증산성사께옵서는…음양합덕 신인조화 해원상생 대도의 진리로써, 신인의도의 이법으로 해원을 위주로 하여 천지공사를 보은으로 종결하시니…".

246 『전경』, 교운 2장 42절, "…神無人後無托而所依人無神前無導而所依神人和而萬事成神人合而百工成神明竢人人竢神明陰陽相合神人相通然後天道成而地道成神事成而人事成人事成而神事成…".

수도하는 사람이 신명의 이름이 담긴 주문을 읽음으로써 지향하는 궁극적인 목적은 바로 신인조화이다. 신인조화를 달성한 인간은 항상 신들의 호위를 받으며 신과 함께 모든 역사를 이루어 나가게 된다.

> 사람마다 그 닦은 바와 기국에 따라 그 사람의 임무를 감당할 신명의 호위를 받느니라. 남의 자격과 공부만 추앙하고 부러워하고 자기 일에 해태한 마음을 품으면 나의 신명이 그에게 옮겨 가느니라.[247]

> 상제께서 하루는 종도들에게 말씀하시기를 "내가 부안 지방 신명을 불러도 응하지 않으므로 사정을 알고자 부득이 그 지방에 가서 보니 원일이 공부할 때에 그 지방신地方神들이 호위하여 떠나지 못하였던 까닭이니라. 이런 일을 볼진대 공부함을 어찌 등한히 하겠느냐" 하셨도다.[248]

윗글에서 볼 수 있듯이 신은 모든 사람의 임무를 감당할 수 있게끔 인간을 호위하고 있으며, 또한 인간은 그러한 신의 기능에 힘입어 자신의 능력을 발휘한다. 그리고 인간이 주문공부를 하게 되면 신이 호위하여 떠나가지 않음으로 신인의도의 경지를 얻는다.

수도에서의 송주는 이와 같이 신인조화의 이념을 이루기 위

247 『전경』, 교법 2장 17절.
248 『전경』, 교운 1장 63절.

해 먼저 신인의도의 화합을 시도하고 있으며, 그 과정에서 인간은 신인화합의 새로운 진리를 자각하고 참된 가치실현을 하게 되는 것이다. 이처럼 주문 송독의 절차는 수도의 목적달성을 위한 길이 된다는 점에서 그 상징적인 의의가 크다고 하겠다.

3) 일시日時의 상징성—조화調和, 개벽開闢

수도에 있어서 특히 기도는 종교의례의 측면에서 그 정형화된 날짜와 시간을 지닌다. 날짜는 평일平日과 주일主日로 나뉘며, 시간은 진辰·술戌·축丑·미未시와 자子·오午·묘卯·유酉시로 나뉜다. 주일이란 현대 서양 달력에서 7일을 주기로 하는 주일週日과는 다르며, 동양 전통의 5일 주기가 시작되는 날을 주일主日이라고 한다. 평일은 주일이 아닌 모든 날을 말한다. 시간에서 '진·술·축·미'시란 오전7시, 오후7시, 오전1시, 오후1시를 말한다. '자·오·묘·유'시는 오후11시, 오전11시, 오전5시, 오후5시를 뜻한다. 이와 같이 날짜에 대한 구분과 정해진 시간에 주기적으로 기도를 모신다는 것은 그 자체로 하나의 상징적 의미를 지닌 것으로 볼 수 있다. 종교학자 엘리아데(M. Eliade)는 그의 『종교형태론』에서 어떤 시간이든 성스러운 시간이 될 수 있다고 보고, 이러한 시간이 의례에 의하여 회복되거나 신화적 원형을 가지게 되면 세속적인 시간과는 본질적으로 다른 성스러움의 현현이 된다고 지적한 바 있다.[249] 따라서 의미

249 Mircea Eliade, *Patterns in Comparative Religion*, Sheed and Ward, New York, 1958

있는 시간을 주기적으로 반복하는 것은 성현聖顯을 가능하게 하는 종교의 중요한 요소이다. 여기서는 대순진리회의 기도일시가 지닌 상징적 의미를 조화調和와 개벽開闢이라는 측면에서 살펴보고자 한다.

먼저 주일과 평일 그리고 기도시간을 구분하는 주요 단위는 고대 동양의 역법曆法에 따르고 있다. 그 주기법으로 사용되는 것이 바로 천간天干과 지지地支이다. 천간은 갑甲・을乙・병丙・정丁・무戊・기己・경庚・신辛・임壬・계癸이며, 지지는 자子・축丑・인寅・묘卯・진辰・사巳・오午・미未・신申・유酉・술戌・해亥이다. 각각 열 개와 열 두 개로 나뉘므로 십간十干 십이지十二支라고도 한다. 말하자면 상・하 천지天地의 결합에 의해 천체가 운행하고 변화한다는 이론이다.[250] 간지는 또한 각각 오행五行에 배속시킬 수 있는데, 갑・을이 목木에 해당하고, 병・정이 화火에 속하고, 무・기가 토土에 속하고, 경・신이 금金에 속하고, 임・계가 수水에 속하며, 지지地支는 인・묘가 목木에 속하고, 사・오가 화火에 속하고, 신・유가 금金에 속하고, 해・자가 수水에 속하고, 진・술・축・미가 토土에 속한다. 1년 365일은 모두 이러한 간지에 의해 배합되어 있는데, 갑일甲日과 기일己日이

250 일찍이 『통감외기(通鑑外紀)』에서는 "천황씨(天皇氏)가 처음 간지의 이름을 지어서 해(歲)의 소재를 지정하였다"고 하였는데, 현재의 간지는 이미 은대(殷代) 때 이루어진 것으로 본다. 은대에서는 날짜를 십간과 십이지를 조합하여 60일을 주기로 표시하는 방법이 확정되었다. 주대(周代)에서도 이 날짜의 표기법을 계승하고 있다. 전국시대(戰國時代)에서는 십간을 오행(五行)에 배당시키고, 또 십이지를 각각 쥐·소·호랑이·토끼·용·뱀·말·양·원숭이·닭·개·돼지의 십이지(十二支) 수(獸)에 배합시켰다. 한대(漢代)부터 간지는 연대의 표기법으로 사용되었고, 그로부터 십이지는 방위·시각을 표시하는 것으로도 사용되었다.…또 십간과 십이지를 결합하면 60개의 간지가 얻어지는데 이것을 육십갑자 혹은 육갑(六甲)등으로 부른다. 이들 육십지는 해마다 1개씩 배당하여 세차(歲次)라 하고, 나날이 배당하여 일진(日辰)이라 한다. (『유교대사전』박영사,1990 p.15 참조.)

주일主日에 해당한다. 주일은 평일에 비해 성별聖別되는 날이며, 이때는 모두 모여 지방 회관 등지에서 종교적인 행사를 치른다. 기도시간은 평일에 진·술·축·미시로, 주일에 자·오·묘·유와 진·술·축·미시에 거행된다. 그렇다면 이러한 일시의 의미는 무엇인가.

1년 365일은 15일을 단위로 하는 24절후節候로 구성되어 있으면서 또한 5일을 단위로 하는 72개의 후候로 구성되어 있다.[251] 천간의 순서로 따져보면 날짜는 갑甲에서 시작하여 계癸까지 가서 다시 갑으로 무한히 순환하는 구조로 되어있다. 여기서 갑과 기는 1년의 최소주기 단위인 하나의 후候가 시작하는 지점이다. 5일을 단위로 하는 후候는 서로 뒤이은 또 다른 후와 상호 음양陰陽의 관계에 놓여 있다. 주지하다시피 음양은 동양철학에서 중심개념이 되는 것으로 상호 이질적인 것의 대대적對待的인 관계를 지칭하는 용어이다.[252] 갑일甲日과 기일己日을 각각 하나의 후候가 시작되는 기점으로 볼 때 두 천간은 모두 오행의 토운土運에 해당한다. 여기서 말하는 토운이란 갑에서 무로 생장하는 과정이 기에서 볼 때는 종점에 해당하고, 기에서 계로 수렴하는 과정이 갑에서 볼 때는 다시 종점이 되기 때문에 서로 대화對化작용을 한다는 점에서 일컫는 말이다.[253] 우주변화가 5일을 주기로 하여 생장과 수렴을 번갈아 하면서 교호交互작용을 펼치고

251 『魏書』에 「五日一候」라고 하였다.

252 여기서 말하는 대대對待관계란, 「대립하면서 서로 끌어당기는 관계」「상대가 존재함에 의하여 비로소 자기가 존재한다고 하는 관계」「상호 대립하면서 상호 의존하는 관계」로 일단 규정될 수 있다. (金谷治 『易の話』동경, 강담사, 1972, pp.150~151)

253 한동석, 『우주변화의 원리』, 행림출판, 1966, p.100.

있으므로 그 전환점이 되는 갑일과 기일이 변화의 축이 된다. 서로 다른 발전과정이 갑·기일을 통해 연결되므로 중재하는 의미에서 토운이 된다는 것이다. 따라서 기도에서 갑일과 기일을 중요시 여긴다는 것은 음양이 서로 교류하는 과정에서 오행의 성질로서 토土의 특성을 중시하고, 이러한 토土의 본성과 이념에 부합하고자 한다는 데서 상징성을 찾을 수 있다.

기도시간에 있어서도 특별히 진·술·축·미시를 중시하는 것은 이 시간대가 토土의 기운에 해당하기 때문이다. 12지지로 이루어지는 시간대를 방위로 나누어 보면, 자·오·묘·유시는 사정위四正位가 되고, 진·술·축·미는 사유위四維位이며, 인·신·사·해는 사상위四相位이다. 정위正位란 방위에 있어서 사대중심四大中心이 되는 것을 말하고, 상위相位란 중심방위의 보좌역이 되는 것을 말하며, 유위維位란 중위中位로서 정당 공평하게 얽어매어 생장성숙을 보호 조절하는 위치를 말한다.[254] 즉 진·술·축·미의 사유四維는 그 자체로 오행의 토土에 속하며, 12방위에서 다른 오행으로의 전환을 위해 중재역할을 담당한다.

여기서 토土의 본성을 구체적으로 살펴보면, 오행에서 토土는 그 성질이 화순和順하여서 불편부당不偏不黨하는 절대중화지기絶對中和之氣를 말한다.[255] 생장生長의 편도 아니고 성수成遂의 편도 아니며, 동정動靜에 치우치지 않은 성질로서의 중中작용이다. 토는 그 공정公正무사無私한 중中작용을 하므로 그 덕으로써 목木·화火의 무제한한 생장을 제한하고 분열을 통합시켜서, 금金·

254 위의 책, p.123.
255 위의 책, p.57.

수水의 성수成遂과정으로 유도하는 유일한 적격자라는 것이다. 목木 · 화火 · 금金 · 수水의 특징에 비해볼 때 토土는 중화성中和性, 자연적인 조절력 등을 지니는 것으로 파악된다. 기도일시에서 특별히 토土의 일시를 중요시 여긴다는 것은 그 이념에서 토의 중화성을 본받는다는 것이며, 이때의 중화란 상호 적대적인 관계를 해소하고 만물을 조화롭게 만드는 후천 상생의 이념을 지향하고 있다.

대순진리회에서 지향하는 이념으로서의 상생相生은 상극相克과 대비되는 말로써 선천의 대립과 투쟁을 넘어선 화해와 평화의 사상이다. 음과 양이 서로 성질을 달리함으로써 적대적인 관계가 되는 것이 아니라 서로를 필요로 하고 보완해줌으로써 음양이 합덕하고 만 가지의 조화를 발생시킬 수 있다. 대순진리회 종지의 하나인 '음양합덕陰陽合德'은 이러한 상생의 세계로 나아가기 위한 조화의 원리이며 새로운 철학을 표현한다. 오행에서 토土의 덕성은 조화와 새로운 창조를 위한 이념에 부합하고 있으며 후천으로의 개벽을 위한 작용을 하는 것으로 이해된다. 다음의 『전경』 내용은 이와 관련된 대순진리회의 기본 시각을 담고 있다.

> 또 상제께서 가라사대 "지기가 통일되지 못함으로 인하여 그 속에서 살고 있는 인류는 제각기 사상이 엇갈려 제각기 생각하여 반목 쟁투하느니라. 이를 없애려면 해원으로써 만고의 신명을 조화하고 천지의 도수를 조정하여야 하고 이것이 이룩되면 천지는 개벽되고 선경이 세워지리라" 하셨도다.[256]

그러므로 상제께서 오셔서 천지도수를 정리하고 신명을 조화하여 만고에 쌓인 원한을 풀고 상생의 도를 세워 후천 선경을 열어 놓으시고 신도를 풀어 조화하여 도수를 굳건히 정하여 흔들리지 않게 하신 후에 인사를 조화하니 만민이 상제를 하느님으로 추앙하는 바가 되었도다.[257]

윗글에서 알 수 있듯이 대순진리회의 신앙은 선천의 상극과 대립 투쟁의 세계로부터 후천의 상생 조화의 세계를 지향한다. 우리 인류가 살아온 과거는 '지기가 통일되지 못함으로 인하여' 분열되고 쟁투하여 원한이 쌓여온 세계이며, 이를 해소하기 위해서는 만고萬古의 원한을 풀고 상생相生의 도로써 새로운 세계를 이룩해야만 한다고 본다. 그러기 위해서 강세하신 구천상제께서는 그가 지닌 절대권능으로써 천지도수를 정리 조정하고 신명을 조화함으로써 후천으로의 개벽을 주도하고 지상의 선경을 열어놓으시니 곧 하느님으로서 오늘날 대순진리회 신앙의 대상이 된다는 것이다. 바로 여기서 표명된 조화의 이념과 개벽사상은 후천선경을 지향하는 대순진리회의 주된 가치관을 이룬다고 볼 수 있으며, 이를 위해서 기도행사에 준수되는 일시는 그 이념을 실현하기 위한 상징성을 지닌 것이라 하겠다. 즉 조화와 개벽의 이념을 담고 있는 토土의 덕성을 실현하고 후천의 선경을 지향하는 대순진리회의 목적을 달성하기 위해 오늘날의 기도의례가 행해지고 있는 것이다.

256 『전경』, 공사 3장 5절.
257 『전경』, 예시 9절.

이상으로 대순진리회의 수도에 관하여 살펴보았다. 모든 종교에서 수도는 신앙인의 내적 성실성과 종교적 실천의 행위적 표현이 되는 것으로 다양한 형태와 내용으로 이루어져 있다. 기도와 공부 그리고 수련 등은 신앙이 전제된 상태에서 그 신앙대상과 직접적으로 교통하여 자아를 완성할 수 있는 방법이 된다는 점에서 종교행위의 두드러진 현상으로 자리매김 된다. 한국종교로서 자생적自生的으로 성장한 대순진리회에서는 이러한 수도의례를 통하여 자체 신앙을 표현하고 또한 그 종교적 목적달성에 노력하고 있다.

5장
포덕 · 교화론

1. 개요

포덕布德 · 교화敎化는 대순종학의 체계에 있어서 수도修道와 함께 실천영역에 속하며, 대사회적인 활동과 관계되는 문제다. 이 용어는 오늘날 종단 대순진리회 내에서 고유하게 사용되고 있으며, 주로 종단의 교리에 입각하여 그 실천 방법과 의의를 담고 있다. 하나의 종교를 이해하는 데 있어서 교리적인 측면과 의례적인 측면 그리고 사회공동체적인 측면으로 나누어 본다면 포덕 · 교화는 바로 사회적인 측면에서의 주된 특징을 나타낸다고 할 수 있다. 그 개념 정의를 위해서는 『대순지침』이 주된 자료가 된다.

먼저 포덕의 의미에 대해서는 다음과 같이 정의하고 있다.

> 포덕은 전경을 바탕으로 하여 상제님의 대순하신 광구천하의 진리로 구제창생키 위한 대인접촉이다.[258]

포덕은 글자 뜻대로 '덕德을 편다'는 말이다. 여기서 덕德이란 개인의 덕성德性도 있지만 근원적으로는 상제님의 대순大巡하신 진리의 덕을 말한다. 상제께서는 일찍이 인세에 강세하시어 광구천하匡救天下와 광제창생廣濟蒼生을 위해 9년간의 천지공사를 행하시었으며, 이로써 후천선경을 건설하여 모든 사람이 지상낙원의 복을 받게 하시었다.[259] 따라서 포덕을 통해 상제께서는 우주를 주재하신 권능의 주인으로서 무량無量하신 덕화德化와 무변無邊한 권지權智의 소유주所有主이심이 널리 알려져야 한다.[260] 수도인은 모름지기 이와 같은 상제님의 덕을 숭상하고 본받아서 자신의 덕성을 함양하여야 하며, 나아가서 타인에게 상제님의 진리를 널리 전함으로써 모두가 선경세계에 동참할 길을 알려주어야 한다. 오늘날 대순진리회에서는 이러한 활동의 총체를 일컬어 '포덕'이라고 지칭하고 있다.

포덕의 당위성에 대한 전거典據는 『전경』의 다음 구절에서 확인할 수 있다.

> 상제께서 어느 날 류찬명柳贊明과 김자현金自賢 두 종도를 앞에 세우고 각각 十만 인에게 포덕하라고 말씀하시니 찬명은 곧 응낙하였으나 자현은 대답하지 않고 있다가 상제의 재촉을 받고 비로소 응낙하느니라. 이때 상제께서 "내가 평천하 할 터이니 너희는 치천하 하라. 치천하는 五十년 공부이니라. 매

---

258 『대순지침』, p.21

259 『대순지침』, p.21 「(라) 포덕이란 상제님께서 광구천하匡救天下와 광제창생 하시려고 하신 9년간의 천지공사天地公事를 널리 알려 지상낙원의 복을 받게 하는 일이다.(83.2.15)」 참조.

260 『대순지침』 p.21.

인이 여섯 명씩 포덕하라"고 이르시고 또 "내가 태을주太乙呪와 운장주雲長呪를 벌써 시험해 보았으니 김 병욱의 액을 태을주로 풀고 장 효순의 난을 운장주로 풀었느니라"고 말씀하셨도다.[261]

공우가 三년 동안 상제를 모시고 천지공사에 여러 번 수종을 들었는데 공사가 끝날 때마다 그는 "각처의 종도들에게 순회·연포 하라"는 분부를 받고 "이 일이 곧 천지의 대순이라"는 말씀을 들었도다.[262]

윗글에서 포덕은 상제님의 말씀에 따르면 '치천하治天下'의 공부이다. 이러한 '치천하'는 그 이전에 상제님의 '평천하平天下'가 선행되기에 가능한 활동이다. '평천하'란 혼란한 정국을 바로잡아서 새로운 세상을 건설하는 것이므로 곧 선천의 도수를 뜯어고치고 후천의 무궁한 낙원을 건설하는 것을 말한다. 여기에 '치천하'는 먼저 상제님을 신앙하는 사람으로서 후천 낙원의 진리를 습득하여 다른 모든 사람이 이와 같은 선경세계에 동참함으로써 행복을 얻을 수 있도록 인도하는 것이 되어야 한다.

포덕은 또한 천지공사의 사실을 모든 사람에게 '순회 · 연포' 하는 활동이기도 하다.[263] 하나의 진리는 개인의 범위에서만 그

---

261 『전경』, 행록 3장 31절.

262 『전경』, 교운 1장 64절.

263 일반 종교에서 포덕과 유사한 단어는 '포교(布敎)' '선교(宣敎)' '전도(傳道)' '전법(傳法)' 등의 단어가 있다. 대체로 기독교와 불교의 전통에서 사용되고 있다. 영어단어에서 Missionary(선교)는 라틴어 missionem에서 유래했다. 그 뜻은 'act of sending'으로서 1598년 예수회(Jesuits)가 그 회원들을 외국으로 보낼 때 사

칠 때 진정한 가치를 지닐 수 없다. 언제나 타인과의 관계에서 서로 공감하고 또한 사회적인 범위로 확대될 때 비로소 진리로서의 빛을 발휘하게 되는 것이다. 위의 인용문을 보면 상제께서는 포덕이 곧 '천지의 대순大巡'임을 강조하고 있다. 상제께서 대순하신 결과로 인류에게는 후천선경이 주어지게 되었으며, 그 대순하신 역사에 동참하게하는 것이 바로 포덕이므로 포덕은 곧 대순진리의 실천 그 자체가 된다고 볼 수 있다. 그리하여 대순진리가 온 천지에 가득 찼을 때 진정한 후천선경이 건설될 수 있다는 말이다. 이로써 포덕은 『전경』에 근거해 볼 때 대순진리의 실천적 표현이자 대인접촉을 위한 활동이라는 데서 그 주요한 당위성을 찾을 수 있다.

교화에 대해서는 『대순지침』에 다음과 같이 정의되어 있다.

> 교화는 입도한 도인에게 밝은 재활再活이 불역不易의 천운구인天運救人의 시대를 맞이하게 된 것을 자인 자각케 하는 것이다.[264]

> 기본 교리를 상대에게 알기 쉽도록 이해 시켜 진리를 확신케 하는 일이다.[265]

용한 것으로 알려져있다.

264 『대순지침』 p.22.

265 『대순지침』 p.44.

교화의 자의字意는 '가르쳐서[敎] 감화시킨다[化]'는 뜻이다. 일반적으로 '교육敎育(Education)'이라는 단어는 현대사회에서 하나의 합리적인 지식을 요령 있게 가르치는(teaching) 활동을 말한다. 이에 비해 '교화'는 하나의 종교 내에서 일종의 교육적인 활동을 대변하고 있지만, 특별히 진리라고 믿어지는 신념체계를 기반으로 하여 상대를 감화感化시키는 활동이라는 점에서 다분히 인격적이고 정서적이며 의도적인 측면을 내포하고 있다.[266] 일각에서는 '교화'를 '교조화敎條化(indoctrination)'[267] 혹은 '정신화精神化(spiritualization)'[268]에 대한 번역어로 규정하면서 부정 · 긍정의 양면성을 지닌 것으로 보기도 한다. 하지만 대순진리회의 '교화'개념은 일단 상제님의 말씀을 담은 『전경』의 맥락에 기초를 두고 이해되어야 하며, 이는 다분히 고전적인 의미를 지닌다고 본다. 다음의 구절들에서 그 단초를 살펴볼 수 있다.

> 옛적에 신성神聖이 입극立極하여 성聖 · 웅雄을 겸비해 정치와 교화를 통제관장統制管掌하였으되 중고 이래로 성과 웅이 바탕을 달리하여 정치와 교화가 갈렸으므로 마침내 여러 가지로 분파되어 진법眞法을 보지 못하게 되었느니라. 이제 원시

---

266 '교화'라는 단어는 중세시기까지 하나의 종교적 신념을 넘겨주는 것을 의미했고 '교육'이라는 단어와 동일하게 사용되었다. 하지만 근세 이후 일반 현대 교육학계에서는 대체로 부정적인 의미로 간주한 바 있다. 하나의 교조(敎條;doctrine)를 전제한 의도적 가르침이라는 점에서 피교육자의 자율성과 주체성이 무시될 수 있으므로 '교육'이라는 단어와 구분짓고자 하였던 것이다.(I.A. 스누크,『교화와 교육』, 배영사,1977, 참조) '교화'에 대한 이와 같은 교육학계의 오해는 그 영어단어 'indoctrination'에 대한 번역에 기인하므로 오늘날 보다 동양적인 의미에서의 '교화'개념에 주목할 필요가 있다.

267 I.A. 스누크, 위의 책.

268 서경전『교화학』, 원광대학교 출판국, 2001 참조.

> 반본原始返本이 되어 군사위君師位가 한 갈래로 되리라.[269]
>
> 공자는 노나라의 대사구(법관벼슬)였으며, 맹자는 제나라와 양나라의 임금을 잘 가르쳤다.
>
> 서방에 큰 성인이 있으며 이를 서학이라고 하며, 동방에 큰 성인이 있으면 동학이라고 한다. 모두가 다 백성을 가르치고 감화시키고자 하는 것이다. 근일에 일본의 문신과 무신이 모두 함께 도통에 힘쓰고 있다.[270]

윗글에서 '교화'란 고대 신성神聖의 가르침을 뜻한다. 교화는 원래 어떤 의심의 여지도 있을 수 없는 절대 신성한 지위로부터 주어지는 진리의 가르침으로서 성인聖人의 활동이다. 공자와 맹자뿐만이 아니라 동학東學 서학西學 등의 용어도 모두 백성을 교화하기 위한 성인들의 활동이라는 점에서 본질적으로 맥락을 같이 한다고 본다. 즉 '교화'는 '교민화민敎民化民'의 준말로서 '성스러운 교육[聖敎]'을 통해 '성스러운 변화[聖化]'를 가져오는 전 과정을 뜻한다. 따라서 교화는 세속적인 의미에서 논의될 수 없는 하나의 성스러운 가치판단이 내재되어 있으므로 일반학문보다는 대순종학의 특별한 분야로 이해되어야 할 것이다.

오늘날 대순진리회에서 교화란 대인관계에서 먼저 입도한 선각자先覺者가 뒤에 입도하는 후각자後覺者에 대하여 대순진리를 가르치고 이해시킴으로써 전폭적인 신앙을 할 수 있도록 하며, 이로써 신앙심을 높여 도통진경道通眞境에 이르도록 변화시

269 『전경』 교법 3장 26절.

270 『전경』 행록 5장 38절. 「孔子魯之大司寇, 孟子善說齊梁之君, 西有大聖人曰西學, 東有大聖人曰東學 都是敎民化民, 近日日本文神武神, 幷務道通」

키고 계도하는 활동의 총체를 말한다.[271] 이러한 교화활동에 있어서 무엇보다 중요한 것은 교화자의 자세이다. 교화는 전적으로 상호 신뢰를 바탕으로 이루어지는 활동이므로 교화를 담당한 사람(교화자)은 먼저 대순진리에 대한 주체적인 자각을 하여야 하며, 교화를 받는 사람(피교화자)에게 경험적이고도 실천적인 가르침을 전해주어야 한다. 피교화자는 교화자를 통해 처음으로 진리에 대한 이해를 하게 되며 지속적인 교화로써 신앙심이 높아지게 된다. 교화자는 선각자로서 언제나 후각자를 배려하는 인정人情과 매사에 솔선수범하는 성실한 자세가 요구되는 것이다.

교화의 방법에서 가장 널리 시행되고 있는 핵심적인 수단은 바로 설교說敎이다. 즉 '진리(교리)를 설명하는 것'으로 종단의 기본 교리를 상대방에게 알기 쉽도록 이해시킴으로써 진리를 확신케 하는 일이다. 설교는 무엇보다 진리에 대한 가르침이므로 즉흥적이거나 임기응변이 되어서는 안 되며, 훈련이 된 상태에서 인격적 체험이 바탕이 된 참된 언표言表가 되어야 한다.[272] 따라서 철저한 준비와 체계적인 과정을 거쳐 설교의 목적을 달성할 수 있도록 하여야 할 것이다.

이상에서 살펴본 바대로 포덕과 교화는 다 같이 대사회적인 관계에서 타인에게 대순진리를 전하는 실천적인 활동을 뜻하고 있다. 본 장에서는 이러한 포덕 · 교화의 의미에 입각하여 그 이론적 특질

271 『대순지침』 p.45 참조.

272 일반 종교에서 설교와 유사한 단어는 '설법(說法)' '설경(說經)' '연설(演說)' '법시(法施)' '법독(法讀)' '법담(法談)' '도담(道談)' '찬탄(讚嘆)' '창도(唱導)' 등의 단어가 있다. 영어단어로서 'Sermon'은 라틴어 'sermō'에서 유래하였으며, 그 뜻은 'discourse' 혹은 'conversation'으로 상호 묻고 답하는 대화의 형식에 기원을 두고 있다.

과 실천적인 요체를 살펴보는 것으로 이해를 심화하고자 한다.

2. 포덕 · 교화의 이론적 특질

1) 포덕 · 교화의 주체

포덕과 교화의 정의는 앞에서 살펴보았듯이 대순진리의 가치를 확산시키고 실현하는 폭 넓은 활동을 지칭한다. 오늘날 대순진리회 종단의 가장 기본적이고도 실천적인 활동을 규정하는 대표적인 용어가 포덕 · 교화인만큼 이에 속한 수도인의 자질과 본분에 충실한 자세가 요구되고 있다.

포덕 · 교화의 활동이 일반 사회활동과 다른 점은 대순진리라고 하는 하나의 신앙을 전제한다는 점에서 차이를 찾을 수 있다. 즉 포덕 · 교화는 타인과의 관계에서 자신의 신앙을 해명하고 공유하기 위한 데 목적을 두고 있으며 나아가 진리를 진리로써 증명할 수 있는 유일한 방법임을 보여준다. 아직 진리의 세계에 입문하지 못한 사람으로 하여금 진리의 묘를 터득하게 하며, 동일한 신앙을 가지게 함으로써 주객이 합일된 진리의 가치를 실현하는 것이 바로 포덕 · 교화이다. 따라서 이러한 포덕 · 교화를 행하는 데 있어서 그 주체의 역할과 임무는 막중하다 하겠다.

포덕 · 교화의 주체는 선각자先覺者이다. 선각자란 상제님의 대순진리를 자각한 수도인으로서 후각자後覺者에 대해 먼저 입문入門한 사람을 일컫는다. 이제 곧 입문하려고 하는 사람이

나 이미 입문한 경우에도 상대방의 신앙심을 높이기 위해서는 무엇보다 선각자의 포덕·교화 활동이 필요하다. 포덕과 교화는 하나의 맥락에 놓여있다. 상제님의 무량하신 덕을 널리 펴는 것이 포덕이라면, 교화는 이러한 포덕의 수단임과 동시에 구체적인 활동을 가리킨다. 또한 설교는 교화의 직접적인 수단이기도 하다. 이처럼 포덕·교화에서 그 주체가 되어야 할 자는 바로 선각자인데, 후각자에 대해 언제나 자모지정慈母之情으로 대하며 신뢰가 감돌아 허세를 부리지 말고 안색은 화기롭게 편안한 장소에서 안정한 시간을 택하여 부담이 없는 대화로써 신앙심을 높일 줄 알아야 한다. 이러한 선각자에는 대부분 직위를 가진 임원이 있으며, 수반 도인의 경우에도 새롭게 입문하는 자에 대하여 선각자의 위치에 있을 수 있다. 모든 선각자는 후각자에 대하여 포덕과 교화의 책임을 지니며, 그 은의에 힘입어 또 다른 선·후각 관계를 성립시키면서 포덕·교화는 새롭게 적용된다.

모든 수도인은 포덕·교화를 통해서 선각자인 동시에 후각자가 될 수 있다. 포덕·교화로 인해 하나의 신앙공동체가 형성되고 모든 구성원들은 유기체적인 관계 속에서 연결되므로 마치 하나의 가문과도 같은 조직이 탄생하게 된다. 이를 대순종단에서는 '방면方面'이라고 부른다. 여기에 모든 수도인은 자신이 지닌 선각자로서의 책무를 다하여야 하며, 수도인으로서의 본분을 지켜나갈 때 포덕·교화의 참된 가치가 드러난다 할 것이다.

2) 포덕 · 교화의 대상

포덕 · 교화의 주체가 수도인으로서 선각자라면 그 대상은 우선 후각자가 될 것이다. 아직 입문하지 않은 사람이나 갓 입문한 사람에게 선각자가 자신의 경험에 기초하여 교리를 설명함으로써 신앙심을 갖게 하면 상호 연운緣運의 상종相從관계가 성립된다. 이러한 연운관계의 모든 기초는 바로 포덕 · 교화의 활동으로 인해 가능하다.

포덕 · 교화의 대상은 궁극적으로는 천하창생天下蒼生이다. 구천의 상제께서는 선천의 진멸지경盡滅之境에 처한 천하창생을 구제하시기 위하여 여러 신성 · 불 · 보살들의 하소연으로 인해 인세에 강림하시었다. 그리하여 9년간의 천지공사로 후천의 무궁한 선경을 건설하여 광구천하 광제창생의 대역사를 이룩하였으므로 이와 같은 대순하신 진리를 널리 전하는 것이 포덕 · 교화가 된다. 여기에는 모든 창생이 포함될 수 있으므로 인간뿐만 아니라 동 · 식물 그리고 신명세계도 여기에 해당될 수 있다. 또한 포덕 · 교화의 활동을 벌여나가는 수도자 자신도 그 대상에서 예외가 되지 않는다. 즉 수도자의 교화체험은 교학상장敎學相長의 원리가 있어서 그 자신의 각성이 새로워지며 한층 고양된 의식과 신앙을 통해 후각자를 선도先導하게 된다는 데 그 특징이 있다.

3) 포덕 · 교화의 내용

포덕 · 교화의 핵심 내용은 곧 대순진리다. 대순진리는 오늘날 대순종단의 종지로 확립되어 있으며 그것은 음양합덕陰陽合德·신인조화神人調化·해원상생解冤相生·도통진경道通眞境으로 요약된다. 이와 같은 종지의 선포는 최초의 종교활동을 시작하신 조정산 도주에 의해 주창된 것이며 구천상제님의 천지공사에 담긴 진리를 함축적으로 표현하고 있다. 아울러 교리체계에는 대순진리를 실천하기 위한 방법으로서 사강령四綱領·삼요체三要諦의 신조가 포함되어있으며 또한 정신개벽·인간개조·세계개벽이라는 목적이 있다. 포덕·교화는 이와 같은 교리에 입각하여 이루어져야 하며 그 풍부한 해석과 시대적 적용이라는 과제를 안고 있다.

설교교화의 과정에서는 또한 풍부한 교양과 종교적 지식이 동원되어야 한다. 즉 대순진리의 설명에는 다양한 문화적 사실과 함께 유교, 불교, 도교와 같은 동양의 전통종교사상이 조화롭게 녹아있으며, 서양의 종교적 역사 또한 엿볼 수 있다. 그만큼 대순진리는 동·서양의 문화와 사상을 회통하는 무극대도無極大道로서의 가치를 지니고 있기 때문이다. 따라서 교화를 위해서는 다양한 종교전통을 폭넓게 이해하고 나아가서 대순진리가 지니는 특별한 가치를 그 기반 위에서 밝히는 작업이 중요하다 하겠다.

4) 포덕·교화의 목적

『대순진리회요람』에 의하면 "…도즉아道卽我 아즉도我卽道의 경지境地를 정각正覺하고 일단一旦 활연豁然 관통貫通하면 삼계三界를 투명透明하고 삼라만상森羅萬象의 곡진이해曲盡理解에 무소불능無

所不能하나니 이것이 영통靈通이며 도통道通인 것이다. 무릇 뜻있고 연운緣運있는 모든 중생衆生은 해원상생解冤相生 지상천국地上天國을 지향指向하는 대순진리회大巡眞理會에 동귀同歸함을 목적目的으로 이에 취지趣旨를 선포宣布하는 바이다."[273]라고 하여 종단의 수도활동이 지향하는 그 목적의식을 분명히 하고 있다. 즉 포덕 · 교화의 목적은 일체중생으로 하여금 도통의 경지에 이르게 하고 궁극적으로 지상천국의 세계에 살게 하고자 하는 데 있다. 진리를 아직 깨닫지 못하고 구천상제님의 역사를 모르고 있는 사람에게 진리를 설하고 나아가 구천상제님에 대한 참된 신앙을 갖게 함으로써 다 같이 수도의 목적을 달성하게 하는 것이다. 이로써 포덕 · 교화는 바로 그 수도의 목적을 이루기 위한 직접적인 활동이 되고 있다.

5) 포덕 · 교화의 방법

포덕 · 교화는 하나의 실천이다. 이러한 실천은 주로 언행言行으로 이루어진다고 할 수 있다. 그런데 『전경』에 의하면 "말은 마음의 외침이고 행실은 마음의 자취"[274]라는 가르침이 있다. 즉 말과 행실은 모두 마음에서 나온다는 것이다. 포덕 · 교화를 하는 수도인의 마음은 모두 구천상제님에 대한 신앙과 대순진리에 대한 자각에서 형성된 것이다. 그렇다면 포덕 · 교화의 방법은 기본적으로 언설言說과 행동行動에서 남다른 것이 있어야 한다.

273 『대순진리회요람』 p.8.
274 『전경』, 교법 1장 11절.

그 언설은 신앙적 체험에서 우러나온 인격적인 모본이 되는 것이다. 언덕言德이란 남에게 말을 선하게 함으로써 남을 잘 되게 하는 것을 말한다. 일상적인 말부터 교리적인 설교에 이르기까지 모두 대순진리를 기반으로 하여 말을 하는 것이 바로 수도인의 언설이다. 행동은 또한 매사에 모범적이고 궂은 일도 마다하지 않는 솔선수범하는 자세가 필요하다. 수도인의 이와 같은 행동으로 인해 보는 자로 하여금 감동을 줄 수 있고 또한 그 수도자의 말을 신뢰하게 된다.

포덕 · 교화를 위한 수도자의 언행이 타인에게 감동을 주는 정도가 다른 것은 수도자의 신앙심의 차이이다. 오랜 수련과 경험이 쌓이고 깊은 신앙심을 가진 수도인은 단 한마디의 말로써도 타인을 감동시키는 힘이 있다. 그의 아주 평범한 말 한마디라도 듣는 사람은 충격을 받게 되며 상대를 변화시켜서 깊은 신앙심의 경지에 이르게 할 수 있다. 결국 포덕 · 교화를 잘 할 수 있는 방법은 특별한 기술을 찾기 이전에 수도인 자신의 신앙을 깊게 하고 지속적인 수도로써 내면적 힘을 기르는 것이 주요한 과제가 될 것이다.

3. 포덕 · 교화의 기본요소

포덕 · 교화활동은 대순진리회 사업의 주요 분야로서 종단의 취지와 목적을 달성하기 위한 첩경에 해당한다. 앞서 살핀 포덕 · 교화의 이론적 특질에 기초하여 이러한 활동이 기본적으로 지녀야만 하는 요소가 있다면 어떤 것이 있을까.

본 절에서는 이에 대한 문제를 『대순지침』을 참고하여 살펴보기로 하겠다.

1) 진정성眞正性

진정성이란 진리에 순종하고자 하며 이를 바탕으로 모든 실천을 행할 때 드러나는 특성이다. 『대순지침』에 의하면 "포덕에서 우주를 주재하신 권능의 주인으로서 상제의 무량無量하신 덕화와 무변하신 권지의 소유주所有主이심을 널리 알려져야 한다."라고 하였으며, "포덕은 해원상생 · 보은상생의 양 원리인 대도의 이치를 바르게 알려 주는 것이다."라고 하였다.[275] 이처럼 포덕 · 교화란 강세하신 구천상제님의 무한 무량한 덕화와 그 위대한 진리를 널리 알리고 가르치는 것을 말한다. 여기에 포덕 · 교화를 담당한 수도인은 종단의 진리를 충실히 전할 수 있어야 하며 어떤 임기응변이나 조언造言비어蜚語를 일삼아서는 안될 것이다.

포덕 · 교화활동을 하다보면 상대방이 믿음을 갖게 하기 위한 성급한 마음에 근거없는 말을 하는 경우도 있고, 또 시한부나 조언造言을 유포하는 경우가 있을 수도 있다. 『전경』에서는 "믿기를 활을 다루듯이 하라. 활을 너무 성급히 당기면 활이 꺾어지나니 진듯이 당겨야 하느니라"[276]고 하고, "모든 일이 욕속부달欲速不達이라. 사람 기르기가 누에 기르기와 같으니 잘 되고 못

275 『대순지침』, pp.19~21 참조.

276 『전경』, 교법 2장 35절.

되는 것은 다 인공에 있느니라."[277], "모든 일을 있는 말로 만들면 아무리 천지가 부수려고 할지라도 부수지 못할 것이고 없는 말로 꾸미면 부서질 때 여지가 없나니라"[278]고 하였듯이 성誠·경敬·신信의 자세로 오로지 진리에 입각한 활동이 필요하다.

포덕·교화에서 조언비어를 일삼는 것만큼이나 경계해야 할 것은 대도의 진리가 결여된 선행활동이다. 모든 포덕·교화의 활동은 언제나 구천상제님의 대순진리로부터 출발하고 궁극적으로는 상제님에 대한 신앙으로 귀결되지 않으면 안된다. 어떤 사회봉사 또는 설교에 있어서 이와 같은 진리의 핵심이 빠진다면 자칫 개인적 인격주의나 도덕 강좌로 전락하는 수가 많다. 선인善人과 수도인修道)의 구분은 바로 대순진리에 대한 신앙의 유·무에 달려 있다.

대순진리의 핵심은 '해원상생과 보은상생'의 원리에 있으며, 그 사상적 근거는 모두 『전경典經』에 기록되어 있다. 따라서 해원상생 대도의 참뜻을 전하는 것이 포덕이며, 도리道理에 위배되는 조언造言이 유포되어 도인의 본분을 상실하거나 덕화를 손상시키는 일이 있어서는 아니된다는 것을 항상 명심하여야 할 것이다.[279]

2) 시대성

포덕·교화의 활동은 오늘날 이 시대를 살아가는 수도인에 의

277 『전경』, 교법 2장 34절.
278 『전경』, 교운 1장 36절.
279 『대순지침』, p.24.

해서 이루어지며 따라서 시대성에 부합하는 것이 필요하다. 신앙대상이신 구천상제님의 역사는 지금으로부터 한 세기 이전에 이루어진 것이지만 오늘날의 사회·문화 현상과 조류에 정확히 부합하는 것이 진리의 특징이다. 그렇다면 구천상제님의 말씀을 담고 있는 『전경』은 오늘날의 시대에서 어떻게 해석될 수 있는지를 살펴야 할 것이며, 이 시대의 과제와 미래적 전망을 정확히 제시하는 것이 되어야 할 것이다. 이를 위해서는 우선 경전 상에서 표현된 용어와 역사적 사실 그리고 고어古語 한문漢文 등의 현대적인 이해가 필요하다. 이러한 이해를 바탕으로 현대 우리말에 입각한 『전경』 해설과 함께 오늘날의 문화를 진단하고 대순진리의 의의와 가치를 밝힐 수 있어야 할 것이다.

『대순지침』에 의하면 "교화는 입도한 도인에게 밝은 재활再活이 불역不易의 천운구인天運救人의 시대를 맞이하게 된 것을 자인 자각케 하는 것이다"[280]라고 하였다. 오늘날 포덕·교화를 위한 모든 활동은 바로 이와 같은 천운구인의 시대성을 자각하고 이를 일깨워주기 위한 것이다. 우리가 사는 이 시대를 한마디로 규정하면 곧 '인존人尊시대'다. 『전경』에 "천존과 지존보다 인존이 크니 이제는 인존시대라. 마음을 부지런히 하라"[281]고 하였다. 인존시대는 곧 사람이 천지에서 가장 귀한 시대인 것을 말한다. 오늘날의 시대는 바로 인존시대임을 깨달아 한 사람이라도 더 포덕·교화하여 이와 같은 진리를 깨우쳐주고, 또 누구나 인존의 가치를 획득할 수 있도록 인도하는 것이 수도인의 주된 임무가 될 것이다.

280 『대순지침』, p.22.

281 『전경』, 교법 2장 56절.

3) 공익성

포덕 · 교화활동의 특성상 대사회적 공익公益에 저해되어서는 안 된다. 『대순지침』에 의하면 "포덕은 덕을 편다는 말이니 겸허謙虛와 지혜의 덕으로 사私로 인하여 공公을 해치지 말고 보은의 길을 열어 주는 것이다"라고 하고, "포덕은 덕화의 선양이기 때문에 덕화에 손상되는 일이 없어야 한다"라고 하였다.[282] 포덕은 하나의 사회활동이고 대인접촉이기 때문에 그 활동과정에서 사회적 물의를 빚는 일이 있어서는 안 된다는 것이다. 포덕 · 교화를 한다는 것은 상제님의 덕화를 선양하는 것이 되어야 마땅한데 도리어 남의 비방을 받거나 사회적 지탄의 대상이 되는 것은 있을 수 없기 때문이다. 또한 "종교와 정치는 분리되어 있으므로 시국을 논하여 민심을 혼란케 한다면 도인의 본분을 상실하는 것이다"[283]라고 하였으므로 정치적인 문제에 지나치게 개입하여 논하는 것도 자칫 공익을 해치는 일이 될 수 있으므로 삼갈 일이다.

4) 도덕성

포덕 · 교화활동의 요체에서 중요하게 다루어야 할 것은 바로 도덕성이다. 이는 구천상제님께서 인세에 강세하신 이유이기도 하며 현대사회의 올바른 지향점으로 삼아야 하는 것이다. 『전

282 『대순지침』, p.19, p.22.
283 『대순지침』, p.24.

경』에 따르면 "… 천도와 인사의 상도가 어겨지고 삼계가 혼란하여 도의 근원이 끊어지게 되니 원시의 모든 신성과 불과 보살이 회집하여 인류와 신명계의 이 겁액을 구천에 하소연하므로…"[284]에서 보는 바와 같이 천도와 인사의 상도가 무너진 것이 상제님 강세의 주된 원인으로 되어있다. 따라서 상제께서 대순하신 진리는 선천의 무질서와 부도덕을 바로잡고 후천의 무궁한 선운을 열어 도덕적인 이상을 건설하는 것에 있다 할 것이다.

이와 관련하여 『대순지침』에서는 다음과 같이 설명하고 있다. 즉 "포덕은 인도人道를 선도하여 윤리도덕의 상도常道를 바로 이룩하는 것이다",[285] "도는 우주 만상의 시원始原이며 생성生成변화의 법칙이고, 덕은 곧 인성人性의 신맥新脈이며, 신맥은 정신의 원동력이므로 이 원동력은 윤리도덕만이 새로운 맥이 될 것이다"[286]라고 하여 윤리도덕이 기반이 된 포덕·교화를 강조하고 있다. 따라서 수도인은 기본적으로 도덕성을 지닌 상태에서 대사회적인 모범이 되어야 할 것이며, 도덕적인 사회구현에 앞장서는 것이 또한 상제님의 덕화를 선양하는 것임을 주지할 필요가 있다.

5) 성실성

성실성은 포덕·교화의 주체가 되는 수도인의 기본자세와 관련

284 『전경』, 교운 1장 9절.

285 『대순지침』, p.19.

286 『대순지침』, p.44.

한 것이다. 모든 수도인은 자신이 신앙하는 대순진리를 정각하고 수도인의 본분에 충실한 자세로 타인의 모범이 되어야한다. 그러기 위해서는 먼저 수도인 자신이 대순진리를 심심화心深化하는 것이 필요하고, 이어서 행동으로 실천하는 모습을 보여주어야만 한다. 그렇게 함으로써 타인의 감동을 불러일으키고 신뢰감을 얻어서 수도자의 입문이 이루어지게 된다.

『대순지침』에 의하면 이와 같은 수도자의 성실성과 관련하여 다음과 같이 기록되어 있다. "부당한 언사나 처사로 행동하여 덕화 손상을 시키지 말아야 한다.",[287] "말재주 보다 행동과 처신으로써 상대를 감화시키는 자세를 가져라.",[288] "모든 사람들을 가족과 같이 사랑하고 아껴서 마음으로 따르도록 하여 포덕하라."[289] 이상의 가르침은 모두 수도자의 성실성을 강조한 것이며 특히 포덕·교화에 있어서는 필수적인 자세라고 할 것이다.

6) 주체성

주체성이란 실천을 하는 데 있어서 하나의 주관을 가진 개체가 있음을 말한다. 이 때 주관은 모든 의식과 사고의 중심이 되는 것으로 객관에 대립되는 말이다. 수도인으로서 하나의 주관을 가진다는 것은 곧 진리에 대한 자각이 있으며, 모든 행동과 실천에 있어서 진리에 입각한 판단과 행동이 가능하다는 뜻이다. 그리하여 수도인은 포덕과 교화를 할 때에는 언제나 주체성을

287 『대순지침』, p.22.
288 『대순지침』, p.77.
289 『대순지침』, p.77.

지니고 행동하여야 할 것이며 타의에 의해서나 체면에 얽매여 행동해서는 안될 것이다.

『대순지침』의 말씀에 의하면 "포덕할 때에나 수반 도인들을 교화할 때에 자신이 책임을 지고 연원과 연운에 책임을 전가轉嫁하여 종단을 욕되게 하지 말라"고 하였다.[290] 모든 행위의 주체는 수도자 자신이다. 따라서 포덕·교화에 있어서 자신의 주관 있는 행동이 아닌 책임회피는 주체성을 상실한 행위로서 수도인의 바람직한 자세라고 할 수 없다. 진정한 주체성이 우러나오기 위해서는 무엇보다도 진리에 대한 깊은 자각이 요구되고 있다.

이상으로 포덕·교화의 기본 이론에 대해서 살펴보았다. 이외에도 포덕·교화를 위해서는 다루어야 할 요건과 실제 사례가 얼마든지 있을 수 있다. 포덕·교화의 역사와 성과, 다양한 경우에서의 교화방법론, 포덕·교화자의 훈련, 설교교화를 위한 교화안 준비법 등이 본 이론의 세부 분야가 될 수 있다. 이러한 내용들은 향후 종단의 현황파악과 풍부한 자료 수집 그리고 전문연구인력의 확충 등에 따라 꾸준한 연구 성과가 나올 것을 기대한다.

290 『대순지침』, p.78.

제3부

대순사상

1장
신관神觀

1. 신의 개념

종교적 대상으로서의 신에 관한 논의는 종교의 역사만큼이나 오랜 기원을 가지고 있다. 어느 한편에서는 신관념의 기원이 곧 종교의 기원으로까지 다루어지는가 하면,[291] 종교의 정의를 내리는 데 있어서도 '신을 대상으로 하는 하나의 인간행위'로까지 규정짓고 있다.[292] 이는 하나의 종교사상을 연구하는 데 있어 신에 관한 논의의 중요성을 단적으로 나타내 주는 부분이라 할 수 있다.

대순진리회 『전경』에서는 '신神'의 의미를 담고 있는 다양한 명칭이 등장한다. 즉 '신명神明' '영靈' '귀신鬼神' '혼백魂魄' 등이 그것이다. 이러한 이름들은 저마다 고유한 개념을 지닌다고도 볼

291 이은봉, 『종교세계에의 초대』, 도서출판 벽호, 1993, p.39.

292 종교에 관한 정의는 100여 가지가 넘을 정도로 다양하지만 그 정의의 가장 많은 공통분모를 차지하고 있는 것이 곧 절대자 신에 대한 상정과 외경적 귀일의 내용이다.

수 있으나 대체로 인간과 상대하고 있는 불가시적 신비의 존재라는 점에서 보편적 의미의 '신神' 개념을 이루고 있다. 대순사상에서는 이러한 신에 대해서 대체로 다음의 세 가지 선상에서 그 특징을 엿볼 수 있다.

첫째 신은 가치의 척도이면서 만물의 근원이 된다. 전경에서 "귀신은 진리에 지극하니 귀신과 함께 천지공사를 판단하노라"[293]라고 하고, "천지에 신명이 가득차 있으니 비록 풀잎 하나라도 신이 떠나면 마를 것이며 흙바른 벽이라도 신이 옮겨가면 무너지나니라."[294]라고 한 것은 이와 같은 신의 의미를 보여주는 것이다.

둘째, 신은 곧 '기운氣運'과 밀접한 관련이 있다. 전경에서 "지금은 신명 시대니 삼가 힘써 닦고 죄를 짓지 말라. 새 기운이 돌아 닥칠 때에 신명들이 불칼을 들고 죄 지은 것을 밝히려 할 때에 죄 지은 자는 정신을 잃으리라."[295]라고 하여 신(신명)과 기운이 서로 유사하다는 것을 알 수 있다.

셋째, 신은 인간 사후의 존재이다. 『전경』에 보면 "사람에게 혼과 백이 있나니 사람이 죽으면 혼은 하늘에 올라가 신이 되어 후손들의 제사를 받다가 사대四代를 넘긴 후로 영도 되고 선도 되니라. 백은 땅으로 돌아가서 사대가 지나면 귀가 되니라"[296]고 하여 인간이 죽어서 신이 되고 또 전화轉化되어서 영靈이나 귀鬼가 된다고 보는 것이다.

293 『전경』, 교운 1장 19절.
294 『전경』, 교법 3장 2절.
295 『전경』, 교법 3장 5절.
296 『전경』, 교법 1장 50절.

이처럼 신은 대순사상에서 만물의 근원이자 가치의 척도이며, 기운이고 또 인간과 상대적으로 연관되어 있다는 점에서 고유한 특징을 이루고 있다고 본다.

2. 다양한 신의 세계

대순사상에서의 신은 인간 삶의 형태만큼이나 복잡 다양한 모습을 보이고 있다. 인간 사후의 존재이면서도 만물에 깃들어 있는 신은 다신론多神論과 범신론汎神論 또는 만유신론萬有神論의 형태를 두루 취하고 있다. 인간의 사고가 분화되고 다양해지는 만큼 신에 대한 관념도 복잡해져서 그 형태 또한 다양하다고 본다.

대순사상에 나타난 많은 신의 이름을 범주별로 분류해보면 다음과 같다. 먼저 위계상으로는 최고신, 고급신, 하급신으로 나누어진다. '상제上帝'라는 호칭은 곧 최고신에 대한 호칭이다. 이러한 최고신을 대리하여 각 분야별로 권한과 능력을 행사하는 신으로서는 오방신장(행록2장10절, 4장39절), 48장(행록2장10절, 공사3장28절, 예시78절) 28장(행록2장10절, 공사3장28절, 예시38절), 이십사장(공사3장28절, 예시38절) 등의 고급신이 있다. 그리고 명부사자(행록1장34절, 제생21절), 천상벽악사자(권지2장3절) 등은 주신主神의 보좌역할을 한다는 점에서 하급신으로 분류될 수 있다.

신의 거주영역에 따라서 살펴보면 천계天界와 지계地界 그리고 인계人界에서의 신으로 분류해볼 수 있다. 황극신皇極神(공사3

장22절), 중천신中天神(공사1장29절)과 같은 이름은 천계에 해당한다고 보며, 지방신(교운1장63절), 지하신(교운1장9절), 조선신명(예시25절), 서양신명(예시29절)등은 지계신으로, 선령신(공사3장9절, 교운1장33절, 교법2장14절, 행록44절, 교법1장9절), 동학신명(공사2장19절), 관운장(권지2장21절) 등은 모두 인간의 역사를 배경으로 하는 이름이므로 인계신으로 볼 수 있다. 이외에도 우사雨師(행록4장31절, 권지1장16절, 권지2장35절), 조왕竈王(행록4장36절), 도술신명(공사2장4절), 도통신(공사3장15절, 교운1장41절, 권지2장37절, 예시12절) 등의 기능을 담당하는 신들이 있다.

이상에서 본 바와 같이 대순사상에서의 신관은 무엇보다도 그 중층성과 다원성에 특징이 있다. 하지만 그 다원성이 나아가 무질서한 궤도 속에 놓인다면 통일적인 원리를 찾기가 어려울 것이다. 여기서 다양한 신들의 관계를 규정짓고 하나의 체계를 세우기 위해서 주목해야 할 것은 바로 상제관上帝觀이다. 대순사상의 신관에 나타난 주요한 특징은 바로 이러한 '상제'를 중심으로 최고신의 권능과 주재에 의해 체계적인 통일의 모습을 이루고 있다는 점이다. 신에 대한 관념이 사회적인 분화와 더불어 더욱 상세해졌다는 것도 사실이고, 오늘날 단순한 국가의식이나 민족의식을 넘어서서 세계적인 큰 신격이 요청되는 것을 볼 때 대순사상에서는 이렇게 최고신 상제에 의해 통일된 모습을 보여줌으로써 신의 세계를 설명하고 있는 것이다.

상제는 천계天界에 있어서도 가장 최고위라고 할 수 있는 '구천九天'[297]에 임재臨在한 신격으로 유일신적 관념에서의 전능자이

297 이때 구천이라고 할 때의 九의 의미는 양적인 개념에서의 숫자인 9라기 보다는

며 전 우주를 통제 관할하는 주재자이다. 그보다 하위의 신격들은 이러한 상제의 주재 하에 각자의 영역에서 저마다의 역할을 담당하면서 우주의 질서를 유지해 왔다. 그런데 역사적으로 인류와 신명계의 무질서가 형성되고 한계상황이 조성되자 여러 신성 · 불 · 보살들의 하소연이 있게 되었으며, 이에 따라 무소불능無所不能의 최고신이 지상에 강림하게 되는 과정을 밟음으로써 이 세계의 새로운 역사를 창조하게 된다는 것이다. 즉 여러 신들의 관계 속에서 그 위계적 차이에 따라 문제 해결의 능력도 차이가 나며, 보다 하위의 신격은 보다 상위의 신격에 대해 엄격한 상봉하솔上奉下率적 관계에 놓여 있음을 보여준다.

3. 신과 인간의 관계

1) 가치의 근원자로서의 신

대순사상에 나타난 신의 진정한 의미는 인간과의 관계를 떠나서는 생각할 수 없다. 그 자체의 완전성과 진리성에 대한 의미도 인간의 불완전함에 의해 상대적으로 평가될 수 있기 때문이다.

대순사상에서 신의 존재의의는 특히 인간이 지향해야만 하는 근원적 가치를 담고 있는 것으로 파악된다. 즉 인간은 신의

象數學적인 의미에서 지칭하는 '極數'를 의미하고 있다.『대순진리회요람』에 따르면 "…구천은 바로 상제께서 삼계三界를 통찰統察하사 건곤乾坤을 조리調理하고 운화運化를 조련調鍊하시고 계시는 가장 높은 위位임을 뜻함이며…"라고 하였다.

존재를 상정함으로써 인간행위의 가치기준을 세울 수 있기 때문이다.[298] 여기에 신은 인간에게 있어 가치의 근원자로서의 위상을 지니는 것으로 본다. 이와 관련된『전경』내용을 살펴보면 다음과 같다.

> "…무릇 크고 작은 일을 가리지 않고 신도로부터 원을 풀어야 하느니라. 먼저 도수를 굳건히 하여 조화하면 그것이 기틀이 되어 인사가 저절로 이룩될 것이니라. 이것이 곧 삼계공사三界公事이니라"고 김형렬에게 말씀하시고 그 중의 명부공사冥府公事의 일부를 착수하셨도다.[299]

> 신도神道로써 크고 작은 일을 다스리면 현묘 불칙한 공이 이룩되나니 이것이 곧 무위화니라. 신도를 바로잡아 모든 일을 도의에 맞추어서 한량없는 선경의 운수를 정하리니 제 도수가 돌아 닿는 대로 새 기틀이 열리리라.[300]

위의 인용문에서 '신도神道'란 신적 질서를 상징하는 말이다. 인간과의 관계에서 신의 도道는 인간의 역사를 일으키는 바탕이 되며[301] 나아가 그 역사를 바람직한 방향으로 이끄는 가치의 근

298『전경』, 교운 2장 42절, 陰陽經「… 人無神前無導而所依…」

299『전경』, 공사 1장 3절.

300『전경』, 예시 73절.

301『전경』, 예시 25절에 의하면 "상제께서 계묘년에 종도 김 형렬과 그외 종도들에게 이르시니라.「조선 신명을 서양에 건너보내어 역사를 일으키리니 이 뒤로는 외인들이 주인이 없는 빈집 들듯 하리라. 그러나 그 신명들이 일을 마치고 돌아오면 제 집의 일을 제가 다시 주장하리라.」"고 한데서 알 수 있듯이 인간의 역사는 모두 신적인 움직임이 선행하여 이루어지고 있음을 보여준다.

거가 되고 있다. 신의 질서가 흐트러짐으로 인해 인간사회의 질서가 무너지게 되었으며, 신의 세계에 원冤이 쌓임으로 인해 인간사회의 파멸이 초래되게 되었다. 따라서 인간사회를 평화롭게 만들기 위해서는 먼저 신의 세계를 안정시킬 필요가 있으며 이에 따라 상제께서 행한 공사公事는 먼저 신도를 바로 잡는 데서부터 시작하였던 것이다. 이렇게 바로 잡힌 신도는 인간사회 내에서 절대가치를 지니며 선경仙境의 운수를 향해 세계를 자연히 변화시킨다.

2) 가치실현의 주체로서의 인간

신이 인간을 초월하여 어떠한 교섭이 이루어지지 않고 단지 숭배의 대상만으로 남았을 때 인간은 신의 피조물로서 수동적인 삶을 영위할 수밖에 없다. 오직 신의 지배와 명령만이 의미를 지니며 인간의 무한한 욕구와 창의력은 그만큼 상정된 신의 틀에 의해 구속되어지는 것이다. 하지만 대순사상에서의 인간은 결코 신의 피조물로서의 종속적 의미를 지니지 않고 오히려 이상사회의 건설을 위해 인간의 참된 가치를 발휘할 것을 강조하고 있다.

> 천존과 지존보다 인존이 크니 이제는 인존시대라. 마음을 부지런히 하라.[302]
>
> 선천에는 '모사謀事가 재인在人하고 성사成事는 재천在天이라'

302 『전경』, 교법 2장 56절.

하였으되 이제는 모사는 재천하고 성사는 재인이니라. 또 너희가 아무리 죽고자 하여도 죽지 못할 것이요 내가 놓아주어야 죽느니라.[303]

위의 글에서 '천존'과 '지존'이라고 하는 것은 모두 인간이 숭배해야 할 대상을 하늘과 땅에서 찾는 것이다. 하지만 대순사상에 있어서 인간은 '인존人尊'이라는 말로 표현되어짐으로써 그 신격을 인간에게 부여하고 있다. 여기서 대순사상의 신관은 상대적으로 격하되기 쉬운 인간의 위상을 최대한 높였다는 점에서 하나의 사상적 특징을 이룬다고 본다. 그렇다면 인간이 이러한 신적 가치를 지닐 수 있는 근거는 어디에서 찾을 수 있는가. 그것은 바로 인간의 마음이다. 인간의 마음은 인간존재의 위상을 드러내는 본질적 요소가 되고 있다.

'마음[心]'이 인존과 관련하여 중요하게 다루어지는 까닭은 그것이 신과의 교통交通을 통해 하나의 가치를 창출하는 본체가 된다는 점에서이다. 인간의 마음은 귀신 즉 신이 드나드는 추기요 문호요 도로이다. 그리고 '말은 마음의 외침이고 행실은 마음의 자취'[304]라고 하였듯이 인간의 언행은 모두 마음에서부터 이루어져 나온다. 그 마음으로부터 발견되는 신을 잘 선택하여 실천에 옮김으로써 지선至善의 가치를 실현할 수 있다. 여기에 진정한 가치실현의 주체는 신이 아니라 인간에게 달려있음을 말하고 있는 것이다.

303 『전경』, 교법 3절 35절.

304 『전경』, 교법 1장 11절.

3) 신인의도神人依導와 신인조화神人調化

이상에서 살펴본 신과 인간은 각각 별개의 존재로 독립해서 있지 않고 상호간의 교류 속에 놓여 있다. 또한 신의 작용이 인간행위에 영향을 미치며 인간의 행위가 신의 세계에 영향을 미치기도 하여 신과 인간은 상호 영향을 주고받고 있다. 대순사상의 신관에서 주안점을 두고 있는 부분도 바로 이 점이라고 할 수 있다.

신의 작용이 인간행위에 영향을 미치고 있다는 사실은 다음의 『전경』 구절에서 확인해 볼 수 있다.

> 상제께서 계묘년에 종도 김 형렬과 그 외 종도들에게 이르시니라. "조선 신명을 서양에 건너보내어 역사를 일으키리니 이 뒤로는 외인들이 주인이 없는 빈집 들듯 하리라. 그러나 그 신명들이 일을 마치고 돌아오면 제 집의 일을 제가 다시 주장하리라"[305]

여기서 인간의 역사는 먼저 신의 움직임을 바탕으로 해서 이루어지고 있다. 이때의 신은 어떠한 특정 활동을 하는 기능신의 역할이 부각되며, 또한 지역적 경계가 뚜렷한 서로 다른 신들이 위치를 옮겨가면서 일을 주도해 나가고 있다. 따라서 인간역사의 배후에는 항상 신의 역사役事가 자리하고 있다는 것을 관련하여 이해할 필요가 있다.

305 『전경』, 예시 25절.

한편 신이 인간역사의 근간이 되는 것과 마찬가지로 인간의 행위가 또한 신의 세계에 영향을 미칠 수 있다는 것이 대순신관의 주요한 관점이 되고 있다.

> 사람들끼리의 싸움은 천상에서 선령신들 사이의 싸움을 일으키나니 천상 싸움이 끝난 뒤에 인간 싸움이 결정되나니라.[306]

여기서 신의 세계는 인간행위로 인해서 영향 받고 있다. '신망'이라고 하는 것과 '신이 흠향을 한다'는 것 등은 인간행위를 전제함으로써 이루어질 수 있는 부분이다. 그리하여 사람들끼리의 싸움이 신들 사이의 싸움을 일으키기도 하고, 이러한 신들간의 싸움이 끝나면 다시 그 결과가 인간계의 역사를 결정짓는 것으로 그 종합적인 교류관계를 나타내고 있다.

이렇게 신과 인간은 상호 교류하여 존재함으로써 서로의 가치를 부각시키고 그 상보적인 틀 속에서 이 세계를 구성하고 있다. 인간이 신과의 단절된 관계가 아니라 인간행위의 근간이 되는 것이 신이며, 인간은 또한 신의 의지를 실현할 수 있는 현실적 주체로서 신이 의탁依託해야만 하는 대상으로서의 가치를 지닌다. 이러한 신인관계를 『전경』에서는 신인의도神人依導로 표현하고 있다.[307] 신은 사람이 없으면 의탁하여 맡길 곳이 없으며 사람은 또한 신이 없으면 앞에서 계도啓導해 줄 대상이 없다.

306 『전경』, 교법 1장 54절.

307 『전경』, 교운 2장 42절, "…神無人後無托而所依人無神前無導而所依神人和而萬事成神人合而百工成神明竢人人竢神明陰陽相合神人相通然後天道成而地道成神事成而人事成人事成而神事成…"

신과 인간이 이렇게 화합하고 상통함으로써 만사가 이루어지고 모든 가치가 실현될 수 있다는 것이다.

그렇다면 이러한 신인관계의 기반 하에서 대순사상이 궁극적으로 지향하는 이념은 무엇인가. 그것은 바로 대순진리회의 종지宗旨인 '신인조화神人調化'에서 찾을 수 있다.[308] 신과 인간은 서로 음陰·양陽의 관계에서 합덕合德이 됨으로써 이상적인 세계를 구축할 수 있다. 조화調化라는 개념은 조화調和라고 할 때의 '고를 조'와 조화造化라고 할 때의 '될 화'가 합성하여 이루어진 글자이다. '고르다'는 개념은 모두가 동등한 자격으로 상호 어울린다는 의미를 지니며, '된다'는 것은 완전히 새로운 존재로 재탄생하게 됨을 뜻한다. 여기에 인간은 '신인간新人間'으로서의 참된 모습을 드러낸다. 신과 인간은 더 이상 별개의 존재가 될 수 없으며 하나의 개체 안에서 새로운 세계창조를 위해 다시 태어난다. 진정한 인존人尊의 모습은 이러한 신인조화의 이념과 무관하지 않다.

신인조화에서 바라본 신과 인간은 그 의탁과 계도啓導의 관계 속에서 모든 역사를 이루어 나간다. 그 구체적인 실상을 『전경』 구절에서 찾아보면 다음과 같다.

> 사람마다 그 닦은 바와 기국에 따라 그 사람의 임무를 감당할 신명의 호위를 받느니라. 남의 자격과 공부만 추앙하고 부러

308 『전경』 교운 2장 32절, 「을축년에 구태인 도창현(舊泰仁道昌峴)에 도장이 이룩되니 이 때 도주께서 무극도无極道를 창도하시고 상제를 구천 응원 뇌성 보화 천존 상제(九天應元雷聲普化天尊上帝)로 봉안하고 종지宗旨 및 신조信條와 목적目的을 정하셨도다. 종지宗旨 : 음양합덕 · 신인조화 · 해원상생 · 도통진경(陰陽合德 神人調化 解冤相生 道通眞境)….

워하고 자기 일에 해태한 마음을 품으면 나의 신명이 그에게 옮겨가느니라.[309]

상제께서 하루는 종도들에게 말씀하시기를 "내가 부안지방 신명을 불러도 응하지 않으므로 사정을 알고자 부득이 그 지방에 가서 보니 원일이 공부할 때에 그 지방신地方神들이 호위하여 떠나지 못하였던 까닭이니라. 이런 일을 볼진대 공부함을 어찌 등한히 하겠느냐" 하셨도다.[310]

즉 신인조화의 이념에서는 신과 인간이 상호 화합의 과정을 통해 참된 가치실현을 가능하게 하며, 나아가 새로운 인간의 위상을 발견하게 한다. 인간이 신을 호위하는 것이 아니라 신이 인간을 호위하며, 신이 공부를 하는 것이 아니라 인간이 공부를 한다는 점에서 인간의 역할과 사명이 더욱 강조되고 있는 것이 대순사상의 신관이 지닌 특징이라 하겠다.

309 『전경』, 교법 2장 17절.
310 『전경』, 교운 1장 63절.

2장
인간관人間觀

1. 인간은 어디에서 왔는가?—천지 · 신명

인간의 자기이해를 위한 출발점으로서 인간 자신을 포함한 세계의 근원에 대한 문제를 해명하고자 한다. 이것은 또한 전통 형이상학의 과제이기도 하다. 특히 인간 존재의 근원을 찾는 데 있어서 인간의 구성요소에 해당하는 육체와 영혼은 유물론唯物論과 유심론唯心論의 제 학설에 따라 상이한 가치를 지닌 것으로 설명되기도 한다. 마찬가지로 이 세계의 근원을 밝히는 데 있어서도 상이한 두 축이 되는 물질과 정신은 동서고금을 통하여 오래된 철학적 관심의 대상이 되어 왔고 그 이중성의 문제는 해결하기 어려운 철학사의 난제로 여겨진다.[311] 이러한 사실은 한편으로 인간존재를 이해하는 데 있어서 물질과 정신으로 이루어진 세계의 근원을 해명함으로써 인간의 본질을 밝힐 수 있다는

311 김용정, 「물질과 정신의 兩儀性에 관한 형이상학적 고찰」, 『철학』34집, 한국철학회, 1990, pp.1~8참조.

말이 되기도 한다.[312] 그만큼 세계의 기원에 관한 문제는 인간의 기원에 관한 문제와 함께 얽혀있다.[313]

대순사상에 있어서 인간의 기원을 살펴보기 위해서는 먼저 인간에 관한 실존적인 분석이 필요하다. 이 문제는 우선 인간이 지니고 있는 물질과 정신적인 요소에 대한 이해로부터 출발할 수 있다. 즉 물질적 요소에 해당하는 육체와 정신적 요소에 해당하는 영혼이 각각 세계의 어떤 근원으로부터 주어졌고 나아가 그 양자가 어떻게 조화되고 통일되는지를 살펴봄으로써 인간존재의 근원을 해명하고자 하는 것이다.

먼저 인간존재의 물적物的 배경에 해당하는 것으로서 대순사상에서는 '천지天地'를 거론하고 있다. 일반적으로 '천지'는 '하늘과 땅'의 한자합성어로서 인간이 딛고 서있는 지구를 포함하여 광활한 우주현상을 가리키는 용어로 본다. 동양전통에서는 천 · 지 · 인 삼재三才를 일컬어 우주세계를 삼분三分하여 이해하였으므로, 천지는 인간 외外적인 세계 전체를 가리키는 개념으로 보아도 무방하다. 굳이 천지를 물적 배경으로 한정하는 이유는 형체를 지니고 공간을 점유하고 있는 우주사물을 천지로 총칭하여 이해하는 동양학적 배경과 무관하지 않다.[314] 이러한 천지가

312 여기서 물질과 정신의 개념정의의 문제는 그 관계설정의 문제만큼이나 다양하고 지난한 과제임에 틀림없다. 특히 동양고전에 있어서는 '물질'에 해당하는 단어로서 '物'을 거론할 수 있지만 정확히 '물질'이라는 단어와 일치하지 않는 면이 더 많다고 본다.(최영진, 「정신과 물질의 문제에 관한 역학적 이해」『주역의 현대적 조명』, 한국주역학회, 1992, pp.380~381참조) 정신 또한 그 단어의 유래에 있어서 동 · 서양의 개념 정의가 일치하지 않으므로 본 고에서 그러한 정의를 시도하는 것은 무의미하다고 본다. 단지 인식론적 차원에서 이 두 가지 요소가 세계 이해의 주요한 축이 된다는 점에 의의를 두고 그 양자의 속성을 지니는 용어를 중심으로 대순사상의 인간관을 살펴보고자 하는 것이다.

313 Ernst Cassirer, 최명관 역, 『인간이란 무엇인가』, 서광사, 1988, p.18.

314 이러한 사상은 주역을 중심으로 한 유학적 사유체계에서 그 근거를 삼을 수 있다.

곧 인간을 생겨나게 한 배경이 되고 있음을 다음의 『전경』 구절을 통해 확인할 수 있다.

> 일이 마땅히 왕성해지는 것은 천지에 달려있지 반드시 사람에게 있는 것은 아니다. 그러나 사람이 없으면 천지도 없다. 그러므로 천지가 사람을 낳고 사람을 쓰나니, 사람으로 태어나서 천지가 사람을 쓰는 때에 참여치 않으면 어찌 사람이라 말할 수 있겠는가.[315]

즉 천지는 사람을 낳고 사람을 쓰는 하나의 우주적인 실체이다. 천지가 사람을 낳는다 함은 『주역』에서 "천지의 큰 덕을 생生이라 한다"[316]고 할 때의 천지와도 같다. 천지는 그 본성상 모든 만물을 낳는 덕을 지닌 가치론적 실재이기도 하다. 모든 만물을 생겨나게 하므로 인간 또한 천지의 은혜로 태어날 수 있다는 것이다. 마치 부모가 자식을 낳듯이 천지가 인간을 낳았다는 점에서 천지는 인간의 우주적인 부모에 해당된다. 그런데 이러한 천지는 사람을 낳기만 할 뿐만 아니라 사람을 쓰기까지 한다. 천지는 그 자체의 존립을 위해서는 반드시 인간을 필요로 하며 인간 또한 천지의 존립을 위해 쓰여짐으로써 상호 가치가 드러난다. 말하자면 천지는 인간으로부터 독립된 실재가 아니라

『周易』乾卦, 傳"…乾 天也, 天者, 天之形體…分而言之,則以形體謂之天…"; 宋龜峰 『太極問』에는 '천지'의 개념을 다음과 같이 설명하고 있다. 「出地以上, 無非天, 古詩云, 坎得一尺地, 便是一尺天・・・六合之內, 非質處便是氣, 非地處便是天」

315 『전경』, 교법 3장 47절"…事之當旺在於天地 必不在人 然無人無天地 故天地生人 用人 以人生 不參於天地用人之時 何可曰人生乎…"

316 『周易』, 繫辭 下, "…天地之大德曰 生…"

인간을 통해 그 존재가치가 확보되고 인간 또한 '천지가 사람을 쓰는 때에 참여함'으로써 그 실재성을 부여받는 상호 지향적이고 의존적인 실재라는 것이다. 다만 그 의존성이 인간에 대한 종속적인 성격을 지니기보다는 '대대적對待的'인 논리[317]에서 이해될 수 있는 '상반상성相反相成' '상호성취相互成就'의 관계로 본다.

이 같은 사유는 『전경』의 또 다른 구절에서 "천지가 일월이 아니면 빈껍데기요. 일월은 지인知人이 아니면 허영虛影이요. 당요唐堯가 일월의 법을 알아내어 백성에게 가르쳤으므로 하늘의 은혜와 땅의 이치가 비로소 인류에게 주어졌나니라"[318]고 한 데서도 드러난다. 천지일월이 아무리 위대하다 해도 그것을 알아주는 사람이 없으면 다 빈껍데기에 불과하다는 생각은 결국 천지와 인간의 상보적이고도 유기적인 관계성을 전제하여 세계를 이해하고자 하는 사고체계라 볼 수 있을 것이다. 이는 다른 말로 인간존재의 근원을 세계 속에서 해명할 때 무엇보다도 '천지'라는 개념 속에서 그 배경을 찾아야 한다는 것과 통하고 있다. 천지는 그 자체로서 인간의 기원이 되고 있는 만큼 또 다른 시원始原을 지니지 않는다. 『전경』의 구절에서 보면 "천지가 간방艮方으로부터 시작되었다고 하나 이십사二十四 방위에서 한꺼번에 이루어졌느니라."[319]는 선언은 어떠한 진화론적인 관점도 배제한 원래적인 세계로서의 천지가 바로 인간탄생의 배경이 되고 있음을 말한 것이다. 그리하여 인간과 천지는 세계를 구성하

317 '對待'의 논리적 특성에 대해서는 최영진 『역학사상의 철학적 탐구』 성균관대 박사논문,1989, p.34~38참조.

318 『전경』, 교운 1장 30절.

319 『전경』, 예시 50절.

는 삼재三才로서의 가치를 지니게 되며 나아가 인식주체인 인간의 관점에 따라 천지가 혼란스럽기도 하고 안정되기도 하는 상호작용의 관계 속에 세계변화가 이루어지고 있다.[320]

한편 신명神明은 인간에게 있어서 정신적 배경을 이루는 실체이다. 신명이라는 개념은 본래 동양의 전통적인 신앙을 반영하는 용어로서 인간 내재적인 경우와 외재적인 경우 모두에 걸쳐 고루 사용되어 왔다.[321] 특히 한국민족의 종교심성은 신명개념의 두 가지 측면이 서로 혼효하여 형성되었다고 보기도 한다.[322] 대순사상에서 바라보는 이러한 신명은 천지만물의 생명성 그 자체로 이해하고 있다.

> 천지에 신명이 가득 차 있으니 비록 풀잎 하나라도 신이 떠나면 마를 것이며 흙 바른 벽이라도 신이 옮겨가면 무너지나니라.[323]

즉 천지에 신명이 가득 차 있다 함은 모든 만물의 자기존립을 가능케 하는 어떤 무형적인 실체가 있음을 전제하는 것이다. 하찮은 초목이라도 그 생명성을 지니기 위해서는 신명이 깃들

320 이는 『전경』 구절 가운데 「천지 종용지사(天地從容之事)도 자아유지(自我由之)하고 천지 분란지사(天地紛亂之事)도 자아유지하나니 공명지 정대(孔明之正大)와 자방지 종용(子房之從容)을 본 받으라.」(교법3장29절)는 데서 엿볼 수 있다.

321 '신명난다' '신명을 다 바친다'는 언어적 표현은 신명이 인간의 내면에 깃들어 있음을 말하고, '천지신명에게 빈다' '신명이 내렸다'등의 표현은 신명이 인간 외재적인 실재임을 가리키고 있다.

322 유병덕, 「혼밝사상의 본질과 전개」, 『한국종교』 22집, 원광대 종교문제연구소, 1997, pp.11~14참조.

323 『전경』, 교법 3장 2절.

어 있어야 하며, 심지어 무생물로 인식되는 흙 바른 벽마저 신명이 깃들어 있어서 그 신명이 떠나면 벽으로서의 기능을 발휘하지 못한다고 한다. 하물며 만물의 영장인 인간에 있어서 그 육체적인 모습만으로 인간을 설명할 수 없으며, 그 속에 깃든 무형의 생명성, 말하자면 영혼으로 불리어지는 요소가 이와 같은 신명세계를 배경으로 하고 있다.

대순사상이 지닌 유신론적 특질에서 바라볼 때 신명세계는 달리 말하면 '귀신세계'이기도 하다.

> 천지대팔문天地大八門 일월대어명日月大御命 금수대도술禽獸大道術
> 인간대적선人間大積善 시호시호時乎時乎 귀신세계鬼神世界[324]

윗글에서 보면 천지라는 시 · 공간 속에 존재하는 모든 유형적有形的인 사물들, 즉 일월, 금수, 인간 등은 다 귀신세계로 환원되어질 수 있으며 또 그것에 의해 지배받고 있다. 아주 큰 사물에서부터 아주 미세한 사물에 이르기까지 모두 천지의 귀신에 의해 지배받고 유지되고 있다는 생각은 대순사상의 종교적 특질을 잘 보여주는 부분이다.[325] 귀신은 대순사상에 있어 모든 만물이 지닌 생명 그 자체이며 진리이다.[326] 따라서 신명(또는 귀신)은 인간존재의 근원을 밝히는 데 있어서 물질적이고 유형적

324 『전경』, 예시 46절.

325 『전경』, 공사 3장 40절 「상제께서 어떤 공사를 행하셨을 때 所願人道 願君不君 願父不父 願師不師 有君無臣其君何立 有父無子其父何立 有師無學其師何立 大大細細天地鬼神垂察 의 글을 쓰시고 이것을 천지 귀신 주문(天地鬼神呪文)이라 일컬으셨도다.」

326 『전경』, 교운 1장 19절 "…귀신은 진리에 지극하니 귀신과 함께 천지공사를 판단하노라…"

인 배경 외에 정신적이면서 무형적無形的인 세계의 배경을 이룬다고 볼 수 있다. 인간의 영혼이 궁극적으로 속한 곳이 곧 신명세계(또는 귀신세계)이며 이와 같은 신명이 나아가 세계를 구성하는 주요한 축이 되고 있는 것이다.

2. 인간의 참모습은 무엇인가?—마음

앞에서 살펴보았듯이 천지와 신명은 인간존재의 근원을 이해하기 위해서 중요한 두 축이 되고 있다. 하지만 이 양자兩者는 세계를 지탱하는 물질과 정신의 축으로서 그 통일적인 이해를 위해서는 반드시 그 매개적인 실체를 가정하지 않으면 안 된다. 특히 '인간'이라는 단일한 존재를 이해하려고 하면서 그를 구성하는 두 가지 양태로서의 물질과 정신을 영원한 이원론二元論으로 남겨둔다면 이 또한 인간존재의 본질을 제대로 규명했다고 볼 수 없을 것이다. 인간과 세계가 어떤 형식으로든 관계 맺고 있는 우주의 실상을 직관할 때, 대순사상에서 논의해 온 천지와 신명이라는 세계는 보다 근원적인 실체를 가정함으로써 인간과 직접 연결된다. 인간과 우주는 이 근원적 일자一者에 의해 비로소 매개될 수 있고 인간의 본질 또한 그 근원적 일자의 회복에 의해서 설명될 수 있다.

인류의 정신사에서 살펴볼 때 근원적 일자一者에 대한 이해는 다양하게 표현되어 왔다. 희랍철학에서의 이데아(형상), 기독교에서의 창조자 신神, 불교에서의 불생불멸의 심心, 유가에서의 리理 등이 그것이다. 이러한 일자에 대한 사상은 언제나 그 상대적인 극복의 대상을 전제함으로써 일자의 보다 궁극적인 측면을 드러내었다고 본다. 즉 형상에 대한 질료, 신에 대한 피조물의 무無, 본심에 대한 무명無明, 리理에 대한 기氣가 이에 해당할 것이다. 후자는 전자에 비해서 언제나 극복되어야 할 대상으로 이해되고 전자는 최종적인 궁극자로서 인간이 회복하여야 할 근원적 실체로 이해되고 있다.[327] 이를 회복함이 또한 인간의 본질이기도 하다. 이상의 사상들에서 엿보이는 근원적 일자의 특징은 대체로 객관주의적이거나 인간주체적인 면의 두 가지로 구분될 수 있는데 그 상이한 관점에 따라 인간의 본질에 대한 해석도 달라진다고 본다.[328]

대순사상에서의 인간이해는 그러한 근원적 일자가 인간 내재적이거나 외재적이거나 할 것 없이 천·지·인 삼재三才의 전통에 따라서 그 삼재를 관통하는 공통된 실체를 제시하는 것에 의해 일자를 설명하고 있다. 그 근원적인 실체가 되는 것은 다름 아닌 마음[心]이다. 다음의 『전경』 구절을 살펴보자.

> 하늘이 비와 이슬을 박薄하게 쓰면 반드시 만방에 원한이 있게 되고, 땅이 물과 흙을 박하게 쓰면 만물에 원한이 있게 되고, 사람이 덕화를 박하게 쓰면 만사에 원한이 있게 된다. 하늘의 작용[天用]과 땅의 작용[地用] 사람의 작용[人用]이 모두 마음에 달려있다.
>
> 마음이란 귀신의 추기이며 문호이며 도로이다. 추기樞機를 열

327 한자경, 『동서양의 인간이해』, 서광사, 2001, pp.100~106참조.
328 한자경, 위의 책, p.106.

고 닫고 문호門戶를 들락날락하며 도로를 오고가는 신에는 혹 선한 것도 있고 혹은 악한 것도 있다. 선한 것은 스승으로 삼고 악한 것은 고쳐 쓴다. 내 마음의 추기와 문호와 도로는 천지보다도 크다.[329]

윗글에서 알 수 있듯이 마음은 천 · 지 · 인에 두루 걸쳐 있는 실체이며, 나아가 천 · 지 · 인이 작용하게끔 하는 추동적인 근거가 되고 있다. 천용天用, 지용地用, 인용人用은 각각 천지와 사람의 기능을 발휘하는 것을 말하는데, 만방萬方과 만물萬物이 천지의 영역이라면 만사萬事는 인간의 영역에 해당된다. 이 모든 기능적인 현상은 근원적 실체로서의 마음이 있기에 가능하다.

마음은 또한 신명(혹은 귀신)세계에서도 본바탕을 이루는 실체로 이해된다. 귀신이 열고 닫는 추기樞機이며, 들락날락하는 문호門戶이며, 오고 가는 도로道路에 해당하는 것이 바로 심이다. 이러한 마음이 인간에게 내재되어 있어서 신명세계와 교접하는 통로가 될 수 있다고 본다. 선善과 악惡을 분별하고 궁극적인 선을 달성하는 일도 인간이 지닌 마음의 작용에 의해서 가능하다. 이러한 마음을 자각하고 이 세계에 선善을 실현해 나가는 주체로서의 인간을 회복한다면 그 가치의 위대함이 천지에 비견될 수 있으므로 '나의 마음'이 천지보다도 크다고 하였다.

마음이 천지의 근원이 되고 또한 인간존재의 본질이 되고

329 『전경』, 행록 3장 44절, "… 天用雨露之薄則必有萬方之怨 地用水土之薄則必有萬物之怨 人用德化之薄則必有萬事之怨 天用地用人用統在於心 心也者鬼神之樞機也門戶也道路也 開閉樞機出入門戶往來道路神 或有善或有惡善者師之惡者改之 吾心之樞機門戶道路大於天地」

있음은 다음의 '현무경玄武經'구절에서도 확인할 수 있다.

> 천지의 중앙은 심心이다. 그러므로 동서남북과 몸은 심에 의존한다.[330]

즉 '천지'라는 현상의 배후에 마음이 그 본체로 자리 잡고 있으므로 모든 천지작용을 가능하게 한다. 인간의 실존적인 모습 또한 동서남북과 같은 천지현상과 더불어 마음에 의존하고 있다. 따라서 인간존재의 본질에 대한 이해는 천지와 신명세계의 근원에 해당하는 마음을 발견할 때 비로소 인간의 진면목이 드러난다고 본다.

3. 인간은 어디로 가야 하는가?—인존人尊

여러 종교사상에서는 저마다의 이상적 인간상을 설정하고 있다. 불교에서의 '불타佛陀', 유교에서의 '성인聖人', 도교에서의 '신선神仙'등의 개념은 그 종교의 이념을 온전히 체현한 사람을 칭송하는 것이다. 대순사상에서는 그 기본적인 인간이해에서부터 고유한 맥락을 지니고 나아가 새로운 이상형으로서의 인간상을 그리고 있다. 이를 '인존人尊'이라고 표현하고 있다. 그 관련되는 전경구절은 다음과 같다.

330 『전경』, 교운 1장 66절, "…天地之中央心也 故東西南北身依於心…」

천존과 지존보다 인존이 크니 이제는 인존시대라. 마음을 부지런히 하라.[331]

즉 인간은 천지와 상대하는 존재로서 '인존人尊'으로서의 가치를 지닌다. 이 때 인존이라 함은 '인본人本', '인권人權', '인간중심人間中心' 등의 개념과도 차별화되는 것으로 대순사상이 지닌 세계관적 원리에 입각한 말이다. 앞서 언급한 바 있듯이 대순사상에서 바라본 세계는 천지와 신명으로 구성되어 있다. 하나의 특수한 현상으로서의 인간은 천지와 신명의 구성에 지배받고 있고 나아가 인간 안에 천지와 신명이 작용하고 있다. 따라서 인존의 참된 의미는 천존天尊·지존地尊과의 관계 속에서 살펴보아야 한다. 그렇다면 천존과 지존은 각각 어떠한 의미를 지니는가.

먼저 천존·지존에서의 존尊이라는 글자는 한자의 원형에서 볼 때 신앙적인 대상을 전제하고 있다. 술병을 양손으로 받쳐 들고 특정 대상을 향해 경배하는 데서 '존'자가 형성되었다.[332] 한편 천지는 세계를 구성하는 물질적 배경이 되고 형체를 위주로 한 개념이다. 여기에 신앙성을 결합하여 천존과 지존으로 묘사한 것은 이미 세계를 천지와 신명의 복합체로 이해한 것과 무관하지 않다. 말하자면 '하늘의 신명성'이 곧 '천존'이 될 것이며, '땅의 신명성'이 '지존'이 된다. 이와 함께 '인존'을 개념규정 한다

331 『전경』, 교법 2장 56절.

332 이낙의, 『한자정해』 IV, 비봉출판사,1994, p.765 (본래의 뜻은 술그릇, 또는 고대에 제사지낼 때 쓰던 그릇이다. 고문의 자형은 [고문 자형] 으로, 두 손으로 술항아리를 받쳐 들고 있는 모습이다. 공경하는 마음으로 술을 바친다는 데서 그 의미가 확장되어 '존경하다' '존귀하다' '존중하다' 등의 뜻을 갖게 되었다.)

면 '인간의 신명성'이라고 할 수 있겠는데, 관건은 하나의 형체를 지닌 인간이 어떻게 천지의 신명성을 회복할 수 있는가에 있다. 그 해답은 바로 위에서 제시한 '마음을 부지런히 하라'고 할 때의 마음에 대한 자각과 실천이라고 본다.

주지하다시피 마음은 비단 인간만이 지닌 근원적 실체가 아니다. 이미 천지와 신명을 매개하는 실체로서 자리 잡고 있으며 인간이 천지와 동질성을 확보하기 위해서는 바로 이 마음을 제대로 자각하고 실천하는 데 달려 있다. 인간이 매사에 자신의 마음을 제대로 쓸 줄 알고[天用地用人用統在於心]선악을 구분하여 지극한 선을 추구한다면[善者師之惡者改之] 그 창조적 능력은 천지에 못지않게 발휘될 수 있다고 본다. 이 때문에 인간의 마음은 천지보다도 크고[吾心之樞機門戶道路大於天地], 인존이 천존 · 지존보다도 크다고 한 것이다. 오히려 이러한 마음의 위대성을 자각하지 못했던 시대를 돌아보건대 대순사상에서는 그 인식의 전환을 일깨우는 데도 인존의 이념이 강조된다. 다음의 구절에서 보면,

> 선천에는 모사謀事가 재인在人하고 성사成事는 재천在天이라 하였으되 이제는 모사는 재천하고 성사는 재인이니라.…[333]

라고 한 것은 이러한 관점을 잘 말해주고 있다. 즉 인간이 자신의 참된 가치를 자각하지 못한 시대인 선천에는 '모사재인 성사재천'이었다. 이 때 인간은 천지에 대해 수동적이고 종속적

333 『전경』, 교법 3장 35절.

인 사고에서 벗어나지 못했다고 본다. 하지만 앞으로의 시대인 후천은 '모사재천謀事在天 성사재인成事在人'의 사고로써 인간이 보다 능동적이고 창조적인 주체로 나서기 때문에 참된 인간의 본질이 드러난다고 본다. 이러한 인간의 위상이 바로 '인존'이며, 그 마음을 천지의 마음과도 같이 회복하고 쓸 줄 아는 인간을 말한다. 인존을 실현하는 것이야말로 인간의 진정한 자기실현이며 자기완성이라 아니할 수 없다.

대순사상에서는 이러한 인존으로서의 인간회복을 위한 실천적인 가르침을 말하고 있다. 즉 "정심수신제가치국평천하正心修身齊家治國平天下, 위천하자불고가사爲天下者不顧家事"[334]에서 정심을 평천하의 가장 기초로 삼은 것이나, "공사를 행하실 때나 또 어느 곳에 자리를 정하시고 머무르실 때에는 반드시 종도들에게 정심을 명하시고 혹 방심하는 자가 있을 때에는 보신 듯이 마음을 거두라고 명하셨도다.",[335] "상제께서 이르시기를 "나는 오직 마음을 볼 뿐이로다. 머리와 무슨 상관하리요.",[336] "사람과 사귈 때 마음을 통할 것이어늘 어찌 마음을 속이느냐"[337] 등의 내용은 마음에 대한 자각과 실천이 인존의 길임을 강조한 내용이라 볼 수 있다.

한편 인간의 이상을 인존에 둘 때 인간의 모든 행위는 그러한 인존의 실현 또는 자기완성을 궁극 목적으로 한다. 인간의 자기완성은 모든 목적이 거기에로 수렴되는 최종목적으로서의

334 『전경』, 공사 3장 39절.
335 『전경』, 교법 3장 8절.
336 『전경』, 교법 2장 10절.
337 『전경』, 행록 4장 18절.

가치를 지닌다. 대순사상에서는 이 궁극적 목적으로서의 자기 완성을 '도통'으로 부르고 있다.

> "내가 도통줄을 대두목에게 보내리라. 도통하는 방법만 일러 주면 되려니와 도통될 때에는 유 불 선의 도통신들이 모두 모여 각자가 심신으로 닦은 바에 따라 도에 통하게 하느니라. 그러므로 어찌 내가 홀로 도통을 맡아 행하리오"라고 상제께서 말씀하셨도다.[338]

윗글에서 알 수 있듯이 도통은 글자 그대로 도道가 통한 것을 말한다. 심신으로 닦은 바에 따라 도에 통하게 한다 하였는데, 이때의 도는 인간으로서 '마땅히 가야만 하는 길'을 뜻한다.[339] 만물이 제각각 자기의 형상을 지니고 있듯이 인간 또한 인간의 본래 형상을 실현해 나가는 길이 곧 '도'이다. 앞에서 인간의 위상을 인존에 있다고 보았으므로 그 인존의 개념에 해당하는 '인간의 신명성'을 실현하고 완성하는 것이 다름 아닌 '도통'이 되는 것이다. 이러한 도통은 인간에게 있어 궁극목적이라는 점에서 최고선이 될 수 있고 진정한 행복으로 여겨진다.

대순사상에서 도통은 그 추상적인 의미에도 불구하고 하나의 실천적 지혜로 이해되어지고 있다. 『전경』에 나오는 다음의 구절은 이를 잘 나타내 주고 있다.

338 『전경』, 교운 1장 41절.

339 『中庸章句』, 제1장, 朱子注「人物各循其性之自然, 則其日用事物之間 莫不各有當行之路, 是則所謂道也」

> 지혜란 천지와도 같으니 봄, 여름, 가을, 겨울의 기운을 지닌다. 매사에 그것을 임의로 사용하는 것을 일컬어 지혜智慧용력勇力이라 부른다. 큰 지혜는 천지와도 같아서 춘하추동의 기운을 지니고, 그 다음가는 지혜는 일월과 같아서 차고 기우는 이치를 지니고, 또 그 다음 가는 지혜는 귀신과 같아서 길흉화복의 도를 지닌다.(생략) …측량하기 힘든 변화현상은 모두 신명에 있으니 신명을 느끼고 통한 이후에 그 일을 하는 것을 일러 대인대의大仁大義라고 한다.(생략) …하늘의 작용과 땅의 작용, 사람의 작용이 기강을 바로잡고 건곤을 다스리니 이것을 일러 조화의 수단이라고 한다.(생략)…들어와서는 그 중中을 기르고 나와서는 밖으로 모양이 갖추어지니, 그 자신이 알고 있는 이치로 인하여 더욱 그것을 궁리하면 자연히 마음이 스스로 열리게 된다.[340]

즉 도통이란 인간이 그 지혜를 최대로 발휘해서 천지와도 같아지는 것을 말하며 여기에는 자연현상의 기운과 길흉화복의 도를 모두 지니고 그것을 실천적으로 드러내는 것을 말한다. 도통을 이룬 인간은 대인대의大仁大義의 덕을 지니고, 천지·신명과 통함으로써 큰 지혜를 발휘하며, 매사에 임의로 용력을 사용할 수 있다. 이러한 지혜를 얻기 위해서는 인간 자신이 지니고

340 『전경』, 제생 43절,「상제께서 전주 이 치안의 집에 고견 원려 왈지(高見遠慮曰智)의 글을 써놓으셨도다. 智者 與天地同 有春夏秋冬之氣 每事 任意用之 謂之智慧勇力 大智 與天地同 有春夏秋冬之氣 其次 與日月同 有弦望晦朔之理 又其次 與鬼神同 有吉凶禍福之道…不測變化之術 都在於神明 感通神明然後 事其事則謂之大仁大義也…天用地用 人用之 調理綱紀 統制乾坤 此之謂造化手段也…入而養中 出而形外 因其己之知理而益窮之 自然心自開也」

있는 인존으로서의 본질을 자각하고 그것을 실현하고자 하는 노력이 필요하다. 하지만 인간은 육체와 영혼이 결합된 존재이므로 때때로 감각적 정욕에 치우쳐 잘못을 저지르기도 하고 잘못된 목적을 설정하고서도 그것을 정당화하기도 한다. 이 때문에 대순사상에서는 '닦음[修]'에 해당하는 실천적인 노력으로써 이를 극복하고 참된 선을 달성하기를 강조하고 있다.

> 지금은 신명시대니 삼가 힘써 닦고 죄를 짓지 말라. 새 기운이 돌아 닥칠 때에 신명들이 불칼을 들고 죄지은 것을 밝히려 할 때에 죄지은 자는 정신을 잃으리라.[341]

> 상제께서 "이후로는 천지가 성공하는 때라. 서신西神이 사명하여 만유를 재제하므로 모든 이치를 모아 크게 이루나니 이것이 곧 개벽이니라. 만물이 가을 바람에 따라 떨어지기도 하고 혹은 성숙도 되는 것과 같이 참된 자는 큰 열매를 얻고 그 수명이 길이 창성할 것이오. 거짓된 자는 말라 떨어져 길이 멸망하리라. 그러므로 신의 위엄을 떨쳐 불의를 숙청하기도 하며 혹은 인애를 베풀어 의로운 사람을 돕나니 복을 구하는 자와 삶을 구하는 자는 힘쓸지어다"라고 말씀하셨도다.[342]

이 때 힘써 닦는다 함은 '도를 닦음'이요, 도통은 곧 '수도修道'를 통하여 가능하다. '도를 닦는다' 함은 인존으로서의 인간이

341 『전경』, 교법 3장 5절.
342 『전경』, 예시 30절.

지닌 마음을 닦는 것을 말한다. 그 마음은 천지와 신명에 걸쳐서 하나의 근원적 실체를 이루는 것이다. 따라서 잘못된 일을 저지르고 죄악을 행하는 것은 그러한 마음의 본연을 망각한 것이라고 볼 수 있다. 마음을 잘 닦고 못 닦은 결과는 윗글에서 볼 수 있듯이 "참된 자는 큰 열매를 얻고 그 수명이 길이 창성할 것이오. 거짓된 자는 말라 떨어져 길이 멸망"하는 것으로 이어진다. 이러한 교법을 통해서 인간은 자신의 '인존성人尊性'을 자각하고 실천하는 것을 사명으로 삼아야 한다. 그 결과 인간은 자기완성을 통한 영원한 생명을 얻게 된다고 보는 것이다. 대순사상에서 선언하고 제시하는 인간 미래의 비젼은 이와 같은 '인존'의 개념을 통해 비로소 그 빛을 발휘하고 있다.

4. 인간은 어떻게 살아야 하는가?—사강령과 삼요체

인존의 실현을 목표로 하는 인간은 그 자신의 삶을 어떻게 살아야 하는가. 여기에 대한 해답을 대순사상에서는 신조信條의 항목으로 제시하고 있다. 여기서 신조는 대순사상의 이념을 실현하기 위한 방법론으로서 크게 사강령四綱領과 삼요체三要諦로 구성되어 있다. 사강령은 안심安心・안신安身・경천敬天・수도修道이며, 삼요체는 각각 성誠・경敬・신信이다.

앞장에서 인간의 본질은 '마음'이라고 하는 기관에 있다고 하였다. 인간의 마음은 모든 언사言事와 행동을 주관하는 것으로 인간존재의 중심이면서 또한 천지의 중심이기도 하다.[343] 수도란 바로 이러한 마음을 닦는 것으로 일관하고 그 주된 결과로서의 도통이 주어진다. 사강령에서의 '안심'은 바로 그 마음을 다스리는 것을 말하고, 그 마음이 다스려질 때 몸도 다스려질 수 있다는 것이 '안신'이다.

『전경』에 따르면 안심 · 안신은 곧 '대병지약大病之藥'이라고 하였다.[344] 대병은 무도에서 나온다고 하였으니 즉 신도에 대한 망각으로 인해 발생한 병이므로 신도의 회복으로 인한 마음의 평정이 큰 병을 낫게 하는 약이 된다는 것이다. 마음과 몸의 관계에 있어서 보다 근원적인 것은 역시 마음이라 할 수 있다. 대순사상에서는 마음에 대한 구체적인 수행방법으로서 '일심'과 '정심'을 제시하고 있다.

> 의뢰심과 두 마음을 품으면 신명의 음호를 받지 못하나니라[345]

> 한마음만을 가지면 안 되는 일이 없느니라. 그러므로 무슨 일을 대하든지 한마음을 갖지 못한 것을 한할 것이로다. 안 되리라는 생각을 품지 말라.[346]

> 공사를 행하실 때나 또 어느 곳에 자리를 정하시고 머무르실 때에는 반드시 종도들에게 정심을 명하시고 혹 방심하는 자가 있을 때에는 보신 듯이 마음을 거두라고 명하셨도다.[347]

343 『전경』, 교운 1장 66절, "…天地之中央心也 故東西南北身依於心 …"
344 『전경』, 행록 5장 38절, "…大病無藥 小病或有藥 然而大病之藥 安心安身 …"
345 『전경』, 행록 4장 40절.
346 『전경』, 교법 2장 5절.

이렇게 일심과 정심을 지니게 됨으로써 '안심'이 되고 나아가 '안신'으로 이어져 무병의 상태를 달성하게 된다는 것이다.

인간이 지닌 마음으로 모든 신이 오가고 있다면 인간은 항상 신적인 존재에 대해 경건하면서도 외경하는 자세를 지니는 것이 또한 수행의 방법이 될 것이다. 경천에 관한 해석을 살펴보면 "모든 행동에 조심하여 상제님 받드는 마음을 자나 깨나 잊지 말고 항상 상제께서 가까이 계심을 마음속에 새겨두고 공경하고 정성을 다하는 마음을 잊지 말아야 한다"[348]고 하여 최고 신격에 해당하는 구천상제와 신명 앞에 엄숙하고 조심하는 자세를 갖출 것을 강조하고 있다.

경천에 있어서 경은 경건함, 공경함, 외경함의 뜻을 지니고 그 대상은 '천'으로 대변되는 신적 존재를 일컫는다. 하늘[天]은 곧 신神의 이명異名으로서 수많은 신이 하나의 체계를 이루어 공존하고 있다는 것이 하늘에 대한 이해이다. 이러한 하늘에는 또한 최고의 신격으로서 '상제上帝'께서 머물고 있으니 천지를 운행하고 통제관장하는 주재자이다. 여기에 인간은 그 초월적 권능 앞에서 경건하지 않을 수 없으며 외경해야 한다.

신의 존재에 대한 자각이 있고 나면 신도의 규범에 따라 자기완성을 위한 수행적 노력이 요구되는데, 이는 '수도修道'라고 하는 구체적인 행태로 나타난다. 그 뜻은 "마음과 몸을 침착沈着하고 잠심潛心하여 상제님을 가까이 모시고 있는 정신을 모아서 단전에 연마하여 영통靈通의 통일을 목적으로 공경하고 정성을

347 『전경』, 교법 3장 8절.
348 『대순진리회요람』, p15.

다하는 일념을 스스로 생각하여 끊임없이 잊지 않고 지성으로 봉축"[349]하는 것이다. 이러한 수도의 중요성에 대해서는 다음과 같은『전경』구절을 들 수 있다.

> 도를 닦은 자는 그 정혼이 굳게 뭉치기에 죽어도 흩어지지 않고 천상에 오르려니와 그렇지 못한 자는 그 정혼이 희미하여 연기와 물거품이 삭듯 하리라.[350]

즉 수도를 하면 자신의 정혼이 뭉쳐서 죽어서도 천상에 오를 수 있다고 하였는데, 이것은 곧 인간이 영적인 존재임을 말한 것이다.

한편 삼요체로서의 성 · 경 · 신은 그 자체로서 하나의 진리이자 수행의 규범이 되고 있다. 성 · 경 · 신은 본래 동양의 전통적 수양 개념이었지만 대순사상에서는 보다 종교성이 강한 의미로 이해된다.『전경』에는 복록성경신福祿誠敬信, 수명성경신壽命誠敬信, 천지성경신天地誠敬信이라고 하여, 복록과 수명 그리고 천지가 모두 성경신으로 이루어져 있다고 한다. 그만큼 성경신은 절대가치를 지니고 있으며 수행의 극치라고 할 수 있다.

성 · 경 · 신의 개념에 관해서는『대순진리회요람』의 설명을 근거로 들 수 있다. 즉 '성'은 늘 끊임이 없이 조밀하고 틈과 쉼이 없이 오직 부족함을 두려워하는 마음을 말하고, '경'은 심신의 움직임을 받아 일신상 예의에 알맞게 행하여 나아가는 것을

349 『대순진리회요람』, pp.15~16.
350 『전경』, 교법 2장 22절.

말하며, '신'은 한 마음을 정한 바에 변하지 않고 나아가서 정성하고 또 정성하여 기대한 바 목적에 도달케 하는 것을 말한다.[351] 『전경』에는 이와 같은 성·경·신에 대하여 다음과 같은 구절이 있다.

> 성誠: 이제 너희들에게 다 각기 운수를 정하였노니 잘 받아 누릴지어다. 만일 받지 못한자가 있으면 그것은 성심이 없는 까닭이니라.[352]

> 경敬: 김덕찬이 상제를 대함이 항상 거만하나 상제께서는 개의치 않으시고 도리어 덕찬을 우대하시더니 하루는 여러 사람이 있는 데서 공사를 행하실 때 크게 우뢰와 번개를 발하니 덕찬이 두려워하여 그 자리를 피하려 하니 꾸짖어 말씀하시기를 "네가 죄 없거늘 어찌 두려워하느뇨" 덕찬이 더욱 황겁하여 벌벌 떨고 땀을 흘리면서 어찌할 바를 모르더니 이후에는 상제를 천신과 같이 공경하고 받들었도다.[353]

> 신信: 김자현은 六월 어느 날 상제께서 "네가 나를 믿느냐"고 다짐하시기에 "지성으로 믿사오며 고부화액 때에도 상제를 따랐나이다"고 믿음을 표명하였도다. 그리고 상제께서 그에게 가라사대 "장차 어디로 가리니 내가 없다고 핑계하여 잘

351 『대순진리회요람』, pp.16~17 참조.
352 『전경』, 교법 2장 37절.
353 『전경』, 교운 1장 23절.

믿지 않는 자는 내가 다 잊으리라" 이 말씀을 듣고 자현은 "제가 모시고 따라가겠나이다"고 여쭈니 상제께서 다시 "어느 누구도 능히 따르지 못할지니라. 내가 가서 일을 행하고 돌아오리니 그때까지 믿고 기다리라. 만일 나의 그늘을 떠나면 죽을지니라"고 이르셨도다.[354]

윗글에서 보면 성誠은 주로 마음의 일관된 자세를 말하며, 경敬은 항상 상제님을 공경하는 자세이며, 신信은 그 믿음이 변하지 않는 것을 말한다. 이와 같은 대순사상의 성·경·신은 사강령과 함께 마음과 몸 그리고 행동이 혼연 일체가 되어 목적하는 바의 일을 달성하기 위한 참된 규범으로 제시될 수 있다.

이상에서 살펴본 바와 같이 대순사상의 인간관은 낡은 인간 모습을 비판하고 다가오는 세계의 무한한 가능성을 주도해 나가는 새로운 인간상에 초점을 맞추고 있다. 여기에 인존의 이념은 인간이 지닌 신명성을 바탕으로 그 우주적인 가치를 실천해 나감으로써 미래문명의 참된 모습을 드러내는 데 의의를 두고 있다.

354 『전경』, 행록 5장 19절.

3장 세계관世界觀

1. 선천先天과 후천後天

대순사상의 세계관에서 가장 먼저 이해되어야 할 단어는 바로 선천과 후천이다. 전통적으로 선천과 후천은 각각 철학과 의학 등에서 활발히 논의되어 왔다고 본다. 서양철학에서는 '아프리오리(apriori)'와 '아포스테리오리(aposteriori)'라고 하여 경험 이전과 경험 이후를 가리키며, 동양의 역易철학에서는 본원적인 것과 현상적인 것의 관계를 말한다. 서양의학에서는 선천과 후천을 출생을 전후로 한 그 이전과 이후를 가리키며, 동양의학에서는 부모로부터 물려받아서 어찌할 수 없는 것과 나 자신의 노력 여하에 따라 정해지는 것을 말하였다. 한편 한국근대 종교사상에서의 선천과 후천은 한 시대의 종교가가 활동하였던 시점을 전·후로 한 역사적 전환기를 말한다. 특히 한국의 근대시기에 활동하였던 민족종교의 창시자들은 저마다 새로운 시대에 대한 전망을 '후천後天'이라는 이름 하에서 주장하였다.

대순사상에서의 선천과 후천은 곧 신앙대상이신 강증산 구천상제의 강세와 그 역사를 기준으로 한 시대구분의 용어이다. 상제께서는 이조말엽에 극도로 악화한 종교적·정치적·사회적 도탄기를 당하여 음양합덕陰陽合德·신인조화神人調化·해원상생解冤相生·도통진경道通眞境의 대순진리에 의한 종교적 법리로 인간을 개조하면 정치적 보국안민輔國安民과 사회적 지상천국이 자연히 실현되어 창생을 구제할 수 있다는 전대前代 미증유未曾有의 위대한 진리를 선포하시며 이에 수반된 삼계공사三界公事를 행하시었다.[355] 이와 같은 삼계공사로서의 천지공사天地公事(1901~1909)는 인류로 하여금 새로운 미래를 가져다주고 이전의 세계로부터 역사적인 전환이 이루어지게 되었다는 점에서 분명한 시대구분을 짓고 있다. 즉 천지공사를 기준으로 하여 그 이전이 선천이 되며, 그 이후가 후천이 되는 것이다. 선천과 후천은 원래 하나의 시간 선상을 임의로 구분하여 지칭하는 용어도 되지만, 여기서는 특히 상제의 위대한 역사에 의해 주어지는 유일회적唯一回的인 사건이라는 점에서 대순사상의 고유한 개념을 내포하고 있다.

『전경』에 따르면 선천은 곧 인간과 사물에 원冤이 쌓여서 천하가 진멸盡滅지경에 이른 세계이다. 이에 반해 후천은 구천상제의 강세降世와 천지공사로 인해 모든 원이 풀리고 상생相生의 법리에 의해 지상천국이 건설된 새로운 세계를 말한다. 이렇게 선천과 후천은 그 뚜렷한 역사적 분기점을 지니면서 전 우주적인 범위에 걸쳐 진행되는 창조적 과정을 말하고 있다.

355 『대순진리회 요람』, 대순진리회교무부, 1969, p.10.

2. 천지공사天地公事와 선 · 후천 교역交易

천지공사를 기준으로 한 선천과 후천의 시대구분은 새로운 변화에 따른 메카니즘을 구성한다. 그 첫째 특징은 말세末世와 내세來世 관념에서 나타난다.

> 상제께서 하루는 김 형렬에게 "삼계 대권을 주재하여 조화로써 천지를 개벽하고 후천선경後天仙境을 열어 고해에 빠진 중생을 널리 건지려 하노라"라고 말씀하시고 또 가라사대 "이제 말세를 당하여 앞으로 무극대운無極大運이 열리나니 모든 일에 조심하여 남에게 척을 짓지 말고 죄를 멀리하여 순결한 마음으로 천지 공정天地公庭에 참여하라."고 이르시고 그에게 신안을 열어주어 신명의 회산과 청령聽令을 참관케 하셨도다.[356]

말세는 역사의 끝이 아니라 새로운 시작을 내포한다. 동양철학의 전통적 사고방식을 대변하는 음양론陰陽論에서 음은 그 속에 양을 내포하고 양은 또 그 속에 음을 내포한다. 음과 양은 서로 극단적으로 성질을 달리하지만 서로를 이루어주는 상반상성相反相成의 관계이다. 마찬가지로 다가오는 후천의 모습은 선천의 말엽에서 잉태된 것이며 선천은 또한 후천이 성립하기 위한 전제조건이다. 선천이 양의 과정이라면 후천은 음의 과정이기도 하다. 선천과 후천은 서로 유기적으로 연관되어 있다. 또한 후천의 변화는 이념적으로 '무극대운無極大運(또는 무극대도無極大道)'으로 묘사되고

356 『전경』, 예시 17절.

있으며 조화로써 개벽된 내세來世의 지상선경을 지향한다. 선천을 지배했던 구질서와 구가치관을 버리고 새로운 질서, 새로운 가치관이 요구되는 시대가 후천이다. 이와 같은 후천의 시대를 맞이하기 위해 인간의 주체적이고도 능동적인 참여가 요구되는데 그러기 위해서 먼저 "모든 일에 조심하여 남에게 척을 짓지 말고 죄를 멀리하여 순결한 마음으로 천지공정天地公庭에 참여하는 것"이 하나의 과제로 주어져 있다.

선·후천 교역의 두 번째 특징은 병겁病劫과 의통醫統의 관계에서 찾을 수 있다. 선천과 후천이 서로 교차되는 때는 마치 사계절의 환절기와도 같아서 과도기적인 양상이 수반된다. 그것은 선천의 폐해가 누적되고 그 한계를 노정함으로써 생겨나는 일시적인 혼란 현상이기도 하다. 낡은 선천의 세계로부터 새로운 후천 질서를 수립하기 위해서는 그 혁명적인 전환의 기제機制를 생각지 않을 수 없는 것이다. 병겁은 그러한 혼란의 상태를 질병의 유행에 비유하여 모든 인류가 겪는 부정적인 현상을 가리킨다. 여기에 지혜 있는 사람의 선택이란 그 피할 수 없는 병겁의 과정에서 이겨낼 수 있는 능력을 갖추는 것이겠는데 대순사상에서는 이를 의통이라고 명명하고 있다.

> "…선천개벽이후부터 수한水旱과 난리의 겁재가 번갈아 끊임없이 이 세상을 진탕하여 왔으나 아직 병겁은 크게 없었나니 앞으로는 병겁이 온 세상을 뒤덮어 누리에게 참상을 입히되 거기에서 구해낼 방책이 없으리니 모든 기이한 법과 진귀한 약품을 중히 여기지 말고 의통을 잘 알아 두라. 내가 천지공사를 맡아 봄으로부터 이 동토에서 다른 겁재는 물리쳤으나

오직 병겁만은 남았으니 몸 돌이킬 여가가 없이 홍수가 밀려 오듯 하리라"고 말씀하셨도다.[357]

병겁과 의통은 서로 상의相依적 관계이다. 병이 있으면 반드시 약이 있고 또한 그 약이 있으면 그 병이 있는 것과 같다. 선천의 한계상황이 드러날 때 그 혼란은 병겁으로 이어진다고 한다. 이러한 병겁의 발생 원인은 한마디로 말해서 '무도無道'다. 무도無道는 충·효·열과 같은 윤리도덕이 무너지고 사회기강이 흩어짐으로 인해 무질서가 초래되고 나아가 사회적 질병을 야기시켜 생물학적인 질병으로까지 이어지는 것을 말한다. '무도'로 인해 발생하는 모든 다양한 질병의 양상을 아우를 때 그 총체적인 현상을 병겁으로 규정하고 그에 대한 근본적이고도 원리적인 치료를 상징적으로 표현하여 의통이라고 한다. 이렇게 선천과 후천은 그 과도기적 현상을 병겁과 의통이라는 기제를 통해 진정한 이상세계로 이행하고 있음을 보게된다.

선·후천 교역의 세 번째 특징은 역도逆度와 순도順度로 나타난다. 역도란 정도正道에 어긋난 상태를 뜻하는데, 곧 선천세계의 지배원리에 따른 부정적인 대응양상을 통칭한다. "선천에서는 인간 사물이 모두 상극에 지배되어 세상이 원한이 쌓이고 맺혀 삼계를 채웠으니 천지가 상도常道를 잃어 갖가지의 재화가 일어나고 세상은 참혹하게 되었도다.…"[358]라고 한 데서 알 수 있듯이 상극은 선천시대를 지배했던 원리이다. 인간과 인간, 집단

357 『전경』, 공사 1장 36절.
358 『전경』, 공사 1장 3절.

과 집단, 인간과 자연만물의 관계 등에서 상호간에 상극으로 대했다는 것이다. 상극은 경쟁관계에서 상대를 적대시하고 자신의 이익을 위해서 상대의 권리를 빼앗거나 생존을 위협하는 일체의 행위를 아우른다. 그 결과 상대적으로 침해당하고 패배한 측은 원한을 품게 되고 이것은 역逆으로 또 다른 보복을 낳는 악순환을 가져오게 된다. 그리하여 원한의 고리는 삼계[天地人]를 채워서 정상正常의 도를 잃게 되고 세상의 참혹한 재화를 유발하였으니 선천의 위기란 이 같은 총체적 과정을 배경으로 하고 있다.

역도逆度는 이처럼 선천의 역사에서 발생한 원冤에 의해 생겨난 부정적인 결과이다. 따라서 후천을 설계하는 천지공사에는 이러한 역도가 발생하지 않는 방향에서 그 조정 작업을 진행시켜 나갔다.

> 상제께서 十二월에 들어서 여러 공사를 마치시고 역도逆度를 조정하는 공사에 착수하셨도다. 경석·광찬·내성은 대흥리로 가고 원일은 신 경원의 집으로 형렬과 자현은 동곡으로 떠났도다. 상제께서 남아 있는 문 공신·황 응종·신 경수 들에게 가라사대 "경석은 성誠 경敬 신信이 지극하여 달리 써 볼까 하였더니 스스로 청하는 일이니 할 수 없도다"고 일러 주시고 또 "본래 동학이 보국안민輔國安民을 주장하였음은 후천 일을 부르짖었음에 지나지 않았으나 마음은 각기 왕후장상王侯將相을 바라다가 소원을 이룩하지 못하고 끌려가서 죽은 자가 수만 명이라. 원한이 창천하였으니 그 신명들을 그대로 두면 후천에는 역도逆度에 걸려 정사가 어지러워지겠으므로 그 신명들의 해원 두목을 정하려는 중인데 경석이 十二 제국을 말하니

이는 자청함이니라. 그 부친이 동학의 중진으로 잡혀 죽었고 저도 또한 동학 총대를 하였으므로 이제부터 동학 신명들을 모두 경석에게 붙여 보냈으니 이 자리로부터 왕후장상王侯將相의 해원이 되리라" 하시고 종이에 글을 쓰시며 외인의 출입을 금하고 "훗날에 보라. 금전소비가 많아질 것이며 사람도 갑오년보다 많아지리라. 풀어 두어야 후천에 아무 거리낌이 없느니라"고 말씀을 맺으셨도다.[359]

윗글에서 보면 역도는 모두 원한怨恨과 소원所願에서 생겨남을 알 수 있다. 상제의 천지공사는 그 원을 해소하는 것으로 과제를 삼고 있는데, 해원은 달리 말하면 역도를 조정하는 작업이다. 해원이 이룩됨으로써 더 이상 상극의 현상은 없어지게 되고 오직 상생의 이념만이 지배하는 시대가 도래할 수 있다. 대순사상은 후천이 바로 그와 같은 해원이 이룩된 세계, 나아가 상생이 지배하는 세계로서 역도가 아닌 순도의 과정만이 주어지는 낙원의 세계임을 말하고 있는 것이다.

3. 후천개벽의 이념

개벽은 후천세계로의 우주적 전환을 극적으로 표현한 용어이다. 그 전환을 통해 맞이하는 세계는 선천에서의 한계를 극복한 새로운 이념을 표방한다. 그 주된 것으로는 원시반본原始返本,

359 『전경』, 공사 2장 19절.

상생相生, 해원解冤, 인존人尊 등이 있다. 다음에서는 그 개략적인 내용을 살펴보기로 하겠다.

1) 원시반본原始返本

후천개벽의 이념 가운데 하나로서 원시반본은 원리적이면서도 가치지향적인 성격을 지닌다. 근본도덕으로의 회귀로도 볼 수 있는데, 해석하자면 '시작을 밝히고 근본을 돌이킨다'는 의미다. 『주역』의 계사전繫辭傳에는 이와 비슷한 용례로 '원시반종原始反終'에 대한 구절이 소개되어 있다. "시작을 밝히고 끝을 돌이킨다. 그러므로 죽고 사는 이론을 안다."[360]라고 하여 역학의 묘리를 해석한 것이다. 역易에서 양陽이 시작하여 종終하게 되면 양은 사라지고 음陰이 시始하며, 음이 시작해서 종하게 되면 음은 사라지고 양이 시한다. 이러한 음양소식陰陽消息의 이치를 앎으로써 사람이 생生(시始)하고 사死(종終)하는 이치를 알게 된다. 즉 시작을 생각하고, 끝을 돌이키면 음양이 순환하는 이치를 알게 됨을 밝힌 것이다.[361] 이와 같이 역경易經에서 말하는 '원시반종'은 음과 양의 대대적이고 순환적인 원리를 단적으로 지칭한 표현이다. 원시반본의 해석법은 원시반종과 같은 문법으로 볼 수 있는데 차이가 있다면 '본'과 '종'으로 끝의 글자를 달리 썼다는 점이다. 원시반본에서 시와 본은 시·공간적으로 동질적인 개념이다. 하지만 원시반종에서의 시와 종은 엄연히 시·공간을

360 『周易』繫辭傳, 上「原始反終 故 知死生之說」
361 『大山 周易講解』下經, 대유학당, 1993, p.306참조.

달리한다. 따라서 원시반종은 과거 현재 미래를 아우르는 보편 원리를 추구하는 경향이 강하다면 원시반본은 고대의 이상세계를 회복하고자 하는 본질주의적 색채가 짙은 표현이다. 여기에 대순사상은 참된 이상세계의 원형을 고대에서 찾고 그 이상이 후천의 도래로 인해 실현가능하게 되었음을 선언하고 있다.

> 옛적에 신성神聖이 입극立極하여 성聖·웅雄을 겸비해 정치와 교화를 통제 관장統制管掌하였으되 중고 이래로 성과 웅이 바탕을 달리하여 정치와 교화가 갈렸으므로 마침내 여러 가지로 분파되어 진법眞法을 보지 못하게 되었느니라. 이제 원시반본原始返本이 되어 군사위君師位가 한 갈래로 되리라.[362]

윗글에서 고대의 본질은 현대와 같은 문명의 기준에서 그 가치를 찾지 않는다. 성聖·웅雄을 겸비하고 정치와 교화敎化를 통제 관장하는 신성神聖이 존재했다는 데서 보다 본질적인 가치가 놓여 있다. 말하자면 고대의 이상은 성聖·속俗의 구분이 없는 일여一如의 참된 경지를 누구나 누렸다고 본다. 하지만 후대로 내려오면서 정치와 교화를 담당하는 자가 분리되고 오히려 세속적인 삶의 폐해가 속출함으로써 선천시대의 부정적인 결과를 맞이하게 되었던 것이다. 원冤의 발생은 그와 같은 성·웅의 분리로 인해 생겨났다고 볼 수 있으며, '성'보다는 '웅'에 치우친 역사로 인해 모든 악순환이 되풀이되었다. 그리하여 후천의 시대는 원리적으로 다시 과거의 성聖을 회복하는 방향으로 전개되

362 『전경』, 교법 3장 26절.

어야 하며, 그것은 혁명적인 전환을 동반하는 개벽의 이념으로 받아들여지고 있다.

2) 결원結冤에서 해원解冤으로

선천의 한계를 극복하는 개벽의 과정에서 그 부정적 결과의 모티브가 되는 것이 원한怨恨이었으므로 그것의 발생을 억제하는 것이 또 하나의 이념으로 부각될 수 있다. 즉 선천에서 누적되어 온 온갖 원한의 굴레를 풀고 다시는 원이 맺히지 않도록 세계의 구조를 바꾸는 작업이 필요하다. 이름 하여 해원공사解冤公事라고 명명되는 일대작업은 그 원한 발생의 시초에까지 소급되어 맺힌 실타래를 풀어가게 된다.

> 상제께서 七월에 "예로부터 쌓인 원을 풀고 원에 인해서 생긴 모든 불상사를 없애고 영원한 평화를 이룩하는 공사를 행하리라. 머리를 긁으면 몸이 움직이는 것과 같이 인류 기록의 시작이고 원冤의 역사의 첫 장인 요堯의 아들 단주丹朱의 원을 풀면 그로부터 수천 년 쌓인 원의 마디와 고가 풀리리라. 단주가 불초하다 하여 요가 순舜에게 두 딸을 주고 천하를 전하니 단주는 원을 품고 마침내 순을 창오蒼梧에서 붕崩케 하고 두 왕비를 소상강瀟湘江에 빠져 죽게 하였도다. 이로부터 원의 뿌리가 세상에 박히고 세대의 추이에 따라 원의 종자가 퍼지고 퍼져서 이제는 천지에 가득 차서 인간이 파멸하게 되었느니라. 그러므로 인간을 파멸에서 건지려면 해원공사를 행하여야 되느니라"고 하셨도다.[363]

윗글에서 단주丹朱는 역사적으로 원의 첫 장을 장식하는 인물로 등장한다. 아버지 요임금으로부터 천하를 물려받지 못한 단주는 대신 왕위를 물려받은 순舜에 대해 원한을 품었으며, 그 원한은 순을 창오에서 죽게 하였다. 여동생인 두 왕비마저도 슬픔에 못이겨 소상강에 빠져죽었으니 이것이 원의 뿌리가 되어 세대를 거치면서 확산되었다. 선천은 그러한 원의 뿌리로부터 종자가 퍼져서 천지에 가득찬 시대로 규정된다. 선천의 한계상황이란 바로 천지에 가득 찬 원이 인간 세상을 파멸의 지경으로 몰고 가는 양상을 지칭하고 있다. 자연재해나 기상이변은 인간과 자연 사이의 원한의 결과로 볼 수 있으며, 전쟁은 국가와 국가, 집단과 집단 사이의 원한의 결과이며, 살인이나 폭력은 개인과 개인사이의 원한의 결과이다. 선천으로부터 후천으로의 개벽이 이루어져야만 하는 당위성은 이와 같은 부정적 결과가 첨예화되어 더 이상 자구책을 마련할 수 없는 지경에 이르렀다는 데 있다.

> 그러므로 상제께서 오셔서 천지도수를 정리하고 신명을 조화하여 만고에 쌓인 원한을 풀고 상생의 도를 세워 후천 선경을 열어 놓으시고 신도를 풀어 조화하여 도수를 굳건히 정하여 흔들리지 않게 하신 후에 인사를 조화하니 만민이 상제를 하느님으로 추앙하는 바가 되었도다.[364]

363 『전경』, 공사 3장 4절.
364 『전경』, 예시 9절.

해원공사는 바로 상제가 소유한 절대권능으로 선천의 누적된 원한의 고리를 푸는 작업을 가리킨다. 그러기 위해서 신도를 풀고 조화하며 도수를 조정하고 인사를 조화하는 초월적 권능을 행사하는 것이다. 대순사상에서 강조되는바 후천개벽의 이념은 분명 후천 해원을 부르짖고 있는 것이 사실이지만 보다 본질적인 것은 그와 같은 해원을 주도하는 자가 다름 아닌 강세하신 상제라는 점에서 권능자에 대한 믿음이 전제되어 있음을 유념할 필요가 있다.

3) 상극相克에서 상생相生으로

후천개벽은 또한 상생의 이념을 지향한다. 상생은 상극과 반대되는 개념이다. 선천을 지배한 관계론이 상극이라면 후천은 상생이 지배하는 시대이다. 선천의 모든 부정적 결과를 가져온 요인이 기본적으로 상극원리에 있었으므로 후천으로의 전환은 그 반대의 이념을 요구한다. 상생은 상극으로 인해 빚어진 모든 참상을 극복하고 후천의 영원한 낙원을 이루기 위한 지배원리다.

> 상제께서 "선천에서는 인간 사물이 모두 상극에 지배되어 세상이 원한이 쌓이고 맺혀 삼계를 채웠으니 천지가 상도常道를 잃어 갖가지의 재화가 일어나고 세상은 참혹하게 되었도다. 그러므로 내가 천지의 도수를 정리하고 신명을 조화하여 만고의 원한을 풀고 상생相生의 도로 후천의 선경을 세워서 세계의 민생을 건지려 하노라. 무릇 크고 작은 일을 가리지 않고 신도로부터 원을 풀어야 하느니라. 먼저 도수를 굳건히 하

여 조화하면 그것이 기틀이 되어 인사가 저절로 이룩될 것이니라. 이것이 곧 삼계공사三界公事이니라"고 김형렬에게 말씀하시고 그 중의 명부공사冥府公事의 일부를 착수하셨도다.[365]

선천에서 발생한 부정적 결과란 곧 '세상에 원한이 쌓이고 맺혀 삼계를 채우고 천지가 상도常道를 잃어 갖가지의 재화가 일어나고 세상이 참혹하게 되었음'을 말한다. 그러한 원한의 발생은 상호관계를 상극에 입각하여 바라본 데서 생겨난 것이다. 개벽을 통한 후천세계의 도래는 과거 선천에서 지녔던 낡은 가치관을 바꾸어 새로운 시각으로 세계를 바라보게 한다. 그것이 곧 상생의 이념이다. 이는 보다 본질적인 사고로의 전환인 동시에 새로운 세계를 살아가는 모든 존재들의 관계론이다.

"삼계가 개벽되지 아니함은 선천에서 상극이 인간지사를 지배하였으므로 원한이 세상에 쌓이고 따라서 천天·지地·인人 삼계가 서로 통하지 못하여 이 세상에 참혹한 재화가 생겼나니라"[366]고 하였듯이 상극은 선천을 지배한 고정관념이다. 하지만 상생이 지배하는 세계에서는 어떠한 원한도 발생할 수 없다. 서로 유기적으로 얽혀있고 상의상관相依相關하에 존재하는 세계를 보다 평화롭고 유익한 것으로 만들기 위해서는 상생이 기반이 된 가치관의 전환이 요구된다.

365 『전경』, 공사 1장 3절.
366 『전경』, 예시 8절.

4) 천존天尊 · 지존地尊에서 인존人尊으로

후천은 인간에 대한 가치가 새롭게 부각되는 시대이기도 하다. "천존과 지존보다 인존이 크니 이제는 인존시대라. 마음을 부지런히 하라."[367]라는 구절은 후천 개벽의 이념이 인존人尊이라고 하는 개념에 집중되어 있음을 보여주고 있다. 이 때 인존은 중세 이후의 휴머니즘이나 인본人本, 인도주의人道主義적 사고와도 궤도를 달리한다. 왜냐하면 대순사상은 기본적으로 무신론無神論이 아니며 유신론有神論적 신관神觀의 연장선상에서 해석되어야 하기 때문이다. 단적으로 말하면 인존은 '인간과 신의 조화調化'라고 규정할 수 있다.

> 조선과 같이 신명을 잘 대접하는 곳이 이 세상에 없도다. 신명들이 그 은혜를 갚고자 제각기 소원에 따라 부족함이 없이 받들어 줄 것이므로 도인들은 천하사에만 아무 거리낌 없이 종사하게 되리라.[368]

모든 신명들이 인간을 받들고 인간이 원하는 어떠한 소원도 신명이 다 이루게 해주는 상태는 인간과 신의 조화 외에 다름 아니다. '신인합일神人合一'로도 묘사될 수 있는 이러한 인존의 경지는 과거 선천의 천존·지존과 상대해서 이해해 볼 수 있다. 즉 천존·지존시대란 천·지를 신격화한 시대를 지칭한다. 인

367 『전경』, 교법 2장 56절.
368 『전경』, 교법 3장 22절.

간과 신이 이분二分되어서 나약한 인간은 세계를 초월한 신을 경배하고 또 그에 의존해 왔던 시대가 선천이다. 인간의 역사는 신에 의해 지배되고 신의 의지에 의해서 인간의 존재를 인정받았던 시대였다. 하지만 후천은 인간의 완전한 성숙이 이루어진 시대로서 신이 인간세계의 지배자로 등장하는 것이 아니라 서로의 고유한 가치로서 상합相合하는 새로운 관계를 형성한다.

> 모든 일이 왕성해지는 까닭은 천지에 있지 반드시 사람에게 있는 것이 아니다. 그러나 사람이 없으면 천지도 없다. 그러므로 천지가 사람을 낳고 사람을 쓴다. 사람으로 태어나서 이렇게 천지가 사람을 쓰는 때에 참여하지 않는다면 어떻게 인생이라고 말할 수 있겠는가?[369]

선천에서는 천지가 사람을 낳았다면 후천은 천지가 사람을 쓰는 때에 비유될 수 있다. 인간이 처음 태어나서 길러질 때는 미숙하여 부모의 보살핌을 받아야 하지만, 성숙하여 스스로 일을 하게 되면 더 이상 보살핌을 받지 않고 오히려 부모가 의지하며 살아나간다. 마찬가지로 천 · 지를 부모로 하여 태어난 인간은 미숙한 상태에서 천존 · 지존의 과정을 밟아야 했지만 인존의 시대는 천 · 지에 부여되었던 신격이 인간과 조화를 이룬다. 신 · 인이 조화된 새로운 인간은 이 세상 어떤 존재보다도 고귀하고 놀라운 능력을 발휘하며 천지공간을 다스려나갈 수

369 『전경』, 교법 3장 47절, 「事之當旺在於天地 必不在人 然無人無天地 故天地生人 用人 以人生 不參於天地用人之時 何可曰人生乎」

있다.[370] 인간의 가치는 여기서 극대화되며 이것이 실현된 세계가 곧 후천이라는 것이다. 후천개벽의 이념은 이와 같은 인존을 지향한다는 점에서 대순사상의 특질을 보여주고 있다.

370 인간의 고귀함에 관해서는 다음의 구절이 이를 뒷받침해준다. 「이 도삼이 어느 날 동곡으로 상제를 찾아뵈니 상제께서 "해치는 물건을 낱낱이 세어보라" 하시므로 그는 범 · 표범 · 이리 · 늑대로부터 모기 · 이 · 벼룩 · 빈대에 이르기까지 세어 아뢰었도다. 상제께서 이 말을 들으시고 "사람을 해치는 물건을 후천에는 다 없애리라"고 말씀하셨도다.」(공사 3장 8절)

찾아보기

ㄱ

ㄴ

ㄷ

ㅁ

ㅂ

ㅅ

ㅇ

ㅈ

저자약력

이경원李京源
1966년 부산 출생
부산대학교 졸업 (경제학사)
성균관대학교 유학대학원 졸업 (문학석사)
동국대학교 불교대학원 졸업 (문학석사)
서강대학교 신학대학원 졸업 (철학석사)
성균관대학교 대학원 한국철학전공 졸업 (철학박사)
미국 Claremont, Center for Process Studies 방문학자
미국 Institute for Signifying Scriptures 연구위원
한국종교학회 상임이사
한국신종교학회 감사
한국철학사연구회 학술이사
한국동양철학회 연구위원
대진대학교 대순종학과 교수 (1999—현재)

주요저서
「한국 근대 천天사상 연구」(박사학위논문, 1999)
『한국철학사상가 연구』(공저) 서울: 철학과 현실사, 2002
『새로 쓰는 동학』(공저) 서울: 집문당, 2003
『동방사상과 인문정신』(공저) 서울: 심산, 2007
『한국철학사』(공저) 서울: 새문사, 2009
『한국의 종교사상』 서울: 문사철, 2010
『한국 신종교와 대순사상』 서울: 문사철, 2011
『대순진리회 신앙론』 서울: 문사철, 2012

Lee Gyung-won
E—mail : leegw@daejin.ac.kr